Depois do Espetáculo

Coleção Estudos
Dirigida por J. Guinsburg

Equipe de realização – Revisão: Cristina Ayumi Futida; Diagramação e sobrecapa: Sérgio Kon; Produção: Ricardo W. Neves, Heda Maria Lopes e Raquel Fernandes Abranches.

Sábato Magaldi

DEPOIS DO ESPETÁCULO

EDITORA PERSPECTIVA

Dados Internacionais de Catalogação na Publicação (CIP)
(Câmara Brasileira do Livro, SP, Brasil)

Magaldi, Sábato
Depois do espetáculo / Sábato Magaldi. --
São Paulo : Perspectiva, 2003. -- (Estudos;192)

Bibliografia.
ISBN 85-273-0389-2

1. Crítica teatral 2. Teatro – História e crítica
I. Título. II. Série.

03-1670   CDD-792.09

Índices para catálogo sistemático:
1. Teatro : História e crítica : Artes
da representação 792.09

Direitos reservados à
EDITORA PERSPECTIVA S.A.
Av. Brigadeiro Luís Antônio, 3025
01401-000 – São Paulo – SP – Brasil
Telefax: (0--11) 3885-8388
www.editoraperspectiva.com.br
2003

À memória de

Francisco Iglésias
Jorge Andrade
Plínio Marcos
Eudinyr Fraga

Sumário

Apresentação	XI
1. Síntese Histórica	1
2. Teatro Hoje e no Futuro	5
3. O Problema da Produção	12
4. Dramaturgia em Questão	15
5. A Função da Crítica Teatral	21
6. Léautaud, Crítico Teatral	28
7. Um Esteta da Arte Dramática: Anatol Rosenfeld	32
8. Um Crítico à Frente do Palco Brasileiro: Décio de Almeida Prado	35
9. *A Obra Teatral*	43
10. A Brasilidade no Palco	47
11. Nacionalismo e Teatro	50
12. O Moderno Teatro Brasileiro	55
13. Os Dramaturgos da ABL no Ano do Centenário	66
14. Taunay Dramaturgo	83
15. O Teatro Simbolista Recuperado	88
16. Paulo Setúbal: Um Sarau Feito Espetáculo	91
17. Plínio Marcos: Os Marginais Chegam ao Palco Brasileiro	95
18. Maria Adelaide Amaral	101
19. Os Clássicos	107
20. Goldoni e *Mirandolina*	114
21. *Kean* e o Mistério do Ator	119
22. Dostoiévski e o Teatro	123

DEPOIS DO ESPETÁCULO

23. Um Pouco sobre O'Neill 129
24. Dedicatórias de O'Neill 137
25. Ionesco... 141
26. Samuel Beckett e a Presença do Outro 147
27. Brecht, o Shakespeare dos Oprimidos............... 149
28. Saudação a Václav Havel 155
29. Artaud, Fusão de Arte e Vida 161
30. Duse, Primeira Atriz Moderna..................... 167
31. Um Novo Gassman 173
32. Marceau e a Mímica 179
33. Procópio Ferreira................................ 185
34. Alfredo Mesquita................................ 191
35. O Animador Paschoal Carlos Magno 197
36. Ziembinski Atualiza o Teatro Brasileiro 203
37. Ruggero Jacobbi 207
38. Bollini 213
39. Victor Garcia 215
40. Confissões de Cacilda Becker 221
41. A Falta que Faz Cacilda........................... 233
42. Dercy Gonçalves 235
43. Bibi Ferreira 239
44. Maria Della Costa 241
45. Sérgio Cardoso 245
46. Paulo Autran 249
47. Fernanda Montenegro 253
48. Luís de Lima 257
49. Ruth Escobar 263
50. O Pioneiro Santa Rosa............................ 270
51. Um Construtor do Teatro Brasileiro: Aldo Calvo 273
52. Svoboda e *Hamlet* 277
53. A Cenografia de Vychodil 282
54. Flávio Império: Uma Solução para Cada Cenografia 287
55. Polêmica do Teatro Épico 293
56. Um Enigma Esclarecido: Nelson Rodrigues Expressionista 297
57. Resposta a uma Agressão 301

Álbum.. 313
Legenda das Fotos 323

Apresentação

Quem colabora há muitas décadas na imprensa reúne, forçosamente, imenso material, cuja consulta fortuita se daria nos arquivos jornalísticos ou em bibliotecas públicas. Mas o autor, a par do propósito de evitar uma dificuldade do gênero, pode iludir-se também com a esperança de que seus escritos esparsos contenham um interesse que ultrapasse o total efêmero. E, assim, justificar-se-ia o aproveitamento em livro.

É esse o raciocínio que me ocorre agora, ao publicar *Depois do Espetáculo,* no mesmo espírito de experiências semelhantes. Desta vez, cuido de problemas gerais de teatro e de nomes estrangeiros e brasileiros que, em determinado momento, como dramaturgos, encenadores, atores, cenógrafos, animadores ou críticos, estiveram associados à realidade do nosso palco. Documentam-se acontecimentos que podem sugerir trabalhos a outros pesquisadores e são divulgadas palestras inéditas.

Por serem colaborações de datas diversas, sem um fio orgânico entre si, há passagens repetidas, que não se suprimiu, para evitar que o capítulo isolado se tornasse capenga.

Continua a nortear esta coletânea sua possível e desejada utilidade. Se ela conseguir ser útil, me darei por satisfeito.

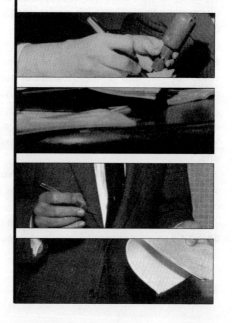

1. Síntese Histórica

A implantação do teatro, no Brasil, foi obra dos jesuítas, empenhados em catequisar os índios para o catolicismo e coibir os hábitos condenáveis dos colonizadores portugueses. O padre José de Anchieta (1534-1597), em quase uma dezena de autos, inspirados na dramaturgia religiosa medieval e sobretudo em Gil Vicente, notabilizou-se nessa tarefa, de preocupação mais religiosa do que artística.

Produção sem continuidade, ela não foi substituída por outra que deixasse memória, nos séculos XVII e XVIII, salvo alguns documentos esparsos. Sabe-se, de qualquer forma, que se ergueram "casas da ópera" nesse último século, no Rio, em Vila Rica, Diamantina, Recife, São Paulo, Porto Alegre e Salvador, atestando a existência de uma atividade cênica regular. A sala de espetáculos de Vila Rica (atual Ouro Preto) é considerada a mais antiga da América do Sul. Menciona-se o padre Ventura como o primeiro brasileiro a dedicar-se ao palco, no Rio, e seu elenco era de mulatos.

A transferência da corte portuguesa para o Rio, em 1808, trouxe inegável progresso para o teatro, consolidado pela Independência, em 1822, a que se ligou logo depois o romantismo, de cunho nacionalista. O ator João Caetano (1808-1863) formou, em 1833, uma companhia brasileira, com o propósito de "acabar assim com a dependência de atores estrangeiros para o nosso teatro". Seu nome vinculou-se a dois acontecimentos fundamentais da história dramatúrgica nacional: a estréia, a 13 de março de 1838, de *Antônio José ou o Poeta e a Inquisição*, "a primeira tragédia escrita por um Brasileiro, e única de assunto nacional", de autoria de Gonçalves de Magalhães (1811-1882); e, a 4 de outubro daquele ano, de *O Juiz de Paz na Roça*, em que Martins Pena (1815-1848) abriu o rico filão da comédia de costumes, o gênero mais característico da nossa tradição cênica.

Leonor de Mendonça, de Gonçalves Dias (1823-1864), distingue-se como o melhor drama romântico brasileiro. A trama, que poderia evocar *Otelo*, se constitui, na verdade, um antecipador manifesto feminista. E a comédia de costumes marcou as escolas sucessivas, do romantismo e até do simbolismo, passando pelo realismo e pelo naturalismo. Filiaram-se a ela as peças mais expressivas de Joaquim Manoel de Macedo (1820-1882), José de Alencar (1829-1877), Machado de Assis (1939-1908), França Júnior (1838-1890) e Artur Azevedo (1855-1908), notabilizado pelas burletas *A Capital Federal* e *O Mambembe*. Fugiu aos esquemas anteriores Qorpo-Santo (1829-1889), julgado precursor do teatro do absurdo ou do surrealismo.

A Semana de Arte Moderna de 1922, emblema da modernidade artística, não teve a presença do teatro. Só na década seguinte Oswald de Andrade (1890-1954), um de seus líderes, publicou três peças, entre as quais *O Rei da Vela*, que se tornou em 1967 o manifesto do tropicalismo. Naqueles anos, registrava-se a hegemonia do astro, representado por um Leopoldo Fróes e depois por um Procópio Ferreira. Só em 1943, com a estréia de *Vestido de Noiva*, de Nelson Rodrigues (1912-1980), sob a direção de Ziembinski, modernizou-se o palco brasileiro. Mas a excelência do texto não iniciou ainda a hegemonia do autor, que se transferiu para as mãos do encenador. Começava na montagem do grupo amador carioca de Os Comediantes a preocupação com a unidade estilística do espetáculo, continuada a partir de 1948 pelo paulista Teatro Brasileiro de Comédia, que contratou diversos diretores estrangeiros, e pelos elencos dele saídos – Cia. Nydia Lícia-Sérgio Cardoso, Cia. Maria Della Costa-Sandro Polloni, Cia. Tônia-Celi-Autran, Teatro Cacilda Becker e Teatro dos Sete. O ecletismo de repertório desses conjuntos provocou, a partir do êxito de *Eles Não Usam Black-Tie*, de Gianfrancesco Guarnieri, em 1958, uma guinada na política do Teatro de Arena de São Paulo, inaugurando a fase da hegemonia do autor brasileiro, ainda que tivessem estreado antes *A Moratória*, de Jorge Andrade (1922-1984), em 1955, e o *Auto da Compadecida*, de Ariano Suassuna (n.1927), em 1956, além de outras obras.

Veio, em 1964, o golpe militar, e cabe dizer que ocorreu uma hegemonia da censura. Afirmou-se um teatro de resistência à ditadura, desde os grupos mais engajados, como o Arena e o Oficina de São Paulo, e o Opinião do Rio, aos dramaturgos como Gianfrancesco Guarnieri, Augusto Boal, Dias Gomes, Oduvaldo Vianna Filho e Plínio Marcos. Autores afeitos ao veículo da comédia, a exemplo de João Bethencourt, Millôr Fernandes, Lauro César Muniz e Mário Prata, se-

SÍNTESE HISTÓRICA 3

guiram a mesma trilha. Número enorme de peças, até hoje não computado, conheceu a interdição. Quando, a partir da abertura, os textos proibidos puderam chegar ao palco, o público não se interessava em remoer as velhas feridas. Talvez, por esse motivo, enquanto se aguardavam novas vivências, o palco foi preenchido pelo "besteirol", ainda que Mauro Rasi, um dos seus principais autores, se encaminhasse depois para um mergulho autobiográfico. A partir de fins dos anos setenta, Maria Adelaide Amaral se tem mostrado a autora de produção mais constante e de melhores resultados artísticos.

Com a estréia de *Macunaíma*, transposição da "rapsódia" de Mário de Andrade, em 1978, Antunes Filho assumiu a criação radical do espetáculo, inaugurando a hegemonia dos encenadores-autores. A tendência teve acertos, sublinhando a autonomia artística do espetáculo, e descaminhos, como a redução da palavra a um jogo de imagens. Aparados os excessos, essa linha, da qual participam nomes como Gerald Thomas, Ulysses Cruz, Aderbal Freire-Filho, Eduardo Tolentino de Araújo, Cacá Rosset, Gabriel Villela, Márcio Vianna, Moacyr Góes, Antônio Araújo e vários outros, está atingindo, nas temporadas recentes, um equilíbrio que ressalta todos os componentes do teatro.

2. Teatro Hoje e no Futuro

Toda vez que se aponta um descaminho, no teatro, o remédio tem sido advogar a volta às suas raízes. Não se trata de postura saudosista, que abole a idéia de progresso. Por certo, a arte não comporta o mesmo conceito de aperfeiçoamento da tecnologia, e Ésquilo e Aristófanes são tão contemporâneos como Joyce e Kafka. O retorno à origem guarda o sentido de preservar o que é essencial, despindo-se do acessório. Por isso os dois milênios e meio do palco ocidental não traem sintomas de velhice, e arrisca-se que signifiquem perenidade.

A tríade básica do fenômeno cênico permanece inalterada. Formam-na o ator, o texto e o público. Sem o ator, o texto lido passa à esfera da literatura. Sem o texto, o território se define como mímica ou dança. Sem o público, ideal de incontaminação preconizado por Nelson Rodrigues, haveria um simples exercício abstrato. A presença física do ator em face de testemunhas torna-se, assim, a única maneira de se entender o teatro. E, sendo o ator um homem, e a palavra uma de suas prerrogativas fundamentais, o melhor uso dela acaba por distinguir o espetáculo que a contém.

Há algumas temporadas, fez-se a seguinte pergunta a profissionais da área: "Por que o teatro brasileiro está cada vez mais substituindo a palavra pelos efeitos cênicos?" Esses efeitos, em geral, visavam a privilegiar a imagem. O radicalismo dessa proposta fundava-se em dois pressupostos: 1. os encenadores tinham em mente libertar o palco da tirania literária; 2. muitos acreditavam que a palavra mais serve, na prática, para esconder do que revelar a verdade. Felizmente, essa ten-

6   DEPOIS DO ESPETÁCULO

dência logo se esgotou, deixando o saldo positivo da valorização dos elementos plásticos, esquecidos quando se sublinha em demasia a parte literária.

Qual a maior conquista teatral dos últimos tempos? Creio que a quase totalidade dos teóricos responderá: o reconhecimento do teatro como arte autônoma, não um apêndice da literatura. A que se deve ele? À aparição do encenador, artista que assumiu a autoria do espetáculo, enquanto o dramaturgo é o autor do texto. Durante muito tempo os próprios autores ou algum intérprete se responsabilizavam pela tarefa de levantar o espetáculo. Os ensaiadores limitavam-se a ordenar o conjunto, subordinados à leitura estrita dos diálogos ou à missão de não perder de vista o predomínio do primeiro ator. Nesse quadro, era inevitável o advento da figura do encenador, para o pleno brilho da montagem.

Artista, isto é, criador, e não mero executante de uma rígida partitura, o encenador enfeixa nas mãos o texto, o desempenho, a cenografia, a indumentária, a música e quantos elementos mais mobilizar, dando-lhes vida cênica, orgânica, autônoma, unitária. O encenador original, com a fusão desses elementos, realizará um espetáculo diverso do espetáculo concebido por outro encenador original. As leituras diferentes não importam em traição à palavra do dramaturgo. Exegeses diversas são componentes da obra de arte rica.

Radicalizando-se esse raciocínio, não será absurdo afirmar que o dramaturgo não é o melhor encenador de sua peça. Sua montagem tende a exteriorizar as intenções explícitas, bastando-se freqüentemente em sublinhá-las. Se tal comportamento evita a arbitrariedade, não costuma trazer à tona as forças inconscientes da criação, reveladas por aqueles que intuem os motivos profundos. A existência do encenador é um imperativo do teatro moderno.

Reconhecida, teoricamente, a legitimidade do encenador, cabe mencionar suas múltiplas posições em face do espetáculo. Repita-se que, artista, ele tem o direito de transmitir sua cosmovisão. Como o dramaturgo exprime no texto sua visão do mundo, recomenda-se que não sejam conflitantes os pontos de vista dele e do encenador. Do contrário, dificilmente não se perceberia a falta de sintonia criadora. Com resultado constrangedor para a montagem.

O procedimento menos grave dos encenadores intervencionistas costuma ser o de enxugarem os textos, livrando-os dos excessos explicativos em que podem incorrer os dramaturgos, temerosos de não serem compreendidos. Às vezes, os cortes mutilam a complexidade da peça, que fica um tanto capenga. É justo indagar: se o encenador não aceita o texto, integralmente, por que montá-lo?

Nos encenadores mais criativos da atualidade, que não encontram todo o tempo textos capazes de motivá-los, acentua-se a tendência de escrever as próprias peças. Por mais que os dramaturgos (e também os

TEATRO HOJE E NO FUTURO

críticos) torçam o nariz para o acúmulo de funções, ele não merece ser questionado, na medida em que se deve respeitar a liberdade de criação artística. Resta aos insatisfeitos lamentar que os encenadores, muitas vezes, não dominem com a mesma mestria os meios literários.

Sabe-se que, no Brasil, a encenação, em termos modernos, data de pouco mais de meio século. Apesar de tentativas precursoras, ela só aconteceu em 1943, quando o polonês Ziembinski dirigiu *Vestido de Noiva*, de Nelson Rodrigues, para o grupo amador carioca Os Comediantes.

O Teatro Brasileiro de Comédia, fundado em São Paulo, em 1948, contou com a colaboração de vários encenadores europeus, sobretudo italianos: Adolfo Celi, Luciano Salce, Ruggero Jacobbi, Flaminio Bollini Cerri, o belga Maurice Vaneau, Alberto D'Aversa e Gianni Ratto, além de Ziembinski. Não obstante algumas liberdades, a estética dominante desses artistas era a de estar a serviço do dramaturgo. Num primeiro momento, era semelhante o ideário dos brasileiros, seus discípulos.

Conheceu-se a primeira realização mais autoral de um encenador em 1968, quando o argentino Victor Garcia agregou a *Cemitério de Automóveis*, de Arrabal, mais três textos do dramaturgo: *A Oração, Os Dois Carrascos* e *Primeira Comunhão*. No I Festival Internacional de Teatro, promovido em São Paulo pela atriz-empresária Ruth Escobar, no ano de 1974, o norte-americano Robert Wilson apresentou *The Life and Times of Dave Clark*, espetáculo de doze horas, precedido pelas montagens isoladas de suas partes. Provavelmente foram esses os estímulos para Antunes Filho, dando em 1978 uma guinada em sua carreira, aventurar-se na criação de *Macunaíma*, que Jacques Thiériot e o Grupo Pau Brasil adaptaram da "rapsódia" de Mário de Andrade. Achados plásticos admiráveis materializam em cena as sugestões da narrativa. Em *Nelson Rodrigues o Eterno Retorno*, o encenador enfeixou o universo do dramaturgo, extraído de quatro obras: *Álbum de Família, Os Sete Gatinhos, Beijo no Asfalto* e *Toda Nudez Será Castigada*. A depuração progressiva do espetáculo resultou em *Nelson 2 Rodrigues*, reunindo *Álbum de Família* e *Toda Nudez*. Antunes encontrou de novo o autor em *Paraíso Zona Norte*, que aproveitava *A Falecida* e retomava *Os Sete Gatinhos*, em vestes completamente diversas da primeira leitura, por ele julgada "naturalista". Seguiram-se com o elenco, pertencente ao Centro de Pesquisa Teatral do SESC, em São Paulo, diversas outras criações, libertas dos limites severos da dramaturgia entendida tradicionalmente.

O pioneirismo de Antunes em assumir a autoria do espetáculo fez escola, no teatro brasileiro. Muitos encenadores da nova geração, em maior ou menor escala, aproveitaram a sua experiência, encarando a relação com os dramaturgos sob a mesma ótica. Os excessos radicais do teatro da imagem parecem, felizmente, superados. E os encenadores que decidiram escrever seus próprios textos começam a compenetrar-se de que, como dramaturgos, precisam atingir idêntico nível. Ainda que seu virtuosismo consiga escamotear lacunas, é imprescindível o talento literário.

Se as criações coletivas não produziram, entre nós, obras-primas, nada impede que, sendo o teatro fruto de equipe, os dramaturgos trabalhem estreitamente com os encenadores. Por que os dramaturgos não darem forma à idéia de encenadores? Ou os encenadores sugerirem alterações no texto de dramaturgos, para que eles tenham o melhor rendimento cênico? As intransigências e as vaidades ganhariam em ser postas de lado, para a maior glória do teatro.

Apontados os problemas que, entre outros, ainda dificultam a plena realização teatral, não creio que se encontrem na esfera artística as questões prementes a serem resolvidas. Acredita-se, em parte com razão, que o espetáculo feliz atrai o êxito, e o êxito relega ao esquecimento todos os obstáculos. O drama primordial do teatro, na atualidade, se liga ao levantamento de fundos para o preparo do espetáculo e, pronto ele, para que alcance o público, já que o espectador integra o fenômeno cênico.

Diz-se que o livro, publicado, pode aguardar anos para esgotar-se a edição, nada impedindo o reconhecimento apenas da posteridade. No caso da pintura, um quadro, se não corresponde ao gosto dos contemporâneos, se abre eventualmente à sensibilidade das gerações futuras, que o consagram. O teatro, como arte completa, e não apenas dramaturgia, não dispõe do mesmo destino. O espetáculo, ao encerrar-se a carreira, existe somente na lembrança de quem o viu. Os registros documentais, que abolem o contato direto entre ator e platéia, nem de longe reproduzem a emoção original, e freqüentemente desfiguram a qualidade artística. A vida de um espetáculo, assim, termina com a sua duração.

As grandes cidades, se são as únicas a propiciar a profissionalização teatral, trazem outros inconvenientes à carreira de um espetáculo. As distâncias desestimulam a saída de casa, após o horário de congestionamento do trânsito. A falta de segurança recomenda que se fique preso à imagem da televisão, ainda que os programas deixem de ser animadores. Os ingressos, menos para as classes favorecidas, costumam pesar no orçamento, e a necessidade de estacionar o automóvel é outro motivo inibidor. Tudo conspira contra a facilidade para se assistir a um espetáculo.

Que se dirá, principalmente, de sua produção? A experiência mostra que, não obstante os óbices quase intransponíveis para se chegar à estréia, elas continuam a acontecer, em ritmo que não sugere crise. Basta arranhar a superfície para se concluir que a aparência é enganosa. Os tradicionais atores-empresários, que assumiam o risco da produção, para garantir a continuidade do próprio trabalho, ficaram mais cautelosos, preferindo o elenco mínimo ou até o monólogo. Às vezes, esperam tempo enorme para entrar em nova empreitada. Para o leitor de programas, é preocupante ver o número excessivo de permutas publicitárias, por um prato de comida para a ceia e um tecido para o figurino. A maioria dos atores não goza de garantia para a sobrevivência, porque não há atividade cênica permanente e o sistema previdenciário não cobre o desemprego.

Há décadas, o teatro instituiu a conquista do repouso semanal, com descanso às segundas-feiras e sessões, de terça a domingo, que eram duplas e triplas, em certos dias. A divisão do tempo com a tevê reduziu os espetáculos, ultimamente, para o pequeno período de quinta a domingo, e no máximo cinco récitas hebdomadárias. Nem o enorme aumento populacional provocou a majoração do público.

Numerosos atores quiseram, um dia, ter suas casas de espetáculos, a fim de fugir aos aluguéis escorchantes e não se desesperar com a falta de datas para uma estréia. Aos poucos, resignaram-se a não contar com esse bem, desvencilhando-se de um fardo que passou a ser demasiado oneroso. Os teatros pertencem hoje, na maioria, a entidades governamentais ou privadas, entre as quais, citando-se apenas São Paulo, a Prefeitura da cidade, o Governo do Estado, o Ministério da Cultura, o Serviço Social do Comércio e o Serviço Social da Indústria, a Aliança Francesa, o Círculo Italiano, a Hebraica e o Instituto Goethe. Se fosse rendoso um imóvel, o proprietário particular o manteria.

Verifica-se na cessão de salas a particulares, sem dúvida, uma das formas de exercício do imperativo constitucional de amparar o Estado a cultura. Outras se impõem, com o objetivo de tornar mais conseqüente o necessário apoio. Sabe-se que um aluguel barato não assegura o levantamento de uma produção. O Estado precisa intervir com a liberação de verbas.

Em face das restrições orçamentárias, votaram-se leis de incentivo à cultura, cujos benefícios merecem os melhores aplausos. A primeira foi a Lei Sarney, a que se seguiram a Lei Rouanet e, no município de São Paulo, a Lei Marcos Mendonça. O Estado renuncia a determinado tributo, devido pela empresa privada, para que parte ponderável da dívida seja aplicada em iniciativas culturais.

Estou convencido, porém, de que o evidente alcance dessas leis não pode substituir uma política de cultura do Governo, que começa, aliás, a penitenciar-se pela omissão. Muitos projetos, que recebem o atestado de excelência das comissões incumbidas de avaliá-los, na esfera pública, não conseguem depois sensibilizar a indústria e o comércio, permanecendo irrealizados. Não cabe culpá-los pela recusa: eles precisariam criar organismos próprios de julgamento cultural, a fim de examinar as vantagens e desvantagens do patrocínio. E não é essa a função primordial das empresas particulares.

Análise superficial das leis de incentivo indica só obterem patrocínio os nomes famosos, capazes de oferecer retorno publicitário. Ou aqueles que se submetem a intermediações dispendiosas, desvirtuando o objetivo das leis. Os grupos novos, mesmo se trazem propostas artísticas revolucionárias, ficam à margem dos incentivos. Administradores e comissões neutras do Estado em geral atuam com a desejada isenção.

Urge, portanto, que os órgãos públicos assumam a responsabilidade de uma política cultural, não no sentido de dirigir o processo criador, mas de favorecer o aparecimento e a expansão dos reais valores. É penoso o périplo a que são obrigados a submeter-se os artistas, no afã de alcançar um financiamento. Circula entre os interessados a notícia de que, às vezes, se liberam quantias ponderáveis, desde que eles concordem em deixar a metade com os doadores. Se é verdadeira a informação, o Estado está sendo lesado, o artista, que recebe uma verba nominal mas fortemente amputada, e a produção, que precisa realizar malabarismos de economia. Eu nunca soube de procedimento semelhante, quando as verbas eram distribuídas por comissões especializadas do Governo.

Não sejamos ingênuos: essa malfadada orientação pertence ao sistema que responde pelo qualificativo de neoliberal. O lugar de julgá-lo é outro – aqui basta lembrar seus efeitos nefastos no campo da cultura, onde jamais poderiam prevalecer as leis de mercado. Quando se produz um espetáculo deliberadamente comercial, ainda se compreende a invocação dessa prática. Já o espetáculo de intenção artística subentende uma longa pesquisa, cujo custeio dificilmente se amortiza numa temporada. Embora se afigure a muitos elitista o amparo a uma atividade que atinge público reduzido, e não a massa, ela é fundamental para o progresso coletivo.

O exemplo da História abona esse raciocínio. Nunca é demais evocar que, na Grécia do século V a.C. – berço do teatro ocidental – as festas dionisíacas, em cujo programa se encenavam as tragédias e as comédias, eram organizadas pela Cidade-Estado. Os coregos, mecenas compulsórios, recebiam a incumbência de financiar o concurso de montagens. Empobrecida a população, com a Guerra do Peloponeso, criou-se em Atenas o instituto da sincorégia, em que dois cidadãos ricos, delegados da *polis*, custeavam as despesas. Voltou-se à corégia em 398 a.C., substituída em 308 a.C. pela agonotésia. Eleito comissário das festas pelo período de um ano, o agonoteta recebia subvenção do Estado. Se não eram cobertos todos os gastos, ele desembolsava a complementação. Desde o seu primeiro período áureo, no Ocidente, o teatro dependeu da intervenção do Estado.

Atualmente, na Europa, as restrições orçamentárias e a voga neoliberal não impedem que os governos continuem a subsidiar a atividade cênica. A França mantém numerosos teatros nacionais e outros, experimentais, que se sustentam com subvenções. A Itália multiplicou os teatros estáveis, sustentados pela União, pelas regiões e pelos municípios. A Alemanha convencionou que a bilheteria cubra apenas 20% do orçamento das casas de espetáculos oficiais e até porcentagem mais expressiva é liberada, se as razões forem convincentes. Quanto aos Estados Unidos, que sempre consagraram a livre iniciativa, o custeio de elencos dependeu das fundações e também do *National Endowment for the Arts*. O macartismo, em certa época, suspendeu a legislação protetora do presidente Roosevelt, mas, antes do fim da Guerra Fria, já o Estado retomou o incentivo à cultura. Um entendimento saudável equipara o teatro experimental à existência de bibliotecas e museus. Registre-se, por outro lado, que um turismo bem dirigido tende a trazer significativo retorno financeiro às sólidas iniciativas culturais.

Em meio século, o teatro brasileiro conheceu um progresso extraordinário. De poucos espetáculos em cartaz, na cidade de São Paulo dos anos cinqüenta, hoje se podem escolher, freqüentemente, entre sessenta a oitenta. A presença estrangeira não é mais dominante: a prata da casa não é preterida pelos êxitos de Paris ou da Broadway, e os diretores nacionais tomaram as rédeas dos elencos, só permanecendo entre nós aqueles que se identificaram com os nossos valores. Ninguém pergunta a nacionalidade do artista que atua no país. Numa prova irrecusável de maturidade, os grupos brasileiros são atrações em certames internacionais, e as pesquisas de linguagem colocam-se no mesmo nível do que o primeiro mundo considera vanguarda.

Artisticamente, estamos aparelhados para enfrentar o novo milênio. O teatro conseguiu manter o seu espaço e ampliá-lo, depois da primeira investida do cinema. A tela, apesar de tudo, sofreu mais a concorrência da televisão, que traz uma publicidade suplementar aos artistas originários do teatro. Muitos se beneficiam do estrelato no vídeo, quando decidem voltar ao palco. O segredo da permanência do teatro está – nunca é demais lembrar – no confronto vivo entre o ator e o público.

Sob o prisma da viabilidade econômica, as inquietações são maiores. Longe de nós pensar que o teatro se inclua entre os bens supérfluos, mas, se se deve cortar despesas, ele vem antes da alimentação, do vestuário e da moradia. O terror da recessão, em toda parte do mundo, ameaça os pobres mortais. Espera-se que uma forma razoável de convívio se imponha entre os povos e as classes sociais. Alcançado, nesse terreno, um equilíbrio, e convencido o Estado de que tem responsabilidade numa sadia política de cultura, o teatro irá por certo expandir-se, no milênio que se inicia.

3. O Problema da Produção

Infelizmente, não se pode dizer que seja boa a situação do teatro brasileiro. Não se trata de crise eventual, devida a falta de criatividade momentânea de dramaturgos e produtores de espetáculos, aí incluídos encenadores, intérpretes e cenógrafos. Apontam-se, como sempre, boas montagens, e há uma pulsação latente, pronta para explodir em arte verdadeira.

O problema que se atravessa é a dificuldade quase intransponível de se realizar uma produção. Parece que os donos do poder, depois de superada a censura política e moral dos tempos da ditadura, se voltaram para a censura econômica, sufocando as manifestações livres dos criadores. Restabelecida em termos a democracia, os governos deixaram simplesmente de atribuir dotações orçamentárias à cultura, relegando a tarefa de custear o teatro às leis de incentivo fiscal.

E essas leis, que poderiam desempenhar um papel admirável de coadjuvante na política do Estado, se tornaram estrelas incapazes de iluminar o palco. Antes, citando como exemplo o caso de São Paulo, a Comissão Estadual de Teatro publicava três editais por ano, para que os candidatos às verbas se inscrevessem, de acordo com o programa de estréias. O julgamento levava em conta a qualidade e o custo real da proposta. Nunca se soube de um só caso de corrupção.

Já as leis de incentivo, depois de obtida a aprovação do órgão governamental competente, deixam o financiamento do projeto ao arbítrio da iniciativa privada – uma indústria, um banco ou o comércio. Ao que se saiba, não é função dessa iniciativa privada manter um departamento cultural ou um simples funcionário incumbido de examinar o valor presumível dos espetáculos. Quando se concede a verba almejada, o motivo se prende ao prestígio artístico do postulante ou a uma ligação fortuita, sem esquecer o benefício que a associação com o empreendimento pode trazer à imagem da empresa. Os novos não têm para quem apelar.

Bem no estilo da economia de mercado, que não prescinde dos intermediários, criou-se a figura do captador de recursos, que recebe uma porcentagem (às vezes gorda) dos recursos obtidos. O mecanismo inflaciona, naturalmente, o custo da produção. E não vou entrar em outro capítulo destes tempos neoliberais, comentado, sem possibilidade de provas concretas, à boca pequena: o caso de responsáveis pela aprovação de verbas que as liberam se o beneficiado fornecer um recibo equivalente ao dobro ou de captadores que desejam ficar com a parte do leão.

A conseqüência dessa política ficou visível nos cartazes: nunca se encenaram, como ultimamente, tantos monólogos. Se remontarmos à Grécia clássica, modelo do nosso teatro, sabemos que a tragédia evoluiu do monólogo para o diálogo. E no Brasil do ano 2000, pelo imperativo da economia, caminhamos no sentido inverso. Não cabe esquecer, ademais, que se o teatro, ainda nas últimas décadas, funcionava de terça a domingo, em certos dias com mais de uma sessão, hoje se limita a apresentações de quinta ou sexta a domingo, com sessão única. A insegurança nas saídas noturnas, nas grandes cidades, é também um dos motivos de retração do público.

Se o Governo, compreendendo as esferas federal, estadual e municipal, estiver de fato interessado em minorar a situação aflitiva por que passa o teatro, não seria difícil usar um remédio simples, de eficácia imediata: bastaria dotar os órgãos especializados da mesma verba que ele está disposto a sacrificar com a renúncia fiscal. E ainda estaria economizando uma quantia apreciável, porque as empresas que recorrem às leis de incentivo, além de não pagarem os impostos devidos, descontam como despesa operacional aquilo que desembolsam.

Tenho certeza de que a providência, se tomada, ou outra de semelhante objetivo, aquecerá a produção teatral. E haverá estímulo para a mobilização de todos os artistas, recolhidos na desesperança em virtude de tantos entraves.

4. Dramaturgia em Questão

A Associação Paulista de Autores Teatrais (APART), entidade que congrega cerca de cinqüenta dramaturgos atuando profissionalmente, para o público adulto, procura refletir sobre os problemas que enfrentam mais de perto os seus membros. Já pelo número expressivo de associados, impensável há três décadas, poderíamos concluir que sua produção alimentaria continuamente os palcos da cidade, sem recorrer aos escritores de outros Estados e aos estrangeiros de qualquer tempo. Essa verificação, que não esconde um princípio otimista, está desacompanhada de tranqüilidade a respeito dos reflexos práticos em causa. Não teria o menor sentido um isolacionismo que omitisse outros valores, de todas as procedências. Poucos dramaturgos vivem com o resultado financeiro de sua obra. A preferência do público é sempre um mistério, difícil de decifrar. A cada peça que estréia, o teatro recomeça praticamente do nada.

Em recente mesa-redonda, Renata Pallottini, presidente da APART, formulou uma série de perguntas, que seria interessante responder. A quem se destina o teatro que se faz em São Paulo e no Brasil? Que deseja o público que vai ao teatro hoje, aqui? Deve-se dar a ele só o que quer? É importante para o nosso público uma dramaturgia brasileira? E o teatro não-comercial necessariamente deficitário? Deve o poder ajudar o teatro? E, no caso afirmativo, como? Quais os melhores caminhos para a dramaturgia brasileira atual? Por que o teatro atrai menos público do que já atraiu? Acha-se a dramaturgia brasileira bem divulgada? O teatro chamado burguês é necessariamente de menor

16 DEPOIS DO ESPETÁCULO

importância? Essas questões se desdobrariam facilmente em outras, dependendo do ângulo em que se colocasse o observador. Alguns tópicos prescindem de pesquisa, para serem imediatamente esclarecidos. Não apenas em São Paulo mas em outras capitais, o teatro se destina à classe média de maior poder econômico, porque o preço do ingresso, embora um dos menos onerosos do mundo, é ainda caro para a capacidade aquisitiva da população. Nesse raciocínio, deve colocar-se também o problema da prioridade. A exigência cultural pertence a um grau refinado do estádio do indivíduo. Num país de nível educativo tão inferior, as necessidades se bastam com prazeres primários.

Mas não cabe esquecer ponderações de ordem diferente. Quando Roger Planchon, que sucedeu a Jean Vilar na direção do admirável Teatro Nacional Popular francês, esteve em São Paulo, perguntei-lhe a quantas andava a política de público. Ele não se fez de rogado. Depois de anos na tentativa de implantar um teatro popular, era forçoso dizer, melancolicamente: "O operário só vai ao teatro para construí-lo". E isso na França. O que não impede, no Brasil, vários grupos se dedicarem generosamente à tarefa de levar espetáculos à periferia, na busca de romper privilégio das classes abastadas.

A origem social do espectador determinaria o gênero de montagem a ser oferecido? Isto é, a platéia das salas do centro preferiria um repertório ameno, que não lhe contestasse as vantagens, enquanto os pobres se estimulariam por peças reivindicadoras, advogando a transformação da sociedade? Raciocínio levantado nesses termos acaba por ser redutor. Sabe-se que um certo padrão de debate motiva muito a intelectualidade, recrutada entre os que tiveram a chance de receber educação superior. E o proletariado foge das agruras cotidianas por meio de compensações artificiais, que freqüentemente não supõem a consciência da realidade. E sem esquecer que a massificação, proposta pela maioria dos meios, impede um raciocínio lúcido e isento.

Os vários públicos interessados no teatro esperam ofertas diversas, segundo suas expectativas. Há os que desejam ver pessoalmente um astro ou estrela da televisão (eu mesmo, acompanhando uma temporada na Broadway, não perdi um espetáculo interpretado pelos atores que povoavam minha adolescência cinematográfica, e não me arrependo). Há os que se regalam com uma bela nudez feminina (estou sendo retrógrado: hoje, muitas mulheres e homens apreciam também a masculina). Há os que procuram o riso, "porque de triste basta a vida". Mas há, por outro lado, os que desejam do espetáculo um alimento espiritual, que dramatize as suas dúvidas existenciais, em linguagem artística aprimorada. A presença do público é inerente ao fenômeno do espetáculo e o encontro se dará em nível mais elevado na medida em que o autor suscitar um debate transcendental.

Talvez Shakespeare oferecesse ao espectador algo a que ele estivesse habituado – crimes, lutas, violência, fantasmas, suspense, diversão. Nesse território conhecido, ele inoculava sub-repticiamente a sua genial reflexão sobre o destino humano. Atendia ao desejo do público e acrescentava o que lhe parecia primordial – a mais profunda indagação a respeito do papel do homem na terra. Faculta-se fazer leituras de Shakespeare, como aliás de todos os grandes autores, em vários níveis, mas um texto se torna perene se vai além da expectativa imediata da platéia.

Uma dramaturgia brasileira é essencial, porque nela o público se reconhece mais facilmente. Até o Teatro Brasileiro de Comédia, de gosto estético europeizado, se deixava tomar por frêmito especial quando lançava uma peça de Abílio Pereira de Almeida. A platéia se sentia retratada em cena, inclusive sob a sua perspectiva ideológica. Repito, porém, que o prestígio à dramaturgia brasileira não deve desembocar em nacionalismo estreito, que prescinda dos clássicos e dos modernos de mérito do mundo inteiro. A linguagem artística é, primordialmente, universal.

Julgo impossível definir o que seja comercial ou não no teatro. Seria a intenção do autor e do empreendimento ou o resultado junto ao público? Sabe-se que uma peça, que ninguém imaginaria ser comercial, alcança êxito enorme, ao passo que outra, feita com o objetivo de produzir dinheiro, se converte em inesperado malogro. Assim, um teatro deliberadamente não-comercial deixa de ser, por definição, deficitário. Creio, contudo, que o raciocínio ganharia em tomar outra direção.

Um teatro não-comercial, deficitário ou não, precisa ser subsidiado pelo poder público, porque "o amparo à cultura é dever do Estado". Esse entendimento generalizou-se na Europa, dos países liberais aos de esquerda, e os Estados Unidos, depois do obscurantismo macartista, não põem em dúvida o mesmo princípio, apesar de apregoarem o sistema da livre iniciativa. No Brasil, no fim da pândega sinistra da ditadura militar, não sobrou um tostão para a atividade cultural, e o governo tenta agora – ao que se espera provisoriamente – transferir a responsabilidade do subsídio à iniciativa privada, mediante a concessão de vantagens fiscais.

A ajuda é bem-vinda, mas o teatro não pode ficar à mercê da maior ou menor compreensão dos empresários particulares, de resto muito onerados pelos desmandos oficiais. O Estado tem que assumir sua obrigação constitucional e não custa o teatro arregimentar-se desde logo para exigir o que durante algum tempo recebeu. Nunca será demais lembrar que a Comissão Estadual de Teatro de São Paulo, embora a lei estabelecesse a obrigatoriedade da montagem de uma peça brasileira para duas estrangeiras, decidiu conceder metade de sua verba para o teatro nacional, estimulando prontamente o surgimento de muitos autores. E deve ser atribuído tratamento preferencial ao dramaturgo estreante, que um júri responsável escolher, porque assim o empresário não se assusta com o risco do nome inédito. O subsídio estatal ganha em estender-se, sem dúvida, ao teatro cultural de qualquer país. E é importante aplicar capitais na infra-estrutura, ampliando o número de casas de espetáculos e oferecendo condições razoáveis para que sejam utilizadas, bem como proporcionando facilidades no transporte dos elencos para os mais distantes pontos.

A dramaturgia brasileira precisa abrir-se a todos os caminhos, de acordo com o impulso das variadas vocações e o interesse dos múltiplos públicos. Não foi por acaso que nasceu o que se convencionou chamar "besteirol". Ele corresponde a determinado gosto dos espectadores pelos esquetes de atualidades, semelhantes aos números cômicos da televisão, e facilita a tarefa autoral de fôlego curto, remanescente e adaptada da antiga revista. Nosso mal é que, dando certo uma receita, todo mundo cai na moda, e depois de algum tempo ninguém agüenta a fórmula. Não vou inventariar todas as fases de que fomos vítimas, mas muita gente se lembrará da praga da expressão corporal, do distanciamento brechtiano, do teatro agressivo e dos palavrões, das vazias criações coletivas, da nudez gratuita, não me ocorrem quantas coisas mais. Agora (ao menos na teoria) sem censura e sem necessidade do combate prioritário ao crime organizado do militarismo ditatorial, o autor pode entregar-se aos vôos da imaginação, explorar o veio poético e não prender-se tanto às circunstâncias.

É verdade que os temas palpitantes do momento parecem seduzir a curiosidade geral. O dramaturgo não deve esquecer, porém, que os textos construídos sobre episódios circunstanciais costumam ser logo superados pelo noticiário jornalístico. Não é função da dramaturgia substituir-se à crônica política. Uma boa peça discerne, no *fait divers*, a marca da perenidade, extraindo dele certos componentes míticos do indivíduo. Num país em que praticamente tudo está ainda por ser examinado, a gama de assuntos e de estilos se mostra inesgotável.

Não estou certo de que o teatro atraia hoje menos público do que já atraiu. Numa perspectiva histórica, sobretudo das últimas décadas, verifica-se, ao contrário, que, se em 1950 só contava o TBC, multiplicam-se em nossos dias as atrações, ainda que fora do esquema do elenco permanente e considerando numerosos fatores: a concorrência da tevê, da música erudita e popular, da dança, do cinema, das diversões noturnas e dos restaurantes, e a verdadeira batalha que se tornou o trânsito em São Paulo. Se, proporcionalmente ao aumento da população, talvez não se tenha registrado progresso palpável, o espectador potencial encontra número muito mais expressivo de opções. Dificilmente se acompanha o ritmo de estréias.

Ao longo dos anos, viu-se a mudança da divulgação da dramaturgia nos jornais. Na década de cinqüenta, o teatro era considerado arte "nobre", justificando a existência de enormes colunas informativas e de críticas extensas. O espaço das páginas de arte passou a ser reivindica-

DRAMATURGIA EM QUESTÃO

do, com razão, pela música, pelo cinema, pelos shows, pelas artes plásticas, pela tevê, por variedades. O número de páginas impressas não teve condições de crescer na mesma proporção das matérias obrigatórias e, em conseqüência, diminuiu o tamanho específico de cada matéria. A notícia praticamente restringiu-se à estréia, abrindo-se as colunas apenas para os eventos de ampla repercussão. A crítica, antes análise minuciosa de todos os elementos do espetáculo, tende a circunscrever-se a uma informação sucinta para o leitor. O ensaísmo cede lugar à impressão sintética. Não adianta reclamar: são imperativos da realidade do jornal, como um todo. Impossibilitado de estender-se sobre o objeto comentado, o bom crítico se conhece pela capacidade de situá-lo.

Já era tempo de criarmos revistas especializadas, que aprofundassem o que escapa da ligeireza jornalística. Nenhuma das publicações do gênero, apesar do heroísmo que as distingue, satisfaz inteiramente ao crítico e ao leitor. Na origem das lacunas está sempre a escassez de verbas. Algum apaixonado por estudos sérios estaria disposto agora a financiar uma revista de alto padrão, em troca dos benefícios fiscais? Também se publicam algumas peças, mas as editoras nem de longe acompanham o movimento das estréias. Sempre a desculpa de que a dramaturgia é para ser vista e não lida, e as tiragens não chegam a ser compensadoras. Os textos brasileiros atuais estão, em verdade, muito mal documentados.

A derradeira questão proposta na mesa-redonda: seria necessariamente de menor importância o chamado teatro burguês? Ou, em outras palavras, o que se convencionou tachar de "teatro"? Pirandelliano convicto, no sentido de acreditar na absoluta relatividade dos juízos, tremo nas bases diante dessa pergunta. Há muito tempo, entrevistei num camarim, em Paris, o comediógrafo André Roussin, que interpretava uma de suas peças. Procurei-o quase por dever de ofício, porque sua obra povoava, na ocasião, os cartazes do Rio de Janeiro. Provavelmente sugeri pouco apreço pelo que ele escrevia, escutando uma afirmação peremptória: "Sou, no teatro francês, o legítimo herdeiro de Molière". A sinceridade nada cabotina da assertiva, externando convicção clara, me aturdiu. Teria ele razão? Não seríamos obtusos, por não perceber na aparente ligeireza das comédias o parentesco invocado com o autor de *O Misantropo*? Com certeza, eu não teria coragem de dizer que a História jamais confirmará sua esperança. Quem sabe Roussin se consagrará como o clássico da comédia moderna?

Muitos autores, exaltados pelos contemporâneos, desaparecem para a posteridade. E alguns não-reconhecidos crescem, com o correr do tempo. Não faz mal ter sempre em mente que a história da crítica é uma história de equívocos. O que, por outro lado, não exime da responsabilidade pela honesta emissão de juízos. Quanto ao problema, não só o "teatrão" não é necessariamente de menor importância, mas pode ser julgado, no futuro, o mais representativo dos dias atuais, enquanto experiências de vanguarda eventualmente se sepultem no esquecimento.

Ofereço à meditação uma verdade histórica intrigante: na Grécia e na Idade Média, em épocas nas quais o teatro congregava praticamente a população inteira, o fator que unia o público era antes a religiosidade que o sentimento de arte. O ato de fé precedia o fenômeno estético, mesmo que este passasse, depois, ao primeiro plano. Hoje, quando nenhum estímulo religioso reúne espectadores numa platéia, qual seria o móvel coletivo a juntar indivíduos tão díspares diante de uma montagem?

Não sou adivinho, mas suponho que, intuitivamente, o público espera que o espetáculo responda a uma indagação que anda pelo ar, que preencha, de alguma forma, os seus anseios e sonhos.

5. A Função da Crítica Teatral

Não é fácil conceituar a função da crítica. Um espetáculo pode, perfeitamente, preencher seus objetivos, realizando-se como arte e atingindo o público, sem receber um só comentário da imprensa. Acresce que, se examinarmos o papel desempenhado pela crítica através dos tempos, seremos coagidos a concluir que suas manifestações representam uma história de equívocos.

A partir de premissa tão negativa, o debate quase se tornaria supérfluo. Entretanto, não negarei que a crítica exerce uma função. Desde a mais humilde, que é a de registrar a recepção a um espetáculo. O vídeo, o filme ou a fotografia, por mais que documentem uma montagem, não apreendem a essência do fenômeno cênico, definida pelo contato direto entre ator e platéia. Todos sabemos que a arte do teatro vive do efêmero, porque nem uma representação é idêntica a outra. A crítica não preenche essa lacuna, mas fixa em palavras algo que está registrado apenas na memória dos espectadores.

Em plano menos modesto, a crítica tem o poder de influir na afirmação de determinado gênero de teatro, em prejuízo de outro. A renovação estética empreendida no palco brasileiro, desde a década de quarenta do século XX, encontraria maiores obstáculos, se não recebesse o apoio imediato da crítica. É lícito lembrar que tanto em São Paulo como no Rio de Janeiro os críticos sustentaram a luta contra os velhos procedimentos do astro dominando o elenco, para que se impusesse o conceito do teatro de equipe, sob o comando do encenador, com um repertório de melhor qualidade e harmonizados em unidade artística os demais elementos, a exemplo da cenografia e da indumentária.

Aqui já apresento uma virtude que me parece indispensável ao crítico. Ele não pode aferrar-se a uma teoria estética, defendida acirradamente, até que seja aceita pela totalidade ou pela maioria dos artistas. Implantado o seu ponto de vista, ele continuará a atuar no vazio. A intransigência doutrinária assenta melhor ao ensaísta, que passará a vida tentando implantar seu ideal.

O crítico precisa ser sensível às mutações contínuas da realidade teatral. Num momento, ele ressalta a figura do encenador e o teatro de equipe. Logo vê que essa fórmula é insatisfatória: contra o domínio do repertório estrangeiro, deve prestigiar-se o autor nacional. Transformada a peça brasileira em moeda corrente dos elencos, cabe ser mais rigoroso no seu juízo e ligar as antenas para as preocupações que nascem. Começam, por toda parte, a experiência da criação coletiva e a aventura de um novo espaço, desvinculado do edifício tradicional. O crítico precisa detectar as tendências incipientes, protegê-las quando em pleno processo de afirmação e denunciar seus descaminhos, repetições e depauperamento. Não se trata de visão camaleônica da crítica, mas da consciência de que as escolas, os movimentos e os ideais estéticos observam um ciclo, que acaba por esgotar-se.

Há um intercâmbio desejável entre a crítica e a criação artística. Os padrões críticos sérios, não contestados em seus valores, participam, até mesmo inconscientemente, do trabalho dos criadores. Por outro lado, as inovações artísticas autênticas modificam, aos poucos, os critérios críticos. Ninguém hoje, em sã consciência, faz um espetáculo pelos parâmetros de cinqüenta anos atrás. Um crítico, também, não se apega mais ao conceito do bom gosto, herdado de certa norma européia, e admite o mau gosto como componente do nosso estilo tropical.

Não é o caso de mencionar a honestidade como pré-requisito do exercício da crítica. Tal exigência é tão óbvia que o contrário dela seria aceitar que um ladrão se empregasse em cargo de confiança num banco. São pontos pacíficos a isenção, o equilíbrio, o amor pelo teatro. Essas qualidades, porém, não bastam.

Gosto de brincar com meus alunos: a primeira virtude do crítico é a de saber escrever. Quem não domina a escrita pode estar imbuído das melhores idéias, que elas não se comunicam ao leitor. Até se entende o contrário do que se pretendeu dizer. O resto vem com o tempo: a autoridade fundada em conhecimento de arte tão complexa, sensibilidade para captar o novo, e cultura geral, que inscreve o teatro no conjunto da produção humana.

Abrirei honestamente o flanco para quem se dispuser a contestar-me. No início da atividade crítica, podemos acumular muitas virtudes, mas nos falta a cultura que permite situar o espetáculo num

era do encenador

Centenário

Cem anos de teatro em São Paulo I

tual. Porém as mudanças que vão tendo inexorável lugar mostram que, se Ibsen foi incompreendido e abominado em 1899, com "Casa de Bonecas", em 1915 ele já é aplaudido com "Espectros", e que, em 1916, "Flores de Sombra", de Cláudio de Souza, um texto de considerável requinte, é recebido como a obra-prima do teatro brasileiro.

Os "Cem Anos de Teatro em São Paulo" atestam ainda uma vez a pouca importância do teatro no Brasil em geral (e em São Paulo, em particular) para a intelectualidade de 22: se a Semana de Arte Moderna foi organizada para contestar o academismo, o teatro não chegava sequer a ter um academismo a ser contestado — e é soberanamente ignorado.

As décadas de 20 e 30 são caracterizadas pela afirmação de atores nacionais (Froes e Procópio, Dulcina, Jayme Costa) e pelo primeiro encontro de São Paulo com Pirandello, que tem na população italiana um apoio natural. E já começam a ser sentidos os primórdios das inquietações que irão conduzir ao moderno teatro brasileiro, ao que viria se juntar o jejum de visitas européias imposto a partir de 1939 pela Segunda Guerra Mundial. O panorama apresentado a partir desses momentos é muito mais detalhado e, se o livro continua informativo, a partir daqui ele passa a ter uma postura crítica, avaliadora, que altera a natureza do texto e fica por vezes arbitrária, pois a necessidade da compressão privilegia alguns espetáculos e autores e passa voando por cima de outros.

Fica muito bem colocada a mudança radical do panorama teatral de São Paulo a partir da fundação do Teatro Brasileiro de Comédia em 1948, que ainda uma vez retrata a mudança da própria importância de São Paulo como cidade, seja como crescimento populacional, seja como força econômica, seja como crescente reduto cultural. O teatro paulista reflete, a partir daí, com o Arena, com o Oficina, a tomada

'Estado' na década de 70

bert, envolvendo-se de um amuravante simpático."
... poderá acompanhar ...
terceiro esforço realizado pelos dois pesquisadores — a repercussão da passagem pelo Brasil de grandes atrizes e atores como Sarah Berhardt, Suzanne Despres e Satyini, assim como a de diretores e dramaturgos como Jean ... — este com nada ... de peças no ... a primeira en... Pirandello ...

do). E, principalmente, as críticas no desempenho de atores e seringas como Dulcina, Itália Fausta, Jaime Costa e Procópio Ferreira.

Tudo isso antes do surgimento de companhias fundamentais para a modernização do teatro paulistano, como o Teatro Brasileiro de Comédia — com seu elenco de astros e estrelas, Cacilda Becker entre eles — e, mais tarde, o Arena e o Oficina. Um trabalho rigoroso de pesquisa que propicia uma visão ampla do teatro e permite detectar bons e maus momentos. E, melhor ainda, apontar algumas causas dos bons momentos, como o investimento em conspícuos permanentes e em marcos ... de políticas públicas bem subvencidas. "No Brasil, a gente joga fora as boas experiências. Impressionante como regredimos do tempos em tempos", comenta Sábato.

Cem Anos é fruto de um convite feito ao crítico pela diretoria do Estado, por ocasião das comemorações do centenário do nascimento do jornal. "A idéia era publicar suplementos especiais sobre a atividade artística no Brasil, não só no teatro, mas também nas artes plásticas, literatura, cinema e música. Ea acabei convidando-os para escrever sobre teatro, desde que pudessem contar com a ajuda de Maria Therese, que é uma das maiores pesquisadoras dos nossos teatros. Eu adorei tudo. Sempre tive medo de alguma dúvida, e para ela que telefono."

Proposta aceita, ambos puseram-se a trabalhar. "Mas a pesquisa foi ganhando um volume surpreendente e eu solicitei sucessivas publicações deste especiais, em dois ... numa seguidos, que deu ... suficiente. "Mas ... do aproveitar ... numeros ...

para mim, uma fonte de consulta, porque o que escrevo aí, tenho ... que aconteceu de verdade."

Sábado planeja ainda lançar em breve uma complementação

plem complementou ...

No início desse ano, ele foi obrigado a dar a si mesmo o descanso sempre adiado. "Sofri duas cirurgias relativamente graves, para desobstrução das conjunto maior. Muitas vezes nem temos a informação de que uma estréia, que nos parece tão original, não passa de cópia de fotografias de montagens estampadas em revistas estrangeiras. Ou simples reprodução de novidade assistida por um encenador em viagem turística. A experiência nos torna mais seguros, exigentes, objetivos nos juízos. Em compensação, mesmo se o tempo não nos converte em conservadores, as idéias novas nos levam mais facilmente a parecermos superados, não correspondendo às inquietações que andam pelo ar.

O consolo é que essa verificação não se restringe ao campo da crítica. Ela se entende a toda a atividade humana e, no caso específico do teatro, vale também para o intérprete, o dramaturgo, o encenador, o cenógrafo e o figurinista. Ou nos renovamos constantemente, embora nos mantendo fiéis às nossas origens, ou nos condenamos depressa a ser carta fora do baralho.

O crítico tem como objeto o conjunto do espetáculo e não apenas um de seus elementos. Houve tempo em que a crítica se demorava mais na análise do texto, e não apenas por facilidade, já que ele pode ser lido antes ou depois da estréia. Essa preferência correspondeu a uma fase da evolução do nosso teatro, na qual era importante dar relevo ao prisma literário, contra o predomínio do *boulevard*.

Enfeixado o espetáculo nas mãos do encenador, a crítica se volta, de preferência, para a sua concepção. Mas a rigidez do ponto de vista empobrece a feitura do artigo. Dependendo do espetáculo, é mais significativo o texto, ou o desempenho, ou a cenografia, ou qualquer outro elemento. É legítimo que o crítico traga para o primeiro plano aquilo que lhe parece ter mais expressão, no sentido positivo ou negativo. Com essa liberdade, o comentário deixa de ser repetitivo e ganha o interesse do leitor. Não se deve esquecer que a crítica almeja possuir o estatuto de obra de arte, por mais simples que seja a sua composição.

Quanto a seu destino, ela se endereça ao leitor do jornal. Sei que essa condição frustra em grande parte o artista, que pouco a aproveita para o seu aprimoramento. Nem sempre aconteceu assim. Quando os cotidianos dedicavam mais espaço aos comentários, e o teatro nascente reclamava uma postura quase didática do crítico, era possível o aprofundamento minucioso da análise, servindo eventualmente de orientação para os participantes da montagem. Com o correr dos anos, a imprensa precisou ajustar-se à realidade econômica, não ampliando o número de páginas.

E o espaço, que era monopolizado pelo teatro e por algumas artes consideradas maiores, acabou sendo dividido por numerosas outras manifestações, de popularidade indiscutível. O *rock*, a televisão e o vídeo adquiriram direitos de cidadania e disputam, com justiça, um lugar na imprensa. Era natural que o teatro fosse despojado de sua soberania absoluta. Além desse fator, ocorriam antigamente não mais de trinta estréias anuais. Por isso as críticas se desdobravam também, com freqüência, na análise dos espetáculos infantis e coreográficos. Hoje em dia, lançando-se, por temporada, bem mais de uma centena de montagens de teatro adulto, o movimento de dança e de teatro infantil reclama comentaristas especializados. E o espaço na imprensa não cresceu na mesma medida em que se multiplicaram as atividades artísticas. Esses motivos circunstanciais não esgotam o problema: a atual filosofia da imprensa recomenda o comentário sucinto, leve, de leitura agrádavel (às vezes confundida com o estilo superficial e jocoso), ficando os ensaios por conta de outras publicações, que por sinal não existem ou são insuficientes.

O crítico, de qualquer forma, seria uma espécie de espectador privilegiado, pela intimidade maior com o tema e o hábito da escrita. Forneceria ele ao leitor uma média das opiniões do público? Ou sustentaria um ponto de vista de vanguarda, opondo-se ao gosto conservador da maioria? O domínio técnico daria ao comentário um rigor científico, sepultando o cultivo do "achismo"? Como encarar a relação do crítico especializado com o leitor do jornal e a linha da empresa?

Posso testemunhar que o comentarista brasileiro goza, em geral, de maior liberdade que o estrangeiro. A crítica jornalística de centros como Nova Iorque, Paris ou Londres é normalmente cautelosa, porque reflete de maneira muito mais estrita o suposto gosto do público. Nessas cidades, o teatro comercial tem peso bastante forte, ao qual o crítico se rende, sem o menor signo de desprezo. Ou por sermos mais jovens, libertos de tradição, ou por nos considerarmos comprometidos com a vanguarda, costumamos torcer o nariz para o que se rotule de simples divertimento. Tudo o que fuja aos anseios renovadores é tachado pejorativamente de "teatrão", ainda que se faça ressalva de que bem feito. O crítico, lá fora, identifica-se com a estética e a ideologia do leitor e do veículo em que escreve, sob pena de logo tornar-se corpo estranho no processo de comunicação.

No Brasil, porque as posições não são tão rígidas, o pensamento crítico freqüentemente se afasta das diretrizes mais conservadoras dos jornais. Esse é, por felicidade, resquício do liberalismo que todos nós praticamos, e de que alguns se distanciaram somente em ocasiões cruciais. Raro ver-se um chefe de redação, investido de não sei que autoridade crítica, desautorizar o juízo de seu comentarista credenciado. Esse liberalismo teve, na prática, repercussões altamente positivas, ajudando a escrever a História correta do nosso teatro. Se os órgãos de imprensa tivessem absorvido totalmente o pensamento autoritário disseminado pela ditadura, os críticos silenciariam ante as pressões censórias e ajudariam a sufocar movimentos como o Arena e o Oficina, que receberam o respaldo da imprensa honesta.

O sentimento de que sua opinião não interfere na bilheteria confere ao crítico brasileiro uma liberdade suplementar. Na Broadway, os empresários lêem, no dia seguinte à estréia, as críticas publicadas, fazem as contas das opiniões favoráveis e contrárias, e sabem que terão um grande êxito ou que retirarão, naquela semana mesmo, o espetáculo de cartaz. Compreende-se essa verdadeira tirania da imprensa: entre tantas ofertas diárias, o espectador não sabe como orientar-se, e delega ao crítico a função de escolher por ele. Entre nós, sendo muito menor o número de produções, o público exerce por conta própria o direito de escolha, ponderando fatores às vezes desconsiderados pela crítica. No cômputo geral, a situação brasileira é muito mais saudável, porque traz embutida a relatividade de tudo.

Não se pense que os ideais estéticos sejam eternos. Cada época tem as suas necessidades, eminentemente variáveis. O valor de um momento é demérito de outro. Shakespeare reinou absoluto, no fim do século XVI e início do século XVII inglês, sofrendo, depois, quase dois séculos de ostracismo. Sua grandeza confundiu-se com indisciplina, para os padrões do século XVIII. Até que o romantismo reabilitou-o, colocando-o inquestionalmente no centro da criação artística. Para os nossos valores, ele é ainda o exemplo do gênio completo, não só do teatro. É possível, porém, que gerações vindouras, fincadas em preceitos diferentes, consagrem outros méritos, elevando ao primeiro plano nomes que para nós ainda habitam o purgatório. Seria erro de alguém? Foram cegos os que não perceberam a genialidade de Shakespeare? Seremos obtusos nós, que não estamos enxergando a excelência de alguém a ser reconhecido no futuro? Esse jogo de brilho ou hibernação faz parte da História e é tolice querer negá-lo, ainda que se tente, de todas as formas, minimizar seus efeitos.

Há uma questão que não pode ser omitida, neste balanço sumário dos problemas da crítica: o do vínculo profissional. Os comentaristas mais antigos ainda são funcionários do jornal, com direito a vencimento fixos, férias remuneradas, décimo-terceiro salário e benefícios sociais, incluindo-se a aposentadoria. O registro sindical, privativo dos que fizeram curso de jornalismo, a crise econômica, obrigando à restrição de despesas, e eventualmente o desejo de não concentrar num só indivíduo, por muito tempo, o poder da crítica, estão transformando todos os comentaristas em colaboradores, remunerados por artigo. Como o pagamento das colaborações não acompanhou, nem de longe, o ritmo inflacionário, os críticos, não só de teatro, se transformaram aos poucos em párias da imprensa.

Por enquanto, ainda não se sentiu completamente o prejuízo dessa política. Com o correr dos anos, ela será mortal para a profissão. Porque ninguém pode aprimorar-se, se não se dedicar em tempo integral a uma tarefa. Em face do crescimento vertiginoso do número de estréias, o crítico precisa desdobrar-se em estudo e leituras, sob pena de ficar irremediavelmente para trás. Recomenda-se ao comentarista consciencioso, antes de redigir sua matéria, ao menos ler o texto e dominar a obra do autor, conhecer as correntes estéticas que se digladiam no campo da encenação e do desempenho, e os movimentos que sacodem as outras artes, para que se situe diante da proposta do espetáculo. Insuficientemente remunerado, ele transformará seu trabalho em "bico", perdendo toda a autoridade. E não terá o respeito dos leitores e dos artistas.

O crítico sério participa do processo teatral, atua para o aprimoramento da arte. Não é necessário citar as numerosas campanhas que ele patrocinou ou apoiou, para a melhoria das condições dos que trabalham no palco. Alega-se, às vezes, que haveria um prazer sádico em destruir, quando é muito mais difícil a construção. Não creio que os críticos padeçam desse mal. Na minha longa carreira, sempre fiz restrições com extremo desgosto, sentindo-me contente ao elogiar. Porque o crítico, à semelhança de qualquer espectador, gosta de ver um bom espetáculo, e sente perdida a noite, se não aproveitou nada do que viu. Até para o deleite pessoal, o crítico encara o seu papel como o de parceiro do artista criador, irmanados na permanente construção do teatro.

(1987)

6. Léautaud, Crítico Teatral

Descoberto na velhice e famoso sobretudo graças ao *Journal*, Paul Léautaud foi, profissionalmente, crítico de teatro. Na longa permanência no *Mercure de France*, iniciada em 1907, até as crônicas esparsas em outras publicações, na década de trinta, Maurice Boissard – era esse seu pseudônimo – apresentou inteligente panorama da vida cênica parisiense. Poucos críticos terá havido tão sutis, distinguindo com segurança os valores passageiros e os que continham de fato espírito renovador.

Nos *Entretiens* mantidos com Robert Mallet na Radiodifusão Francesa (1950-1951), Léautaud define sua atividade: "Nunca tive princípios de crítico. Sempre houve no teatro, para mim, apenas o que me agradava e o que me desagradava. Nunca fui – como dizer? – um doutrinário. Não se deve aborrecer o público com uma peça, eis tudo; assim como deve ser com os livros, a qualidade inicial, para quem escreve, é não ser enfadonho. E o crítico tem também um dever: o de tratar das peças sem ser enfadonho". Essa filiação à corrente subjetiva da crítica, exposta aliás mais de uma vez nas crônicas, não chega a limitar o julgamento de Léautaud, porque, além da graça das opiniões desabusadas, existe nele o analista frio, esteticamente muito seguro em seus métodos. A brincadeira é um mérito a mais de seus comentários – exatamente para torná-los leves e agradáveis à leitura. O bom escritor amparou o crítico. Quem se der o trabalho pode ver na obra de Léautaud uma organização de pensamento, disfarçada muitas vezes em crônicas sobre os decotes e os chapéus das espectadoras ou a morte de um cachorro.

Uma das poucas alegrias de um crítico deve ser a confirmação de seus juízos pela posteridade. Tendo morrido octogenário, Léautaud pôde verificar o acerto da maioria de seus pontos de vista, que discordavam, no início do século XX, da crítica oficial. Sua apreciação da dramaturgia, da linha das montagens e do desempenho, além do próprio conceito de teatro, teve autenticidade bastante para encontrar os princípios agora professados pelos mais lúcidos doutrinadores.

A visão precisa de Léautaud começa no julgamento dos dramaturgos em moda no seu tempo. Ele não os poupa: Flers e Caillavet, Bataille, Coolus, Porto-Riche e outros são estigmatizados por emprestarem de obras alheias suas peças, inspirarem-se em má literatura ou fazerem teatro livresco. Eis o que lhe agrada num texto: "Gosto do que é simples, autêntico, natural, rápido, do riso leve, da sensibilidade sem ênfase, da ousadia espirituosa, da linguagem cotidiana, da pintura da vida e dos homens tal como são. Penso que o teatro se faz com réplicas e não com tiradas de livros mais ou menos sábios ou mais ou menos poéticos". Não teve o começo do século, na França, um grande dramaturgo, e faltou assim a Léautaud oportunidade de acompanhar a afirmação de uma literatura teatral de fôlego.

Admite-se sem reservas que a história do teatro francês das primeiras décadas do século XX interessa principalmente pela sucessão dos encenadores que renovaram o espetáculo. A crítica de Léautaud testemunha o esforço deles para despir o palco de ampulosidades e coordenar os elementos da montagem. A todo instante, vê-se o grande apreço do crítico pelo trabalho de Antoine, que "introduziu a naturalidade no desempenho". A admiração é pelo diretor e pelo homem de teatro, em cujas mãos "o tempo de atividade dos atores conta em dobro, como para os soldados o tempo de campanha". Em 1914, Léautaud tem a ousadia de afirmar: "Há muito tempo que eu quero dizer: temos em Paris três teatros: o Odéon, o Théâtre du Vieux-Colombieux e o Oeuvre de Lugné-Poe. Pode-se acrescentar o Théâtre Antoine, no qual Gémier apresenta de vez em quando coisas interessantes. Os outros palcos, quaisquer que sejam seus êxitos, as vedetas que exibam e o dinheiro que ganham, permanecem secundários, lugares para pura distração, simples negócios comerciais". Léautaud emite essa opinião categórica quando Antoine, vencido por alguns malogros e pela indiferença do público, deixa o Odéon. E, no Vieux-Colombier, começa a firmar-se o prestígio de Jacques Copeau, que será um dos grandes teóricos do teatro contemporâneo. A história referendou a posição do analista.

As exigências que Léautaud faz do bom comediante correspondem aos ideais de perfeição agora consagrados. Critica ele, sem piedade, a ênfase de Mounet-Sully, para um dia concluir que o famoso trágico não compreende palavra de todos os papéis que representa. "Ele só tem elocução e memória, como esses cantores, que têm apenas voz, sem conhecer nada de música." Elogia, em compensação, a versatilidade, o dom dos intérpretes que sabem cada vez mostrar-se uma personagem diferente. Volta-se contra o *emploi*, a fixação num único tipo, e acha que o ator deve travestir-se sem limites. Em nome desse princípio, valoriza Réjane e Moréno ou revela um talento ainda obscuro, que virá depois impor-se: Harry Baur ou Mistinguett.

O horror das falsificações trouxe Léautaud às recentes certezas do teatro. Já em 1911, insurgia-se contra os excessos da montagem: "Uma verdadeira obra dramática pode muito bem dispensar a profusão de cenários e marcações que se vê hoje, e ela conseguiria prender mais completamente a atenção do público". A seu ver, podia-se suprimir a decoração, como mais tarde advogou Jean Vilar. Lastima Léautaud que naquele tempo só se ia ao teatro para ver o espetáculo pelo prisma dos acessórios e dos efeitos de luz. A austeridade artística que ele sempre professou não podia aceitar, também, a ditadura do encenador, que modificava a obra de acordo com os seus desígnios. Repeliu, assim, certas montagens de Dullin e Baty que desrespeitavam o texto.

Já verberava Léautaud o público frívolo que, prestigiando as comédias ligeiras ou as montagens convencionais, fazia do teatro lugar de conforto para a digestão. "Mistério do gosto do público! Sem dúvida é preciso não ser muito autêntico para agradá-lo. Se ele se reconhece muito, a hipocrisia toma-o, e ele se melindra." Em comentário posterior, volta Léautaud ao problema dos teatros elegantes: "Teatro de sociedade, em que faltam a franqueza e a vida, tanto na platéia como no palco. Que diferença, imagino, com o teatro na sua origem! Devia ser uma distração essencialmente popular – as obras que se representava tinham aliás um caráter muito popular". Na mesma ordem de idéias, ressalta uma encenação de *Le malade imaginaire* com intérpretes de café-concerto, muito bem recebida pelos espectadores: "Público popular, sim, teatro popular, sim, mas, quem sabe! talvez o verdadeiro público e o verdadeiro teatro?"

A propósito dessa montagem, Léautaud mostra como estava no caminho da concepção mais tarde vitoriosa sobre a obra de Molière. É apresentada como decisiva, a respeito, uma conferência que Jouvet pronunciou em 1937. Quer o comediante desprender o dramaturgo da peia moralista e filosófica, para reintegrá-lo no conceito de ação, com um real e um irreal típicos do estilo popular. Em sua crítica, vinha Léautaud há muito assinalando a verve espontânea do autor do *Tartuffe*, falseada pelos comentários acadêmicos que procuraram aprisioná-lo nas normas do bom senso.

A finalidade de Léautaud à linguagem simples e direta do teatro levou-o, por certo, a cometer injustiças. Ele nunca suportou a eloqüência de Corneille e apenas admitiu a poesia de Racine. "É a tragédia, sobretudo a tragédia de Corneille e de Racine, que estragou nosso teatro, que lhe deu a pompa de encomenda, as belas maneiras adquiridas, a declaração solene tão longe da vida e da verdade." Para ele, a tradição francesa é a de "mostrar as singularidades, os ridículos e as taras humanas, para nos fazer rir". "Os heróis trágicos não saberiam falar como todo o mundo." Ao justificar o cômico, diz que ele é a vida. "O observador dos homens e da vida que não chega ao cômico é um observador bastante incompleto." "Na história do nosso teatro, a tragédia é um acidente que lhe foi prejudicial. A verdadeira diretriz dramática francesa é a comédia." O individualismo exacerbado de Léautaud não podia interessá-lo pela idéia de um teatro épico, capaz de integrar Corneille, por exemplo, na linha dos dramaturgos populares. Mas tem ele suficiente isenção para reconhecer no teatro de Shakespeare a mesma origem do teatro de Molière: a fonte popular. Nos *Entretiens*, faz esta afirmação espirituosa: "Quando há, em Shakespeare, uma personagem furiosa, ela é verdadeiramente furiosa, e não em alexandrinos".

É difícil conciliar os preconceitos teóricos de Léautaud com a agudeza dos comentários sobre as estréias. Há, na sua idéia sobre o "verdadeiro teatro", uma limitação que poderia prejudicar a objetividade dos juízos sobre o presente. Teatro significa para ele "o estudo dos costumes, a pintura dos caracteres, a sátira das taras e das singularidades humanas, o grande teatro cômico que nos põe diante de nós mesmos e, divertindo-nos, nos dá sua grande lição". Ainda bem que, nesse conceito, cabe muita peça de valor. Por outro lado, embora julgue que *O Misantropo* deva ser representado comicamente, conclui que a personagem "Alceste não é cômica senão para o público que não vai ao fundo das coisas".

O anedotário da crítica de Léautaud (por que não chamá-lo assim?) é parte importante em seu estilo, e não pode ser omitida. Freqüentemente, quando o espetáculo não merecia consideração, ele o liquidava numa linha, depois de tratar dos assuntos mais diversos. Sobre uma peça – *Psyché* – escreveu: "Sabe-se que Psiquê nunca existiu. O poema do sr. Mourey corresponde escrupulosamente a essa verdade". O mérito de uma *Andrômaca* traduzida em versos era o de ter sido levada apenas uma vez. Num necrológico da mais franca admiração por Jules Claretie, administrador da Comédie Française, assim se refere ao escritor: "Disseram-nos, para desculpar sua produção, que Jules Claretie não podia dormir e que então escrevia. Por que ele, ao invés disso, não se lia? Teria perdido a insônia". Rememorando, certa vez, a mocidade, em que acalentava o plano de escrever um *vaudeville* com o seu amigo Van Bever, depois erudito, especialista em exumar textos e ressuscitar autores, não hesitou em concluir: "Van Bever desenterra os livros e eu enterro as peças".

Talvez seja verdadeira a confissão de Léautaud: "eu fui meu único tema: escrevi sempre debruçado sobre mim mesmo". Não é o caso, porém, de diminuí-lo como crítico. Através da subjetividade de seus juízos, transparece a firmeza do analista arguto. Depois, a crítica não tem tanta importância assim. Léautaud é sobretudo bom escritor. E os bons escritores se lêem com prazer.

(1959)

7. Um Esteta da Arte Dramática: Anatol Rosenfeld

Intelectual que se movimentava com ampla autoridade na filosofia, na estética, na literatura, na psicologia, na antropologia e em outros campos, Anatol Rosenfeld deixou possivelmente a sua mais sólida contribuição no estudo dos temas teatrais. São livros definitivos, de sua bibliografia divulgada até 1993, *O Teatro Épico, Teatro Alemão, Teatro Moderno* e *O Mito e o Herói no Moderno Teatro Brasileiro* (foram editados depois *História da Literatura e do Teatro Alemães* e *Prismas do Teatro*).

Muitas qualidades ressaltam nas análises de Anatol: a segura base teórica, lastreada em invejável conhecimento das múltiplas disciplinas filosóficas e o fácil trânsito no domínio das idéias; a erudição histórica, permitindo-lhe relacionar obras distantes no tempo e aparentemente sem vínculo; e a finura do juízo artístico, que sempre recusou o óbvio, revelando em cada objeto aspectos insuspeitados. Tudo fundido com empenho, paixão, embora exposto de forma sóbria e elegante, que aos desavisados poderia sugerir distância ou frieza.

Veja-se a abrangência de *O Teatro Épico*. Os despreparados imaginariam que Bertolt Brecht o inventou. A partir da teoria dos gêneros, Anatol apontou traços dele nas dramaturgias grega, medieval, renascentista e barroca, em Shakespeare e no romantismo, em Büchner, Ibsen e outros autores europeus, além do teatro asiático, para chegar a Thornton Wilder e Paul Claudel, e atribuir o devido relevo às concepções e às peças brechtianas. Passa-se a entender perfeitamente o papel da narrativa num gênero cuja pureza absoluta se circunscreveria ao elemento dramático.

No Brasil, estamos mais familiarizados, por diversas circunstâncias, com o teatro francês, o norte-americano e o italiano, e subsidiariamente o inglês, o português e o espanhol. Excetuados alguns textos, sobretudo modernos, o repertório de língua alemã tinha circulação limitada. Daí a importância de *Teatro Alemão – História e Estudos*, de que se publicou a primeira parte – "Esboço Histórico". O livro remonta ao teatro religioso medieval, atravessando os séculos, até desembocar nos últimos nomes, sem esquecer as particularidades de encenadores e de estilos de desempenho (a edição é de 1968). O que seria o segundo volume se transformou em *Teatro Moderno*, aprofundando o exame de Goethe, Schiller e outros dramaturgos, para demorar-se na análise de obras representativas da atualidade.

O carinho de Anatol pela criação do país que o acolheu, foragido da perseguição nazista aos judeus, se encontra expresso em *O Mito e o Herói no Moderno Teatro Brasileiro*, volume póstumo organizado por Nanci Fernandes, reunindo ensaios aparecidos em outros veículos. Posso assegurar, sem medo de cometer injustiça, que as sínteses sobre o Sistema Curinga de Augusto Boal e a dramaturgia de Dias Gomes e Jorge Andrade são, até hoje, as melhores de que tenho notícia. Tratando-se de realizações fundamentais de nosso palco, cresce o valor de Anatol Rosenfeld como estudioso do teatro nacional. Seu nome figura, obrigatoriamente, entre os que se debruçaram com mais perspicácia sobre a criatividade cênica brasileira.

Assunto que nunca deixa a ordem do dia é o da autonomia da arte dramática, incapaz de confundir-se com ilustração da literatura. Se, durante muitos anos, depauperado por peças inconsistentes, o palco justificou a reivindicação de um estatuto literário, a atual hegemonia dos encenadores-criadores parece relegar a segundo plano, em certos casos, a presença da palavra. Os excessos, os desvios, as confusões provocadas por arroubos imaturos certamente não existiriam se seus protagonistas tivessem meditado sobre "O Fenômeno Teatral", capítulo de abertura de *Texto/Contexto*.

Aí Anatol começa por observar que "Há quem ainda hoje considere o teatro essencialmente como um veículo da literatura dramática, espécie de instrumento de divulgação a serviço do texto literário, como o livro é veículo de romances e o jornal, de notícias. Essa concepção exclusivamente literária do teatro despreza por completo a peculiaridade do espetáculo teatral, da peça montada e representada" (a Editora Perspectiva lançou o livro em 1969). Advogando um equilíbrio que produz, de hábito, os melhores resultados, o autor observa que, "Sem dúvida, é certa a crítica à hipertrofia da função diretorial – tão em voga no 'teatro desenfreado' das primeiras décadas do século XX –, mas daí não é preciso chegar ao exagero de atribuir ao diretor apenas a função de 'entender a peça'. Há muita gente que entende peças sem por isso servir para diretor". Assim termina esse período: "Enfim, o problema não é proposto na sua complexidade, quando se diz que a magnitude do teatro 'reside na literatura dramática. O demais é demais'. Em se tratando de teatro, o demais é tudo. De outro modo bastaria ler o texto".

Depois de evocar o argumento genético, segundo o qual "a palavra não desempenha papel de destaque na origem do teatro", Anatol formula conceitos que esclarecem muito bem a questão. Para ele, "o que 'constitui' de fato a obra literária é a seqüência das unidades significativas projetadas pelas palavras e orações. (...) Já no teatro o que 'funda' o espetáculo – e o que é dado à percepção imediata – são os atores e cenários *visíveis* ". Surge, então, o raciocínio lapidar: "Formulando de modo radical, pode-se dizer, portanto, que na literatura é a palavra que constitui a personagem, enquanto no teatro é a personagem que constitui a palavra, é fonte dela. Com efeito, no teatro a personagem já 'fala' antes de pronunciar a primeira palavra".

A partir da escolha do ator, que no dizer de Anatol já "é um ato criativo", ele menciona a colaboração do diretor e, em cada espetáculo, do próprio público, "fenômeno inexistente na literatura". E vem a propósito uma citação de Voltaire, que afirmou, sobre o ator Lekain: "não sou eu quem criou minhas tragádias – é ele!"

As características do teatro lhe asseguram, além da perenidade, uma permanente atualidade. O cinema, ao fixar em definitivo a imagem, envelhece com o tempo, porque as vestimentas, o tipo de interpretação podem não corresponder mais às expectativas do devir histórico. Anatol registra, com agudeza: "O palco encarna sensivelmente os detalhes que a palavra apenas sugere. Daí a necessidade da escolha radical entre mil possibilidades na hora em que o sistema de coordenadas fornecido pelo texto deve ser preenchido pela criação teatral. A indeterminação do esquema projetado pela língua torna possível a grande flexibilidade do *teatro vivo* que pode preencher de mil maneiras os vãos e vácuos deixados pelo texto, conforme a época, a nação, o gosto específico do público local". E exemplifica a recusa do caráter museológico do palco, lembrando que houve um Hamlet barroco, outro classicista, um romântico, um nietzschiano, um psicanalítico e, há algumas décadas, um político, nos países socialistas. Pode-se prever que vão surgir, no futuro, numerosas outras encarnações da tragédia shakespeariana.

Anatol Rosenfeld concentrou, em poucos anos, expressiva produção ensaística. Legado inestimável, que nos permite, entre outros prazeres, pensar melhor o teatro.

(1993)

8. Um Crítico à Frente do Palco Brasileiro: Décio de Almeida Prado

Ao prefaciar sua última coletânea de críticas, publicadas entre 1964 e 1968, em *O Estado de S. Paulo* (*Exercício Findo*, São Paulo, Perspectiva, 1987), Décio de Almeida Prado sintetizou o ideário estético observado desde o ingresso na profissão e no jornal, responsável também pelos volumes anteriores *Apresentação do Teatro Brasileiro* (São Paulo, Martins, 1956)* e *Teatro em Progresso* (São Paulo, Martins, 1964)**.

Afirmou ele: "o meu esforço crítico, durante a representação e enquanto escrevia, organizava-se com a *intenção* de entender bem o que os outros falavam, esposando momentaneamente aquele determinado universo de ficção, com as suas leis próprias. Acreditava no destino com os gregos, na Divina Providência com os cristãos, no determinismo com os naturalistas, no materialismo histórico com os marxistas". Um acréscimo dava conta da ausência de preconceito: "Se a peça se propunha como puro divertimento, julgava-a enquanto tal, acreditando que essa é ou pode ser uma das funções do teatro".

Décio mostra consciência de seu papel, diverso do proselitismo adotado por um Emile Zola, que advogava a implantação dos postulados naturalistas, ou de um Bernard Shaw, que lutou para impor Ibsen e o teatro de idéias. E, reconhecendo embora a extrema importância que tiveram, observa que "talvez convicções tão fortes denun-

---

* Reeditado pela Perspectiva em 2001.
** Reeditado pela Perspectiva em 2002.

ciassem em ambos antes um criador de primeiro grau, um ficcionista, debruçado diretamente sobre o universo ou sobre si próprio, do que esses criadores de segundo grau que são os críticos de vocação específica, que retiram de obras alheias a substância de sua obra, colocando-se como intermediários entre o autor e o leitor".

A busca permanente de isenção não impediu Décio de confessar que "no fundo, bem no fundo, as minhas opções não escapavam ao pessoal". E veio, em conseqüência, a pergunta, seguida da resposta: "Seria eu, então, essa espécie em extinção, perdida nas brumas do passado, que se chama hoje em dia um crítico impressionista? Temo muito que sim". O conhecimento do estruturalismo e da semiologia não elide a questão, na medida em que "uma coisa é a ciência, outra a crítica". Enquanto a primeira "tende ao universal", a segunda "detém-se sobre a singularidade, sobre o que cada obra de arte tem de único" – fenômeno agravado no teatro, "onde a comunicação artística se faz através de homens e mulheres, a cujo fascínio maior ou menor o crítico está sujeito como qualquer pessoa". Daí a correta conclusão: "Uma ciência teatral, se conseguirmos um dia constituí-la, ensinará tudo ao crítico, menos se tal atriz e tal peça são medíocres ou geniais. Essa é uma escolha que ele terá de fazer, jogando às vezes tudo ou nada como qualquer espectador".

Evidentemente esse ideário não esgota os motivos do prazer da leitura da crítica teatral de Décio de Almeida Prado. Eu diria que, antes do claro domínio dos objetivos do seu ofício, sustentado por sólida cultura, que ultrapassa de longe as fronteiras do palco, ele se acha nas virtudes do escritor, um dos melhores de que dispõe a literatura brasileira, em todos os gêneros. Simplicidade e clareza estão, na sua prosa, a serviço da elegância e de uma reflexão profunda.

Há ainda a considerar, para a realização artística do crítico, a consonância dos seus ideais estéticos com os do momento histórico da militância por ele exercida. Décio se forjou no amadorismo que, na década de quarenta, não aceitava a hegemonia do antigo astro, cujo brilho supunha o sacrifício do conjunto do espetáculo. Dirigiu, com propostas bem definidas, o Grupo Universitário de Teatro, pautado por premissas aparentadas às do elenco de Os Comediantes e do Grupo Experimental de Teatro de Alfredo Mesquita, entre outros. Os melhores amadores paulistas congregaram-se no que se tornou, a partir de 1948, o Teatro Brasileiro de Comédia, logo profissionalizado, tornando-se na década de cinqüenta o mais significativo do País.

Décio escreveu, com humildade, no segundo número da revista *Teatro Brasileiro* (dezembro de 1955): "A história do teatro profissional em São Paulo é curta: tem oito anos de idade, precisamente a idade do Teatro Brasileiro de Comédia. Compreender o Tbc, portanto, é de certo modo compreender o próprio teatro paulista: foi à sombra dele que crescemos e nos formamos todos, atores, críticos ou espectadores.

Deve-se à sua influência, não contrabalançada a não ser recentemente por outras de igual peso – como a do Teatro Maria Della Costa – a relativa homogeneidade do meio teatral paulista, maior, acreditamos, do que a de qualquer outro no Brasil". Na verdade, o TBC foi, sob o prisma do espetáculo, a concretização do ideal de harmonia de todos os seus elementos, sob a batuta do encenador – batalha que já pertencia a Décio e de cuja vitória ele foi o principal comentarista na imprensa, arauto e proponente de caminhos.

As companhias desdobradas do TBC, seguidoras dos mesmos princípios por ele defendidos, continuaram a ter em Décio o mais competente guia. Acrescente-se que foi sob sua orientação, como professor da Escola de Arte Dramática de São Paulo, que José Renato fez a primeira experiência de teatro de arena no Brasil. E os inícios do Teatro Oficina receberam dele um apoio expressivo.

O afastamento abrupto de Décio da militância crítica, após 22 anos de colaboração ininterrupta no *Estado*, deveu-se a um episódio lamentável, que deixou feridas nunca cicatrizadas. Membros da classe teatral, desejando vingar-se da sustentação dada pela empresa aos primeiros tempos do golpe militar de 1964, aproveitaram-se do pretexto de um suposto apoio à Censura para devolver o Prêmio Saci concedido aos "melhores" do palco e do cinema. Embora ressalvado o nome de Décio, ele se sentiu pessoalmente atingido, e deixou a crítica. Ora, o jornal era contra a censura, todos os redatores ligados ao teatro também eram, e atribuo a bravata ridícula à imaturidade política de parte do teatro, que preferiu atirar no lixo um seu aliado. Alegando a impossibilidade de continuar a exercer bem a sua função, em prejuízo apenas do palco, Décio justificou o fim da atividade com uma pergunta, feita no prefácio de *Exercício Findo*: "Com que estado de espírito eu encetaria o elogio de pessoas ou grupos que tinham demonstrado, por gestos concretos, não desejar mais manter relações com o órgão que me servia de veículo?"

Ainda que lamentando o afastamento de Décio da função crítica, sou forçado a reconhecer que esse afastamento lhe proporcionou um lazer que seria preenchido, ao menos com igual proveito, em outra tarefa do maior relevo – a de historiador do teatro brasileiro. Professor de Teatro Brasileiro da cadeira de Literatura Brasileira da Faculdade de Filosofia, Letras e Ciências Humanas da Universidade de São Paulo, Décio teve tempo, em longo magistério, de dedicar-se à pesquisa, esclarecendo pontos controversos da História e realizando, no conjunto da obra, a meditação mais penetrante sobre o nosso passado cênico.

O trabalho de historiador de Décio já se tinha iniciado com o ensaio "A Evolução da Literatura Dramática", incluído em *A Literatura no Brasil* (Rio de Janeiro, Editorial Sul Americana, direção de Afrânio Coutinho, volume II, 1955). Considero-o o balanço inaugural de toda a expressão teatral brasileira, de um ponto de vista exclusivamente artístico. Em linhas sucintas e objetivas, desenham-se os perfis literários dos nossos principais dramaturgos. As restrições ao ensaio decor-

UM CRÍTICO À FRENTE DO PALCO BRASILEIRO 39

rem apenas das inevitáveis lacunas (omitindo-se nomes a nosso ver expressivos), devidas ao limite de espaço que se impôs.

Como conseqüência dos concursos universitários de doutorado e livre-docência, surgiram dois livros fundamentais sobre João Caetano, situando na verdadeira dimensão a presença de um ator na história do nosso palco. Ao reconstituir, com perfeita nitidez, em *João Caetano* (São Paulo, Perspectiva, 1972), a imagem do intérprete, o estudioso levantou também a fisionomia inteira do teatro brasileiro da década de trinta à de sessenta no século XIX, projetando-a ainda no pano de fundo da cena portuguesa e da francesa, que lhe forneciam as principais coordenadas. Se Talma, o grande intérprete neoclássico francês, era o modelo a quem João Caetano gostaria de ser comparado, as afinidades profundas, tanto no repertório como nas características pessoais, estavam, como o demonstrou Décio, com Frédérick Lemaître, o ator que, embora ligado ao repertório menor do melodrama, foi "porventura o maior de toda a história do teatro francês".

Décio fez uma impressionante investigação de fontes: conseguiu identificar e ler uma infinidade de peças, das quais os historiadores haviam legado apenas o nome, às vezes com grafia errada e sem indicação de autor; através das estréias sucessivas de João Caetano, foi explicando a evolução dos gêneros de sua preferência (trágico, romântico e melodramático). E não faltou, em nenhum momento, à objetividade crítica. Décio reconhece que "a única campanha que ele (João Caetano) perdeu, por não compreender a sua importância, foi a da nacionalização do nosso teatro. Essa mesma, venceu-a em parte. Fundou a primeira companhia brasileira, libertando após árdua luta o São Pedro da tutela estrangeira. Mas não pôde prescindir nem dos atores nem do público português. Ambas as influências não teriam sido prejudiciais – a verdade é que o teatro do Brasil continuaria tributário de Portugal até a Primeira Grande Guerra – se não tivessem contribuído para afastá-lo de nossa dramaturgia, fazendo-o sentir independente e superior ao meio, ilusão que lhe custaria, quando a doença já lhe corroera a vitalidade, a perda da ajuda governamental". Quanto a esse aspecto, Décio esclarece, em definitivo, a participação de José de Alencar para que João Caetano perdesse o subsídio do Governo, o que o levou, quase no fim da vida, a amargar o desamparo financeiro. Em *João Caetano e a Arte do Ator* (São Paulo, Ática, 1984), Décio examinou o ideário estético do homem do palco, a partir das *Lições Dramáticas*, proferidas em 1961. Patenteou-se que ele traduziu, e mal, em grande parte, teóricos europeus.

A bibliografia de Décio prossegue com *O Teatro Brasileiro Moderno* (São Paulo, Perspectiva, 1988). *Peças, Pessoas, Personagens* (São Paulo, Companhia das Letras, 1993), que reaproveitou numa das partes *Procópio Ferreira* (São Paulo, Brasiliense, 1984), *Teatro de Anchieta a Alencar* (São Paulo, Perspectiva, 1993) e *O Drama Ro-*

40   DEPOIS DO ESPETÁCULO

mântico Brasileiro (São Paulo, Perspectiva, 1996). Vê-se que, nesse amplo painel, só não estão contemplados o conjunto das comédias de costumes do século XIX e os inícios do século XX, de resto merecedores de análise sintética em "A Evolução da Literatura Dramática".

Pode-se afirmar, em resumo, que Décio tratou, na dezena de livros publicados, de todos os aspectos do fenômeno teatral, privilegiando a dramaturgia, a encenação e o desempenho (no prefácio de *O Teatro Brasileiro Moderno*, ele confessa que lhe dói um pouco a ausência, no livro, de cenógrafos e críticos). Se examinou exaustivamente os autores, ainda que seus juízos sejam passíveis, como sempre acontece, de debates, soube analisar em profundidade também os espetáculos, naquilo que falam mais diretamente ao público. Qualquer estudo novo sobre o teatro brasileiro tem de partir, obrigatoriamente, de seus comentários. Demoradas considerações sobre montagens representam o melhor retrato que elas nos deixaram. E Décio revela sensibilidade especial para caracterizar interpretações, à maneira do que fez com João Caetano e Cacilda Becker. Não confio no historiador que não seja bom crítico e não acredito no crítico sem noção definida de história. No caso de Décio, o crítico e o historiador interpenetram-se, para oferecer a imagem de um *scholar* completo do teatro.

Já que se está prestando homenagem ao homem que atinge oitenta anos, na plenitude das faculdades intelectuais, desejo ainda ressaltar duas outras facetas de Décio, que testemunhei ao longo de mais de quatro décadas de convívio amigo: a de presidente da extinta Comissão Estadual de Teatro de São Paulo e a de diretor do Suplemento Literário de *O Estado de S. Paulo*.

Chamado, mais de uma vez, a presidir a CET, e em condições adversas, durante a ditadura militar, Décio sempre se pautou por irrepreensível dignidade. Seu único intuito era o de estimular o desenvolvimento do teatro, arte que não sobrevive sem o subsídio estatal. Certa vez, quando esteve em risco, na Assembléia Legislativa, a correta destinação de uma verba extraordinária autorizada pelo governador Carvalho Pinto, ele conseguiu, com sua autoridade, fazer um acordo que preservou intacto o prestígio da CET. A Comissão interveio no Teatro Brasileiro de Comédia, que faliria por causa de dívida ponderável, e novos êxitos somaram-se à sua fase áurea, até que fosse devolvido ao empresário Franco Zampari, um dos maiores beneméritos do nosso palco. O critério único observado pela administração de Décio, na CET, foi o artístico, imune a pressões de qualquer tipo, inclusive as censórias. O teatro paulista beneficiou-se de real desenvolvimento, com a colaboração desinteressada de Décio.

Não tenho dúvida em proclamar que o Suplemento Literário de *O Estado de S. Paulo*, por ele dirigido, foi o melhor que se publicou no Brasil. Deixo de enumerar-lhe as virtudes, por ser tema que escapa ao domínio do teatro. Cumpre-me apenas evocar que Décio, avesso a panelinhas, criou oportunidade para que escritores das mais variadas tendências pudessem exprimir-se. Uma boa colaboração encontrava abrigo certo no Suplemento.

Em determinadas circunstâncias, há qualidades superiores na direção de um suplemento ou de outros órgãos: sobretudo a coragem moral, a intransigência em não aceitar uma injustiça que poderia ser cometida, em razão de denúncias políticas irresponsáveis. Alguém apontou para o jornal que Anatol Rosenfeld, um dos intelectuais de maior envergadura que o nazismo exilou para o Brasil, seria um agente comunista, ou coisa que o valha. Pediu-se que fosse dispensado o seu nome. Décio defendeu-o e, solidário com o colaborador, pôs o seu cargo à disposição. Tanto bastou para que o diretor do jornal, de enraizadas convicções liberais, retirasse o seu pedido, que uma criatura de espinha flexível teria julgado ordem peremptória. E sei que Anatol Rosenfeld morreu sem nunca ter sabido do melancólico episódio.

Estou traçando o perfil de alguém que merecerá, no futuro, um busto em praça pública – tenho vontade de brincar. A verdade é que Décio de Almeida Prado, modelo de crítico, se distingue, além de seus outros méritos, como um dos construtores do moderno teatro brasileiro.

9. A Obra Teatral

Completa Henri Gouhier a sua trilogia sobre a filosofia do teatro com a publicação de *L'oeuvre théâtrale*, ensaio que visa a examinar "a obra criada pelo dramaturgo e recriada pelo encenador e pelo comediante com a participação do espectador". *L'essence du théàtre* já era um livro básico sobre os fundamentos da arte dramática – súmula de princípios estéticos definidores do fenômeno cênico. Como, "depois da essência, vem a existência", Henri Gouhier fez um estudo sobre o teatro tal como ele é – trágico, dramático, cômico, feérico: *Le théâtre et l'existence*. A Obra Teatral procura definir a estrutura e a finalidade do texto, fornecendo elementos úteis para o trabalho do dramaturgo e a apreciação do crítico e do público.

Certas premissas de Henri Gouhier são discutíveis, por irem longe demais num terreno movediço, em que orientações diversas freqüentemente coexistem. Depois de afirmar que o ensaio "deve atrair a atenção sobre uma certa predestinação do pensamento contemporâneo para o estudo do teatro", conclui que "a vocação filosófica de nossa época é elaborar uma filosofia das artes". Esse, pelo menos, o caminho iniciado pelo bergsonismo. Mas, se pode agradar-nos tamanha importância atribuída ao que justifica nossa atividade, inevitável ceticismo faz presente que há outros problemas vitais.

Se uma ou outra conclusão do ensaísta pode ser posta em dúvida, a análise é sempre inteligente e contém ensinamentos proveitosos. Partindo da idéia segundo a qual a obra de teatro é feita para ser representada, o que implica a presença do público, define-a Gouhier como "passatempo, no sentido mais ativo da expressão. O que é comum a todos os teatros (...) é esta finalidade sem fim que é o divertimento". Não tem essa palavra, é claro, significado pejorativo, que reduz o espetáculo à categoria da digestão após o jantar. Compreende-a o autor como prazer estético, na mesma acepção utilizada por Racine para referir-se ao "prazer da tragédia". Os espectadores que não gostam de drama "porque de triste basta a vida" naturalmente são incapazes de sentir tal emoção. Outro fim a almejar é a perfeição da própria obra, já que ela se basta e não deve ser considerada por quem a realiza apenas um meio.

Ao inscrever o espectador no mecanismo teatral, Gouhier estabelece uma distinção que não cabe esquecer no ato criador: "pensar a obra é já pensar o público para o qual, diante do qual e também pela presença do qual ela existirá no palco". "Pensar o público é simplesmente pensar a obra no seu meio natural" – não pensar no público como alvo a atingir.

Nessa relação do palco com a platéia, importa produzir um efeito, condição dos outros porventura perseguidos: o "sentimento de presença da personagem representada". O dom da presença, essencial tanto ao ator como à personagem, sintetiza o mistério do teatro e lhe confere a verdadeira dimensão artística.

Sob o título "Aristóteles Ultrapassado", Gouhier começa por criticar, num capítulo, a teoria da mimese exposta na *Poética*. A primeira divergência com a tradicional definição da tragédia "imitação de ações [...]" é exposta num conceito lúcido: "a imitação dos homens agindo não é senão meio em vista de um fim que é a criação de personagens agindo". "A imitação é uma das operações que podem ser distinguidas nas preliminares psicológicas da criação dramática: não é, de modo algum, constitutiva da arte teatral".

Há, na função crítica, problemas difíceis de precisar, muito bem esclarecidos no volume. Vive a rondar-nos o espectro da verossimilhança, que não chega a obscurecer o mérito de um texto, mas sugere a indagação sobre a sua validade. Quem ainda não se perguntou se os antecedentes da tragédia de Édipo são inverossímeis? As contestações opostas à possibilidade de existência real da situação tratada por Sófocles não são absurdas, antes obedecem a lógica irrepreensível. Como Édipo poderia desconhecer o modo pelo qual morreu o antigo rei de Tebas, seu antecessor, e deixar de concluir, assim, que foi ele o assassino? Além da certeza segundo a qual teatro é convenção, surge a pergunta sobre o motivo por que aquele raciocínio, feito *a posteriori*, em nada altera a eficácia da tragédia. Responde-a muito bem Gouhier ao afirmar: "o que produz a arte do dramaturgo não é uma impressão de verossimilhança mas esse sentimento de presença que, justamente, dispensa de situar a questão da verossimilhança". Desagrada-nos em geral em peças fracas a falta de credibilidade (não de verossimilhança), que anula o efeito de presença em cena.

A tentativa de oposição do ensaísta francês ao estagirita explica-se pela filosofia que informa as suas pesquisas estéticas. Acha Gouhier que o homem moderno difere do contemporâneo de Aristóteles por ser "cristão na recusa do cristianismo como na adesão a ele". Assim, "a poética não deve escapar hoje a uma visão do mundo dominada pela idéia de necessidade?" Se, com efeito, um novo sistema, que alia as noções de historicismo e liberdade, se separa do mundo grego, não vemos por quê, sob esse pretexto, recusar a maioria dos ensinamentos da *Poética*. Acreditamos, ao contrário, que Aristóteles pecou nesse capítulo por omissão. Estudando os elementos da tragédia, deixou de ver nela, ao menos no texto que nos foi legado, a presença da fatalidade, a importância decisiva do arbítrio divino na determinação dos destinos humanos. A história da tragédia, de Ésquillo a Eurípides, pode resumir-se a uma lenta emancipação do homem de uma ordem superior imperativa. Aos poucos, a tragédia abandona o conceito de vontade sobrenatural para mover-se em território mais humano, embora nunca chegue a dissociar de todo esses dois componentes. Se a idéia de caráter, que subentende uma certa fixidez se encontra de fato na poética antiga, o princípio aristotélico da ação pode também ser considerado na mesma corrente que foi gerar o devir bergsoniano. A noção de necessidade impregna a tragédia grega mas não a poética aristotélica.

Gouhier dintingue, a seguir, intriga e ação, chegando a um conceito técnico que deveria ser observado ao menos pelos profissionais do teatro. Muitas vezes, inadvertidamente, escrevemos ação quando a palavra adequada seria intriga. Pierre-Aimé Touchard já havia definido a intriga como o esqueleto da ação. Estabelecendo paralelo com o esquema dinâmico de Bergson, Gouhier ensina: "A ação é pois um esquema dinâmico com personagens que pedem vida e situações que tendem a ser encenadas, vida e representação estando dirigidas num certo sentido". A intriga, igualmente essencial à obra, opera a encarnação, "para oferecer à ação a possibilidade de desenrolar-se num tempo datado, de exteriorizar-se num espaço habitável". Exemplifica Henri Gouhier a distinção com *Berenice* e *L'étourdi*. A tragédia de Racine é "o tipo da peça em que a ação *atualiza* sua força dramática ao *máximo* com um *mínimo* de intriga". Já aquela comédia de Molière se mostra "o tipo da peça em que tudo é intriga, e até intrigas: a ação, se nos atemos mais à palavra que ao objeto, é reduzida a uma indicação". Acaba o esteta por referir-se à função efabuladora da intriga e à emoção criadora da ação. A intriga cumpre o objetivo de divertir e a ação faz as personagens existirem como pessoas.

Passa em revista o autor o problema da unidade da obra teatral, lembrando que só na época dos clássicos se fundamentou o império das unidades de ação, tempo e lugar. Prefere ao conceito de ação unificada o de ação unificante ou unificando. Como o teatro é essencialmente convenção, "a unidade de tempo é uma exigência inútil e, aliás, irracional, pois que não suprime aquela convenção".

Aceitas a intriga e a ação como definidoras da estrutura essencial do texto, pergunta Gouhier se o esquema em que se relacionam não ofereceria um princípio de diferença entre as obras teatrais. A ação é comum à tragédia e à comédia e a intriga distingue duas posições teatralmente puras: o melodrama, drama de intriga sem ação, e o *vaudeville*, comédia de intriga sem ação. A análise de diversos textos completa o quadro, cujo resumo dificilmente deixaria de ser impreciso. A lucidez e a penetração com que o autor examina as obras fundamentais da história do teatro emprestam, aliás, um interesse permanente ao volume, além de todas as teorias.

L'oeuvre théâtrale acaba por enfrentar a delicada questão da hierarquia dos textos. Admite o autor, de início, que "não há maus gêneros: há somente más peças". Não se pode negar, entretanto, que *Les femmes savantes* e *Tartuffe* pertençam a uma ordem diferente de *Les précieuses ridicules* e *Les fourberies de Scapin*. Esse reconhecimento conduzirá a uma eventual hierarquia?

Importa, no debate, permanecer nas fronteiras do teatro, sem apelo a conceitos morais, filosóficos ou religiosos. O problema tem sido freqüentemente desvirtuado pela intromissão de valores não estéticos no campo da arte. Gouhier aceita uma hierarquia sem introduzir critérios exteriores ao teatro, vendo apenas obras-primas de diferentes gêneros sob a perspectiva da ação e da intriga. A peça de ação, que situa num mesmo universo Alceste, Hamlet e Édipo, alcança um grau mais elevado que a peça cuja intriga se basta. Com a primeira, "o teatro atinge seu duplo fim: divertir criando personagens que existem como pessoas". Scapin já não vive nesse mesmo nível, faltando ao seu ser a terceira dimensão. Conclui Gouhier que "se é verdade que o teatro é divertimento, há meios de divertir igualmente legítimos e entretanto mais ou menos próprios para realizar o fim que define a perfeição dessa arte. Um princípio de hierarquia especificamente e exclusivamente dramático afastará assim as hipérboles fáceis sobre o mérito da peça 'bem feita', o primado do *métier*". Pode-se, com segurança, excluir de um domínio superior da arte a farta galeria dos hábeis manejadores da técnica e donos do mercado do teatro.

Sem ensinar regras para composição de uma peça, Gouhier apresenta o panorama de uma dramaturgia maior, na qual o poeta insufla "a vida a personagens dotados de uma existência histórica e misteriosa como a das criaturas".

10. A Brasilidade no Palco

Creio que, em matéria de arte, se deva partir de considerações muito simples: não tem sentido julgar Sófocles, Shakespeare e Molière grego, inglês e francês. Eles são patrimônio da humanidade e uma boa tradução de sua obra para o português merece incorporar-se aos valores de nossa literatura. Acolhido esse ponto de vista, fica muito difícil pensar em nacionalismo a propósito de teatro ou de outras realizações artísticas.

A equação se complica um pouco mais se o raciocínio se desloca para um centro internacional como a França que, a olhos desavisados, poderia ser confundida com um país "imperialista". Se, de fato, um dos títulos de glória de Paris é exportar cultura, provavelmente outro, ainda maior, consiste em absorver tudo o que se produz de melhor no mundo. E consagrá-lo para o uso das demais nações. Veja-se o que aconteceu com Brecht e seu Berliner Ensemble: ambos só passaram a contar no Ocidente depois da temporada parisiense de 1954. E, sem ridícula xenofobia, o governo francês propiciou condições exemplares de trabalho a estrangeiros do nível do inglês Peter Brook, do italiano Giorgio Strehler ou do argentino Jorge Lavelli.

Acrescentem-se a essas realidades outros fatores, que o exame desapaixonado da questão não permite ignorar. Ninguém se atreveria a julgar Molière ou Racine menos franceses por terem bebido em fonte grega e romana. A História representa uma matriz permanente para as novas gerações, que, se ignorassem os modelos, incorreriam no risco de repetir o já feito. E a intertextualidade, que não significa influência empobrecedora, instaura um diálogo superior entre as várias culturas.

No caso específico do Brasil, cuja "descoberta" data apenas de pouco mais de cinco séculos, seria normal que toda a nossa produção artística fosse importada. Lembre-se até que os romanos, conquistadores da Grécia, foram por ela culturalmente conquistados, pela superioridade evidente de seus padrões. Que tínhamos a contrapor à ocupação portuguesa? Certamente por um dos milagres atribuíveis à miscigenação, nossa arte já nasceu "brasileira". O jesuíta José de Anchieta trouxe para os povoados nascentes da colônia o auto vicentino e da tradição religiosa medieval. Nenhum deles, porém, se confundiria com uma produção européia, por características de língua, personagens e cenários profundamente vinculados ao nosso solo. Observação idêntica se estende a Gregório de Matos, o primeiro poeta nacional, cujas raízes no barroco espanhol e italiano não escondem a identidade clara da Bahia e de Pernambuco.

Se a comédia de costumes, lançada por Martins Pena em 1838, tem origem portuguesa, de imediato ela se define como o mais rico inventário da realidade brasileira. E o feitio nacional existe em todos que a cultivaram, de Macedo e Alencar a França Júnior e Artur Azevedo, continuando em todo o século XX. As escolas que se sucederam até hoje – romantismo, realismo, naturalismo, simbolismo, impressionismo, modernismo –, atualizações sucessivas da estética brasileira pelos padrões europeus, nunca perderam o sabor nativo, justificando plenamente a antropofagia oswaldiana, procedimento detectável em nossas mais remotas manifestações.

Não queiramos, por isso, participar do cenáculo internacional pela via do exótico. A "cor local", que saciaria a vista dos contempladores estrangeiros entediados, não interessa a ninguém, exceto aos que trilham o caminho fácil do consumo de massa. O Brasil, apesar das dificuldades econômicas de toda ordem, possui agora um teatro adulto, capaz de inscrever-se na vanguarda de qualquer país. Nascido do entrechoque das tendências atuais no mundo inteiro, ele dialoga com os melhores, de igual para igual.

Já se foi o tempo em que precisávamos proteger nosso frágil teatro da invasão estrangeira. O lucrativo comércio das traduções impedia que surgissem os textos brasileiros. Bastou o pequeno Teatro de Arena impor nossa dramaturgia para que o autor nacional conquistasse os redutos aparentemente inexpugnáveis do teatro europeu e norte-americano. Em certo momento, ocorreu um fenômeno irônico: para não ficarmos ilhados, sem o saudável contato com o mundo exterior, chegamos a pedir a apresentação de clássicos e dos modernos de qualidade dos outros países. O isolamento cultural traz melancólica pobreza.

Muita gente se esquece de que teatro não é apenas peça, ou desempenho, ou manifestação plástica, mas síntese de múltiplos elementos artísticos. Assim, um texto alienígena, dirigido por um encenador nascido em outras terras, pode resultar perfeitamente num espetáculo brasileiro. Desde que esse encenador, tratando-se de uma obra de Shakespeare, não pretenda imitar o estilo de um Gielgud ou de um Olivier, como o único a fazer justiça ao Bardo. Precisamos convencer-nos de que um Shakespeare bem brasileiro é maravilhoso e universal.

Que é ser brasileiro, finalmente? Os ortodoxos pretendem conceituar a brasilidade pela fusão do português, do índio e do negro. O Brasil moderno está distante dessa "pureza": as sucessivas correntes migratórias, da Europa e da Ásia, deram uma fisionomia bem diferente ao nosso povo. Seria ridículo esquecer hoje em dia, por exemplo, a poderosa presença japonesa, que preserva a sua cultura e é, simultane-amente, muito brasileira. Tudo isso é Brasil. E, assim, torna-se incon-fundível a brasilidade do nosso teatro.

11. Nacionalismo e Teatro

O assunto está na ordem do dia. Todos querem engrossar as fileiras do nacionalismo ou, se interesses ou convicções diferentes levariam alguns a assumir atitudes menos ortodoxas, o medo da onda e de epítetos pouco agradáveis recomenda o silêncio ou as reservas discretas. Existe já poderosa indústria do nacionalismo, acobertando as desonestidades menos confessáveis. Mas nada disso tem muita importância. Prevalece o aspecto político da questão. O fenômeno fala-nos de perto como tomada de consciência, que se destina a despertar os brios nacionais. Os mitos – nós de teatro o sabemos especialmente – têm vigoroso poder de convicção. Desde que usado como tática para uma legítima afirmação brasileira, o nacionalismo só pode ser útil. Precisamos sacudir nosso marasmo. Promovam-se os valores latentes do País, ainda adormecidos em berço esplêndido. A luta contra o subdesenvolvimento deve ser preocupação coletiva, sem necessidade de se envolver nela a altissonante palavra patriota. Os ventos nacionalistas, que bafejam todos os setores da vida brasileira, estão sacudindo também o teatro. De vez em quando, aliás, em nossa parca história teatral, houve quem se dispusesse a nacionalizar o palco. Hoje, o empenho parece mais lúcido e conseqüente. Se, há alguns anos atrás, raramente se via o adjetivo "brasileiro" qualificando o teatro, tem-se a impressão de que as duas palavras são agora inseparáveis. A tentativa de emancipação da cena brasileira impõe a descoberta de uma estética nacionalista.

A exegese do nacionalismo, no campo econômico e político, tem dado margem a digressões acerbas. Ainda não se descobriu um instrumento para aferição da sinceridade nacionalista... Na prática, muitas vezes não se sabe qual o melhor caminho, para defesa e enriquecimento do nosso patrimônio. No teatro, então, o problema está ainda mais indefinido. Chegaríamos mesmo a afirmar que uma perigosa confusão tem aquecido os debates sobre o tema, e os resultados objetivos da política podem tornar-se danosos. Não admitimos que uma noção primária de nacionalismo venha destruir as lentas e duras conquistas artísticas do nosso teatro. No momento, as teses amplas do nacionalismo cênico estribam-se em dois postulados: prestigio à dramaturgia brasileira e procura de um estilo brasileiro de interpretação. Assim exposto, o programa não pode deixar de ser aceito por todos os que têm consciência estética. Faz ele parte daquilo que poderíamos chamar consenso geral, tão óbvios são os seus propósitos. Sabemos que não há grande teatro sem uma correspondente literatura dramática. Os trágicos e os cômicos gregos estão intimamente ligados ao fastígio do teatro do século V a.C., em Atenas. Shakespeare e os outros dramaturgos elisabetanos são a base da floração inglesa do Renascimento. Em outros países e épocas, identificaremos fenômenos equivalentes. A conclusão parece curial, de acordo com o ensinamento da História: haverá um teatro brasileiro autêntico quando tivermos uma dramaturgia independente e de mérito. Esse é um dado da questão. Mas admitimos todos que o teatro não se contém no texto: realiza-se no espetáculo. E este também deve ser brasileiro. Isto é, não mera cópia das conquistas técnicas e expressivas dos encenadores e intérpretes europeus ou norte-americanos, mas o resultado do aprofundamento da sensibilidade nacional. Argumenta-se, por exemplo, que um bom ator inglês dos nossos dias desempenha uma tragédia shakespeariana utilizando a experiência de séculos. Ele é o produto de paciente cristalização, que pode sugerir até infidelidade ao primitivo espírito da obra. Assim, quando um brasileiro se dispõe a interpretar Shakespeare, não lhe cabe reproduzir o estilo de John Gielgud ou de Laurence Olivier. Estará muito mais próximo de Shakespeare, se apreender sua mensagem, filtrando-a segundo padrões brasileiros. Devemos caracterizar os gestos, as atitudes e a prosódia nacionais. Do contrário, contribuiremos para que se mantenha em nosso teatro a "alienação" – palavra tão em moda em nossos dias.

O raciocínio, sem dúvida claro, apresenta outras implicações e comporta, na realidade, aspectos até menos elevados. Para expor completamente o problema, não se pode deixar de oferecer sua perspectiva histórica, a nosso ver elucidativa. Talvez reconheçamos até que a atual valorização da dramaturgia brasileira decorra da chamada lei dos 2x1, cujo regulamento vem mostrando na prática a sua inépcia. Processou-se um fenômeno psicológico facilmente compendiável: de início, as empresas teatrais, na sua quase totalidade, voltaram-se contra as absurdas exigências do diploma legal, inspirado em motivos alheios à cultura. A velha geração, conhecida pelas suas disposições retrógradas, era a intransigente defensora da montagem de uma peça nacional, para duas estrangeiras. Essa política exprimia o desejo que acalentaram os autores encalhados de ver suas peças em cena, sobretudo no Teatro Brasileiro de Comédia, o qual seria ao menos ferido no seu marfíneo desinteresse pela nossa produção dramática. Ironia do destino (é assim que se chama) – os autores do mambembe teatral ficaram definitivamente sepultados e se criou a necessidade do valorizar os textos nascentes. Da necessidade material surgiu o embelezamento teórico (sistema comum às especulações humanas), e hoje o incentivo à dramaturgia brasileira é plataforma obrigatória. Todos nós – elencos e críticos – participamos conscientemente da campanha de afirmação das peças nacionais. Conhecemos-lhes os defeitos, e os apontamos, mas a lua de mel nos leva a sublinhar a contribuição que representam. Está tudo certo, desde que não percamos a consciência de sermos participantes de um processo político e não apenas estético.

Com relação aos diretores, passou-se algo semelhante. Houve tempo em que o TBC se permitiu o luxo de manter, sob contrato, quatro encenadores estrangeiros. Era o após-guerra e os europeus, desencantados, tinham esperança no Novo Mundo. Seus países recuperaram-se e alguns preferiram voltar, já que fazer a América se revelou uma mentira. Os salários pagos no teatro brasileiro são muito inferiores aos da Itália, e depois da tentativa frustrada de encenar um repertório internacional de alto nível artístico, veio a melancolia. A escassez de diretores obrigou as empresas a promoverem os jovens brasileiros de talento, e seu êxito está ligado à mística nacionalista: podem eles exprimir melhor a substância do nosso repertório, que escaparia à acuidade dos seus colegas, menos afeitos à língua e aos costumes da terra. Tornaram-se, portanto, o instrumento de afirmação do teatro brasileiro. Se, há alguns anos, o diretor estrangeiro era o cartão de visita de uma companhia, hoje em dia o bom diretor nacional sugere o espírito de renovação.

São esses os dados do problema, habitualmente apresentados com o objetivo de definir a política nacionalista. Em geral, decorrentes de uma situação de fato (a impraticabilidade do contrato de novos diretores estrangeiros, na situação financeira que atravessa o País) ou expressos pelo desejo do amadurecimento de nossa literatura dramática, convergem eles para que batamos caixa pela idéia de um teatro brasileiro. Apenas, não aceitamos certo proselitismo nacionalista, primariamente ortodoxo, porque prenuncia conseqüências nefastas para a evolução do nosso palco.

Temos de repisar alguns truísmos inevitáveis. O primeiro se refere, naturalmente, ao repertório. Encenem-se, quanto possível, boas peças brasileiras. Mas não se pense que a nacionalidade do texto basta para assegurar-lhe nossa adesão. Não há peças brasileiras suficientes para alimentar as exigências dos elencos – essa é uma primeira ressalva. O Teatro de Arena, que aderiu francamente ao repertório brasileiro, ensaia textos incompletos até as vésperas da estréia. Às vezes, reescrevem-se cenas insatisfatórias uma semana antes do lançamento do espetáculo. Como querer idêntica atitude dos outros elencos? Ademais – e aqui passamos a outro truísmo – os clássicos e as obras modernas de valor indiscutível não têm pátria, pertencem ao patrimônio cultural de todos os povos. Os meios de comunicação serviram para aproximar-nos dos grandes centros, tornando-se cada vez menos precisas as fronteiras, no campo artístico. O clima da época, acima das peculiaridades nacionais, marca todos os cidadãos do mundo, e por isso achamos a palavra de Sartre, por exemplo, mais familiar e decisiva que a da maioria dos dramaturgos brasileiros. Por que, então, pelo simples preconceito das fronteiras terrestres, preteri-lo por um autor nacional? É bom lembrar, de vez em quando, que os regimes ditatoriais se fundamentaram na mística nacionalista. O mal é a encenação de peças estrangeiras fracas. Traduções de textos já inautênticos no País de origem irritam-nos mais que a montagem de melodramas brasileiros. Aí, vale o conceito: ruim por ruim, fiquemos com o nacional. Considere-se, porém, que as companhias preferem escolher as traduções de peças que foram testadas nos centros teatrais, acreditando numa possível segurança comercial. Como elas não podem fugir ao imperativo da sobrevivência, nos termos em que está posta a situação do teatro brasileiro, compreende-se que, mesmo erradamente, às vezes, procurem fugir às perspectivas que se anunciam suicidas.

Além de seu indiscutível idealismo, os jovens diretores brasileiros advogam a escolha do repertório nacional, por se sentirem muito mais à vontade em sua montagem. O estilo é direto, a emoção se transmite por francos meios expressivos, na forma que se pode denominar "realismo teatral". Grande parte do repertório norte-americano de hoje cobre também essa área artística. Os jovens que trabalham em São Paulo ainda não tiveram ocasião de mostrar-se em outros setores, motivo porque não temos elementos para ajuizar todas as suas possibilidades. No caminho que vêm seguindo, Stanislávski é o mestre incontesto. Informa o teórico russo o realismo soviético, o "método" do Actors' Studio norte-americano e as pesquisas de autenticidade brasileira. Não se deve esquecer, porém, que o marxista Brecht realizou experiência oposta, sem que alguém pense julgá-lo inautêntico. Ademais, a afirmação do diretor nacional está adquirindo um estulto caráter de repúdio aos estrangeiros, que tanto têm colaborado conosco. Voltamos, aí, a uma premissa de bom senso: importa o talento de cada um, independentemente de sua origem. No estádio de aprendizado que ainda atravessamos, a maior experiência e o seguro preparo profissional dos es-

54 DEPOIS DO ESPETÁCULO

trangeiros são extremamente úteis para nós. Sem um sólido engaste cultural, nossas conquistas ameaçam atrofiar-se. Embora haja uma característica brasileira do romantismo, por exemplo, a escola formou seus padrões na Europa, divulgando-os para o mundo. Assim, embora correndo o risco de que um encenador estrangeiro não valorize suficientemente as peculiaridades nacionais, preferimos confiar-lhe um texto romântico, porque ele ao menos sabe o que representa universalmente o movimento, e quais são os meios de transmiti-lo.

Em última análise, acreditamos que as verdadeiras coordenadas da questão não se apresentem em termos de nacionalismo. Os arautos dessa corrente estão imbuídos de sincero desejo de autenticidade, na qual não desembocam, necessariamente, o repertório e o desempenho nacionais. Partem eles do princípio segundo o qual o público se identifica com a temática brasileira. Nós acreditamos que estejam omitindo a presença do público no fenômeno do teatro. Com os poucos espectadores que hoje prestigiam as montagens, não pode haver teatro autêntico. Não há autenticidade possível com os altos preços cobrados. Repugna à mentalidade burguesa tudo o que seja verdadeiro e legítimo. Alimenta-se ela do sucedâneo. Tratamos dela, naturalmente, como expressão coletiva, e não pelas exceções individuais, porque muitos de nós – burgueses razoavelmente instalados na vida – procuramos ser lúcidos. O público atual de teatro quer o divertimento digestivo ou uma catarse a meias, que lhe faculte ficar em paz com a consciência. Ele merece o qualificativo de alienado, e condiciona a alienação do teatro. Se as companhias não modificarem radicalmente sua política, não poderão realizar uma autenticidade a longo prazo. Que não se escamoteie, assim, com o nacionalismo teatral, a verdade completa. Para se chegar à autenticidade, a expressão brasileira é veículo, e não fim. Não há autenticidade nacional, em matéria de arte: há autenticidade artística. Façamos arte legítima, para quem possa aprendê-la e amá-la. Permitam-nos o fecho rebarbativo: a arte, sem mentirosas fronteiras, é que é a nossa pátria comum.

(1959)

12. O Moderno Teatro Brasileiro

Quando a literatura, a música e as artes plásticas foram sacudidas pela Semana de Arte Moderna, realizada em São Paulo, no ano de 1922, o teatro brasileiro prosseguia a rotina das décadas anteriores, sem um movimento que alterasse efetivamente o domínio da comédia de costumes. Na mão de ensaiadores que não dispunham de tempo para fazer longos ensaios, nosso palco estava confiado ao brilho dos astros, a exemplo de Leopoldo Fróes, Procópio Ferreira, Jayme Costa, Abigail Maia, Apolônia Pinto e outros nomes. É lícito considerar os anos vinte e trinta como da hegemonia do ator, não obstante algumas tentativas de diversificá-los.

Assinalem-se os esforços de Eugênia e Álvaro Moreyra no Teatro de Brinquedo; a procura de abrasileiramento da prosódia, empreendida por Oduvaldo Vianna no Trianon, sendo ele também autor apreciável, sobretudo em *Amor*; o propósito de Joracy Camargo e Renato Vianna de incorporar Marx e Freud à nossa dramaturgia, respectivamente em *Deus lhe Pague* e *Sexo*, textos infelizmente comprometidos pela subliteratura; fugindo à comédia de costumes, a valorização da peça histórica, a cargo de Viriato Corrêa e Raymundo Magalhães Júnior, provavelmente sob o estímulo do Estado Novo, instaurado em 1937; e ainda as três obras de Oswald de Andrade – *O Rei da Vela, O Homem e o Cavalo* e *A Morta*, que tiveram publicação mas não conheceram a prova do palco, a não ser a primeira, trinta anos mais tarde, em virtude do rigor da Censura nesse mesmo Estado Novo. As diversas frustrações conservaram no primeiro plano a figura do ator, de fato o grande porta-voz do teatro no contato com o público.

56 DEPOIS DO ESPETÁCULO

Foi o grupo amador carioca Os Comediantes o responsável pela modificação desse panorama, ao acolher o diretor polonês Ziembinski, foragido da Segunda Grande Guerra. Sua contribuição decisiva deu-se com a estréia de *Vestido de Noiva*, de Nelson Rodrigues, em 1943: ele enfeixou nas mãos o conjunto do espetáculo, cuidando harmoniosamente de todos os desempenhos, da renovadora cenografia de Santa Rosa e da centena e meia de efeitos de luz. Malgrado a grande qualidade do texto, que se tornaria marco da nossa literatura dramática, a tônica passou a ser a da encenação, que já era a voga, na Europa, desde o surgimento, no século XIX, do conjunto do duque de Saxe-Meiningen, dirigido por Cronegk, de Antoine, de Stanislávski, de Gordon Craig e de Appia. Pode-se afirmar que principiava a hegemonia do encenador, prolongada até a década de cinqüenta do século XX.

Essa fase tivera como precursores, no Rio, o Teatro do Estudante do Brasil, dirigido por Paschoal Carlos Magno, com a montagem de *Romeu e Julieta*, em 1938; e a Cia. Dulcina-Odilon, empenhada em modernizar-se; e, em São Paulo, o Grupo de Teatro Experimental, dirigido por Alfredo Mesquita, e o Grupo de Teatro Universitário, dirigido por Décio de Almeida Prado.

Em 1948, o industrial italiano Franco Zampari, decidindo retribuir o que o Brasil lhe propiciara, fundou em São Paulo o Teatro Brasileiro de Comédia, que consolidou a fase da hegemonia do encenador. Adaptado para teatro um imóvel na rua Major Diogo, a fim de servir aos elencos amadores locais, logo percebeu o empresário a inviabilidade de seu projeto, e, a conselho do cenógrafo Aldo Calvo, trouxe de Buenos Aires o jovem diretor também italiano Adolfo Celi, que profissionalizou os melhores atores. Convocada a nova geração do Rio de Janeiro, em pouco tempo o TBC dispunha de cerca de trinta artistas contratados. Passaram por ele Cacilda Becker, Sérgio Cardoso, Paulo Autran, Madalena Nicol, Nydia Licia, Tônia Carrero, Walmor Chagas, Cleyde Yáconis, Margarida Rey, Sérgio Britto, Teresa Rachel, Nathalia Timberg, Jardel Filho, Ítalo Rossi e muitos outros. Houve momentos em que o TBC ostentava simultaneamente quatro encenadores contratados, e colaboraram com ele os italianos Ruggero Jacobbi, Luciano Salce, Flaminio Bollini Cerri, Gianni Ratto e Alberto D'Aversa, o polonês Ziembinski e o belga Maurice Vaneau. O ideário do grupo consistia no teatro de equipe, que supunha também o cuidado com a cenografia e a indumentária, e o ecletismo de repertório, revezando-se no cartaz Goldoni, John Gay, Wilde, Górki, Pirandello, Sófocles, Tennessee Williams, Arthur Miller, Sartre, Ben Jonson, Schiller e Sardou, Barillet e Grédy, Roussin, Jan Hartog, Verneuil, Anouilh e, entre os brasileiros, principalmente Abílio Pereira de Almeida. Julgava Zampari que, numa cidade cosmopolita como São Paulo, o TBC dispensaria a viagem do público teatral à Europa e aos Estados Unidos, e era necessário satisfazer a suas diferentes exigên-

O MODERNO TEATRO BRASILEIRO   57

cias. Uma peça de bulevar deveria ter tratamento artístico idêntico ao dos textos clássicos.

A estética do Teatro Brasileiro de Comédia prevaleceu nos diversos grupos que se desdobraram dele: a Cia. Nydia Licia-Sérgio Cardoso, a Cia. Tônia-Celi-Autran, o Teatro Cacilda Becker e o Teatro dos Sete (enquanto aguardava a construção de seu teatro, Maria Della Costa atuou no TBC, e foi contratar na Itália, para dirigir o Teatro Popular de Arte, o cenógrafo Gianni Ratto). Basta examinar seu repertório para concluir que, em linhas gerais, a política do ecletismo pareceu a mais indicada para a garantia da sobrevivência financeira.

O próprio Teatro de Arena, fundado em 1953, em São Paulo, tendo à frente José Renato, egresso da Escola de Arte Dramática, onde teve oportunidade de realizar a primeira experiência do gênero, na América do Sul, pretendeu de início ser apenas um TBC mais econômico, porque a forma circular dispensava cenários, local fixo e recursos especiais de iluminação. Mas a sede, na rua Teodoro Baima, dispondo somente de 150 lugares, não conseguia equilíbrio financeiro, pois os êxitos não compensavam os malogros. Quando se decidiu encerrar suas atividades, em 1958, com uma peça de um dos atores do grupo, a acolhida retumbante não só alterou a situação como teve um impacto extraordinário sobre o teatro brasileiro. Tratava-se da peça *Eles Não Usam Black-Tie*, de Gianfrancesco Guarnieri, que iniciou a fase da hegemonia do autor brasileiro.

Antes desse lançamento, sem contar os espetáculos sucessivos de Nelson Rodrigues, no Rio de Janeiro, *A Moratória*, de Jorge Andrade, no Teatro Maria Della Costa, em 1955, e o *Auto da Compadecida*, de Ariano Suassuna, trazido por um grupo do Recife ao Rio de Janeiro, em 1956, não haviam modificado as coordenadas da nossa política teatral. Circunstâncias específicas transformaram *Black-Tie* em marco: a fundação do Seminário de Dramaturgia do Arena, conduzido por Augusto Boal, dois meses após a estréia; a presença, no elenco, de vários atores que se interessavam também em escrever para o teatro; e a mística do desenvolvimentismo nacional, que empolgava todas as consciências. Em 1959, o Arena lançou *Chapetuba Futebol Clube*, de Oduvaldo Vianna Filho, e, em 1960, *Revolução na América do Sul*, de Augusto Boal, sucedendo-se no cartaz outros títulos brasileiros, uns de boa, outros de insatisfatória qualidade artística. Cumprida essa fase de implantação do repertório nacional, que se estendeu até o TBC, considerado o reduto do internacionalismo, com a estréia, em 1960, de *O Pagador de Promessas*, de Dias Gomes, a que se seguiram peças de Gianfrancesco Guarnieri e Jorge Andrade, o Arena praticou a nacionalização dos clássicos e buscou um estilo brasileiro de montagem e de interpretação. Apesar do golpe militar de 1964, Augusto Boal e Gianfrancesco Guarnieri conseguiram valer-se da metáfora para produzir *Arena Conta Zumbi*, em 1965, e *Arena Conta Tiradentes*, em

1967. O *Teatro-Jornal* distinguiu-se como a primeira manifestação do Teatro do Oprimido, que Augusto Boal desenvolveu na América Espanhola e na Europa, depois do exílio a que se condenou, em 1971, quando o Ato Institucional n.º 5, de 13 de dezembro de 1968, extinguiu os últimos resquícios de liberdade e estabeleceu a hegemonia da Censura. Em linha semelhante à do Arena, o Teatro Opinião cumpriu, no Rio, significativa trajetória artística.

Em seus inícios aparentado ao Arena, o Teatro Oficina de São Paulo desenvolveu, nos anos sessenta, um rico percurso, que sintetizou as mais importantes contribuições à prática do palco, desde as conquistas do Teatro de Arte de Moscou. Sob a inspiração do Método de Stanislávski, José Celso Martinez Corrêa, responsável pelas melhores realizações do grupo, dirigiu, em 1963, *Pequenos Burgueses*, considerado o mais perfeito espetáculo realista do País. *Andorra*, de Max Frisch, adotou a linguagem épica, deslocada em *Os Inimigos*, também de Górki, por não corresponder ao estilo do dramaturgo. *O Rei da Vela*, além de incorporar o autor, Oswald de Andrade, à História viva do nosso teatro, criou o estilo batizado como tropicalista, de profunda repercussão nas outras artes. *Galileu Galilei*, de 1968, quebrava o extremo racionalismo da peça de Brecht, com uma carnavalização eminentemente brasileira. E *Na Selva das Cidades*, do jovem Brecht, montada em 1969, aproveitou a lição de Grotóvski, para concretizar-se no mais poético espetáculo da nossa cena. *Gracias, Senõr*, estréia de 1972, que se ligava a *Paradise Now*, do grupo norte-americano *The Living Theatre*, deixou de convencer-me, pela indisfarçável postura autoritária.

A violenta repressão da Censura prende-se, sem dúvida, à moda da expressão corporal, que procurou substituir a palavra, vetada na sua inteira conseqüência. Outro caminho trilhado pelos nossos realizadores, nos anos difíceis da ditadura, consubstanciou-se na exploração do espaço cênico, tentando o teatro explorar todas as potencialidades, como arte específica.

Cemitério de Automóveis, do espanhol Fernando Arrabal, dirigido em 1968 pelo argentino Victor Garcia, teve a primazia na abertura desse filão. Adaptou-se uma garagem, na rua Treze de Maio de São Paulo, para receber uma concepção que valorizava a corporeidade e o simbólico nas imagens do encenador. Enquanto o público se colocava ao longo de três lados de um retângulo, um dos lados menores abrigava as carcaças superpostas de automóveis. O encenador radicalizou sua criatividade na montagem seguinte – *O Balcão*, de Genet, estreada nos últimos dias de 1969, na Sala Gil Vicente do Teatro Ruth Escobar. Destruíram-se totalmente palco e platéia, para que, no espaço vazio, se erguesse a estrutura metálica de vinte metros de altura, desenhada pelo cenógrafo Wladimir Pereira Cardoso. Escavou-se o palco para que, do porão até os urdimentos, se levantasse vasto funil, com passadiços que acomodavam até 250 espectadores, em bancos dispostos numa seqüên-

O MODERNO TEATRO BRASILEIRO 59

cia em espiral. Iluminava-se o ambiente por meio de um espelho parabólico, modelado no concreto do porão, cinco metros abaixo do palco. Desenhou-se uma concha elipsoidal com plástico espelhado, desempenhando funções semelhantes às de um farol de automóvel. Um módulo subia e descia: era de ferro vazado, com acrílico. Por isso propiciava-se a visão do público, em qualquer movimento seu. Passavam-se nesse módulo muitas cenas, mas os atores distribuíam-se por todo o teatro, inclusive nos passadiços para o público. Do urdimento, descia uma rampa, em espiral, com nove metros de altura, sendo utilizada em alguns quadros. Além disso, instalaram-se cinco elevadores individuais, e dois guindastes suspendiam duas gaiolas, para o diálogo de Irma e Carmen. Os atores também usavam plataformas, verdadeiros trampolins. O professor iraniano Karim Modjetehedy, ao fim de um documentário de trinta minutos sobre o espetáculo, qualificou-o como "a Capela Sistina do Teatro".

Coube de novo a Ruth Escobar a iniciativa de quebrar o espaço cênico tradicional em *A Viagem*, que o poeta e dramaturgo Carlos de Queiroz Telles adaptou do poema épico *Os Lusíadas*, de Camões, e Celso Nunes dirigiu em 1972, na Sala Gil Vicente do teatro de propriedade da atriz-empresária. O cenógrafo Hélio Eichbauer aproveitou o porão, criando um espaço medieval, que contrastava com o renascentista, para a viagem de Vasco da Gama e seus homens de Lisboa à Índia, no ano de 1498. Uma escadaria permitia ao público transitar no tempo, do porão à sala. Na área tradicional do teatro, introduziu-se um módulo, pendente do teto, que simbolizava a caravela. Cordas, velas, escadas completavam a imagem do barco. Passarelas nas paredes laterais e em meio ao público sintetizavam as terras em que os navegantes aportavam, durante o trajeto. Deuses eram suspensos no ar, por tênues fios. E até um condutor de ar do edifício foi incorporado, como um dragão, ao ambiente da Índia.

O Último Carro ou As 14 Estações, de João das Neves, representou a quarta proposta de inovação do espaço cênico, tendo sido considerado o melhor espetáculo da temporada carioca de 1976, no desempenho do Grupo Opinião. Ele anteciparia as outras realizações do gênero, se, escrito o texto em 1965-1966, e refeito em 1967, por ocasião do 1.º (e único) Seminário Carioca de Dramaturgia, do qual foi o vencedor, não sofresse durante nove anos o veto da Censura. Sob a direção do autor, o cenógrafo Germano Blum construiu um espaço em que o trem do subúrbio carioca se espraiava num retângulo que envolvia a platéia, e alguns espectadores postavam-se em bancos que pareciam fazer parte dos vagões. A composição se deslocava, simbólica e vertiginosamente, sem maquinista, até que muitos passageiros conseguiram separar o último carro. Um estrondo indicava o acidente fatal para os outros vagões, enquanto o que se desligou, diminuindo aos poucos a velocidade, conseguia parar. Significado da metáfora: sobrevive quem

60 DEPOIS DO ESPETÁCULO

domina o próprio destino, sem aceitar passivamente o desastre provocado pela falta de direção. Um desejo otimista de resistência, durante a ditadura.

Em 1978, dois anos depois dessa estréia, cessavam os efeitos do Ato Institucional n.º 5, de 1968, e coincidentemente o teatro brasileiro vinha conhecer nova fase, com o lançamento de *Macunaíma*, adaptação da "rapsódia" de Mário de Andrade, pelo Grupo Pau Brasil, dirigido por Antunes Filho, numa inteligente iniciativa do Serviço Social do Comércio de São Paulo. Cabe considerar essa fase a da hegemonia do encenador-criador, que enfeixou em suas mãos a autoria do espetáculo.

Essa tendência se fortalecia, há anos, por toda parte, em conseqüência do reconhecimento da autonomia artística do teatro. O diretor de antes, apesar de imprimir a sua personalidade ao conjunto da montagem, ainda se considerava servidor da literatura. Agora, ele reivindicava nova postura: se o dramaturgo era o autor do texto, ele assumia a autoria do espetáculo, isto é, o teatro passava a materializar sua cosmovisão, de que a palavra escrita e falada é apenas um dos elementos. Trilharam esse caminho o inglês Peter Brook, o polonês Tadeusz Kantor e o norte-americano Robert Wilson, entre outros. *Macunaíma* forneceu a matéria-prima para o vôo criador de Antunes Filho.

Seguiram-se novas realizações, em que Antunes Filho acolheu a parceria de outros autores, ressaltando-lhes a contemporaneidade, a exemplo de Nelson Rodrigues, Shakespeare e Jorge Andrade, e ao mesmo tempo dando o seu testemunho artístico, ou exprimindo a sua filosofia por meio de textos adaptados de gêneros diversos, como os de Guimarães Rosa, *Gilgamesh* ou *Drácula*.

A nova geração de encenadores, em grau maior ou menor, inscreve-se nessa tendência, que chegou a cometer o pecado de substituir o texto quase apenas pela imagem ou dispensar o dramaturgo, colocando em seu lugar uma elaboração literária insatisfatória. Felizmente, esses excessos tendem a desaparecer, em benefício de um equilíbrio produtivo. Os mais conhecidos encenadores que avocam a autoria do espetáculo são Gerald Thomas, Ulysses Cruz, José Possi Neto, Francisco Medeiros, William Pereira, Cacá Rosset, Gabriel Villela, Antônio Araújo, Eduardo Tolentino de Araújo e Moacyr Góes, entre outros. A eles somam-se valores de outras gerações, como José Celso Martinez Corrêa, Antônio Abujamra, Celso Nunes, Silnei Siqueira, Fauzi Arap, Aderbal Freire-Filho e Márcio Aurélio.

Como examinar, nesse quadro, a situação da dramaturgia? Já afirmei que Oswald de Andrade (1890-1954), confinado à estante, só chegou ao palco trinta anos depois de publicado. Na encenação de José Celso Martinez Corrêa, em 1967, *O Rei da Vela* revelou virulência insuspeitada, ao desmascarar o pacto da burguesia ascendente com a aristocracia em decadência, sob as vistas do capitalista colonizador. *O Homem e o Cavalo* tomou o modelo de *O Mistério Bufo*, de

O MODERNO TEATRO BRASILEIRO

Maiakóvski, para julgar a herança cristã numa ótica socialista, e tanto uma crença algo ingênua do autor como as dificuldades da produção mantêm inédita a peça. E *A Morta*, última tentativa desesperada de descobrir nova linguagem de vanguarda, ainda não encontrou um espetáculo à altura de sua ambição.

Se a Censura rígida do Estado Novo desarmou um teatro de reivindicação política, a dramaturgia mais consistente tinha de mergulhar na sondagem psicológica. Em 1942, Nelson Rodrigues (1912-1980) estreou *A Mulher Sem Pecado*, cuja trama se aproximava da ruptura das amarras do consciente. *Vestido de Noiva*, no ano seguinte, consumou esse feito, introduzindo os planos da realidade, da memória e da alucinação, e transformando o palco, a maior parte do tempo, na projeção exterior da mente de uma acidentada, que acaba por falecer.

Explorado o subconsciente, na fase do mergulho psicológico, o passo natural seria a fixação do inconsciente coletivo, dos arquétipos, e Nelson ingressou na produção mítica, de que são exemplos *Álbum de Família*, de 1945, explosão do incesto numa família primitiva; *Anjo Negro*, de 1946, que expõe a ferida racial; *Senhora dos Afogados*, de 1947, paráfrase da *Oréstia*, de Ésquilo, e de *O Luto Assenta a Electra*, de O'Neill; e *Dorotéia*, de 1949, tragédia do pecado contra o amor, transmitido em várias gerações femininas.

A retomada do subconsciente, no monólogo *Valsa n.º 6*, de 1951, fez a ponte para o novo filão da tragédia carioca, síntese das peças psicológicas e míticas – o bloco mais numeroso e compacto da dramaturgia rodriguiana, surgido com *A Falecida*, em 1953, e continuado com *Perdoa-me por me Traíres*, *Os Sete Gatinhos*, *Boca de Ouro*, *Beijo no Asfalto*, *Otto Lara Resende ou Bonitinha, mas Ordinária* e *Toda Nudez Será Castigada*, até *A Serpente*, a última produção do autor, em 1978. O prosaísmo da realidade se compensa, aí, pela transcendência, conferindo ao destino humano um sentido superior.

Jorge Andrade (1922-1984), no ciclo *Marta, a Árvore e o Relógio*, composto de dez textos, promoveu a mais profunda meditação teatral sobre a História do Brasil. Partiu ele, em *A Moratória*, de 1955, da memória pessoal, narrando a perda de uma fazenda de café pelo seu avô, em conseqüência da crise econômica internacional de 1929. Outras peças mostram as vicissitudes da aristocracia rural decadente: *O Telescópio*, *A Escada* e *Senhora na Boca do Lixo*. *Vereda da Salvação* dramatiza, a partir de episódios ocorridos no município de Malacacheta, em Minas, a experiência do autor no convívio com os colonos da fazenda de sua família, e *Rasto Atrás* é um mergulho autobiográfico, no qual reencontra o pai. Em *Pedreira das Almas*, o dramaturgo se serve da derrota dos liberais na Revolução de 1842, diante das forças absolutistas, para justificar o êxodo de São Tomé das Letras, em Minas, para o Planalto Paulista, quando se criou a civilização do café. *As Confrarias*, ambientada no final do século XVIII, data da

Inconfidência Mineira, mostra a segregação a que a intolerância condena aqueles que não pertencem a uma organização do gênero. E *O Sumidouro* estabelece um diálogo entre o dramaturgo e algumas personagens que alargaram as fronteiras da colônia – o bandeirante português Fernão Dias e seu filho mameluco José Dias, encarnação do sentimento nativista, que repudiava a remessa das nossas riquezas para as cortes européias. Dominando complexa arquitetura teatral, Jorge Andrade é um dos nossos mais elaborados dramaturgos.

Depois da incorporação das fontes rurais, a dramaturgia brasileira conheceu outro acréscimo significativo ao apresentar, no *Auto da Compadecida*, de Ariano Suassuna (n. 1927), em 1956, a fusão do teatro religioso de origem medieval e o populário nordestino, temperado com saborosa comicidade. Acreditava o autor paraibano que "estamos num tempo semelhante ao que produziu Molière, Gil Vicente, Shakespeare etc.", e daí, em suas criações, o aproveitamento de vários motivos clássicos.

O Arco Desolado inspirou-se na mesma lenda de *A Vida É Sonho*, de Calderón de la Barca. O *Auto de João da Cruz* trata de uma situação assemelhada à aventura faustiana. E *O Santo e a Porca* não só transpõe para o Nordeste o tema do avarento, vindo da *Aulularia* (*Comédia da Panela*), de Plauto, e de *L'Avare*, de Molière, como o encara sob o prisma do pecado cristão, numa conseqüente moralidade.

A Pena e a Lei, talvez a obra mais ambiciosa de Suassuna, nutre-se de refinado espírito teológico, ao exaltar a virtude da esperança, contrapondo-a à gravidade do pecado do desespero, e propondo uma verdadeira súmula do teatro.

Cronologicamente, a estréia marcante que sucedeu à de *A Compadecida* foi a de *Eles Não Usam Black-Tie*, em 1958, responsável pela conscientização da importância de se nacionalizar o nosso repertório. Gianfrancesco Guarnieri deslocou o foco de sua dramaturgia para os conflitos urbanos, provocando a luta de classes as greves por melhores salários. Ainda nessa linha, *A Semente* representou outro ponto alto, ao fazer com que um operário, acusado injustamente de traidor, gerasse a união dos trabalhadores.

A resposta de Guarnieri ao golpe militar de 1964 se consubstanciou em *Arena Conta Zumbi* e *Arena Conta Tiradentes*, escritas de parceria com Augusto Boal. Os heróis históricos de duas lutas pela liberdade serviram de metáfora contra a opressão do momento. Voltou o autor a dramatizar a biografia de outro paladino no combate pela liberdade dos escravos, dessa vez sozinho, em *Castro Alves Pede Passagem*, acrescentada ao tema social uma pungente introspecção. E *Ponto de Partida* transpôs para uma vaga Idade Média o assassínio do jornalista Wladimir Herzog nos porões da ditadura. Gianfrancesco Guarnieri julgava "teatro de ocasião" todas essas produções metafóricas, mas continuam elas referências obrigatórias de um período melancólico.

O MODERNO TEATRO BRASILEIRO 63

Oduvaldo Vianna Filho (1936-1974) seduziu-se pelo herói negativo desde a estréia, em 1959, de *Chapetuba Futebol Clube*, saga de um jogador batido pelas circunstâncias adversas. Essa característica distinguiu *Corpo a Corpo*, história de um publicitário bem-intencionado, que a engrenagem perversa consome, e *Longa Noite de Cristal*, protagonizada por um repórter sério, que os interesses contrariados de poderosos deslocam para a locução radiofônica na madrugada. Além de outras obras expressivas, entre as quais *Se Correr o Bicho Pega, Se Ficar o Bicho Come* (feita de parceria com Ferreira Gullar), *Moço em Estado de Sítio* e *Mão na Luva*, Vianninha escreveu duas obras-primas: *Papa Highirte* e *Rasga Coração*.

Highirte fixa o ocaso de um típico ditador latino-americano, às voltas, no exílio, com as obsessões e os fantasmas do passado. Seu legado, quisesse ou não, tinha sido um cortejo de vítimas. E, quando ele cogitava regressar ao seu País, sacrificou-o um inevitável ajuste de contas. *Rasga Coração*, cujo fim o dramaturgo ditou a sua mãe no leito de morte, representa um sensível testamento espiritual. Trata-se de um rico painel histórico de quatro décadas do Brasil, vivido por um anônimo militante de esquerda, em que a esperança de construção de uma sociedade justa se frustrou sempre pelos sucessivos golpes da direita. Uma das mais belas peças da nossa dramaturgia.

Augusto Boal (n. 1931) lançou em 1960, no Teatro de Arena, *Revolução na América do Sul*, que deixava o estilo realista para privilegiar o épico, a farsa desabrida e o quase riso circense. O homem do povo Zé da Silva era a caixa de pancada de todos os exploradores. Depois da parceria com Gianfrancesco Guarnieri em *Arena Conta Zumbi* e *Arena Conta Tiradentes*, Boal ainda se responsabilizou pela colagem do *Teatro-Jornal*, dramatização de notícias da imprensa, utilizada para burlar a Censura. Estava em germe, aí, a teoria do Teatro do Oprimido, que ele veio a desenvolver depois, no exílio sul-americano e europeu, nas formas do teatro invisível, teatro-imagem e teatro-foro. *Murro em Ponta de Faca* sintetizou a diáspora, que se seguiu à prisão e à tortura. Vários livros dão conta do único trabalho teórico de um brasileiro com repercussão em todos os continentes, traduzido que foi em mais de vinte línguas. Os mais recentes são *Stop: C'est Magique* e *O Arco-Íris do Desejo* (*Método Boal de Teatro e Terapia*). Uma definição do Teatro do Oprimido "seria a de que se trata do teatro das classes oprimidas e de todos os oprimidos, mesmo no interior dessas classes". Aproveitando sua experiência como vereador no Rio de Janeiro, encerrada em 1996, Augusto Boal publicou o livro *Teatro Legislativo*, que expõe a teoria e a prática em que o espectador, convertido em ator, busca um novo estádio – o cidadão se transforma em legislador.

Dias Gomes (1922-1999) que, aos quinze anos, ganhou um concurso do Serviço Nacional de Teatro e, em 1943, assinou contrato de

64 DEPOIS DO ESPETÁCULO

exclusividade com o ator Procópio Ferreira, tendo três dos cinco textos que escreveu interpretados naquele ano, veio surpreender crítica e público em 1960, ao estrear *O Pagador de Promessas* no TBC. Desvelava-se outra realidade do País – o sincretismo religioso –, e a trama configura um libelo contra a intolerância. Muitas outras obras definem uma carreira dramatúrgica sólida e continuada, de que fazem parte *A Invasão, A Revolução dos Beatos, O Bem Amado, O Berço do Herói, O Santo Inquérito, Dr. Getúlio – Sua Vida e Sua Glória* (em parceria com Ferreira Gullar) e *Amor em Campo Minado. Campeões do Mundo*, que estreou em 1980, teve a primazia de fazer um balanço da política brasileira, desde o golpe militar de 1964 até a abertura de 1979, com inteira liberdade, não recorrendo à metáfora para fugir ao veto da Censura. *Meu Reino por um Cavalo*, estréia de 1989, desnuda corajosamente o próprio dramaturgo, problematizando-lhe a crise da maturidade. Impressiona a fecundidade teatral de Dias Gomes, quando são numerosas as telenovelas de êxito que ele escreveu.

Dois anos após o golpe militar, produziu um abalo, em São Paulo, o lançamento de *Dois Perdidos numa Noite Suja*, de autoria de Plínio Marcos (1935-1999). As duas personagens não eram gente normal do povo, porém marginais, representantes do lumpesinato das grandes metrópoles, que a ordem injusta não consegue absorver. Assusta a violência de um diálogo cortante, que, se se beneficia de entranhado realismo, vai muito além dos limites da escola. Curiosamente, o dramaturgo havia revelado, em uma única récita, no Festival Nacional de Teatros de Estudantes, em Santos, no ano de 1959, quando o Embaixador Paschoal Carlos Magno, do gabinete do presidente Juscelino Kubitschek, obteve uma autorização especial da Censura. A peça era *Barrela*, palavra que, na gíria, equivale a estupro ou curra. O protagonista, um jovem detido por motivo menor, matou, ao ser solto, todos que o estupraram na prisão.

Navalha na Carne, de 1967, põe em cena uma prostituta em declínio, o cáften que a explora e o empregado homossexual do bordel. *Abajur Lilás*, que aparentemente se vincularia a ela pela presença de prostitutas que vivem num "mocó" (apartamento em que se explora o lenocínio), assume outro significado, pela leitura simbólica propiciada. As três mulheres exemplificam comportamentos diferentes em face do poder, fundado no arbítrio, capaz de praticar atos condenáveis, atribuindo-os a outrem.

Na vertente mística de sua inspiração, Plínio escreveu, entre outras peças, *Jesus Homem*, retomando a solidariedade evangélica do Cristo primitivo. E, ao exercer mais uma vez a sua condição de "repórter de um tempo mau", *A Mancha Roxa*, passada num presídio feminino, leva as mulheres que descobriram ser portadoras de Aids a desafiar o mundo com a propagação da doença, em represália à incúria da sociedade.

O MODERNO TEATRO BRASILEIRO

Muitos nomes mereceriam ao menos uma rápida conceituação, como a feita até agora. Os limites desta apresentação transferem para outra oportunidade a lembrança de autores em pleno processo de trabalho, entre os quais João Bethencourt, Millôr Fernandes, Roberto Athayde, Wilson Sayão, Luiz Alberto de Abreu, Marcos Caruso e Jandira Martini, Naum Alves de Souza, Domingos Oliveira, Lauro César Muniz, Mário Prata, Juca de Oliveira, Mauro Rasi e Maria Adelaide Amaral. Procurou-se mencionar os acréscimos temáticos mais identificáveis.

Costuma-se observar que, abertas as gavetas da Censura, quando se encerrou o período ditatorial, elas estavam como que vazias, apesar das centenas de interdições. Dois fenômenos explicam a impressão: a liberdade exigia nova linguagem, diferente da metáfora e da unanimidade política contra a ditadura; e os encenadores-criadores, fortalecidos pela estréia de *Macunaíma*, não conseguiram manter um bom diálogo com os dramaturgos. A geração alienada pelo golpe militar consolou-se no "besteirol'".

Tende-se, hoje, a novo equilíbrio, pois vários autores firmam a sua fisionomia. Tudo seria mais fácil, se os problemas da produção não emperrassem o surgimento dos jovens dramaturgos. Ainda assim, não obstante a dura concorrência da televisão, o trânsito e a segurança nas grandes cidades, o teatro continua vivo. E para mim, particularmente, que me mudei de Belo Horizonte há cinqüenta anos, quando nenhum teatro funcionava regularmente, é motivo de incontida alegria saber que ao menos vinte conjuntos se acham em atividade e dois deles se tornaram referência nacional: o Grupo Giramundo e o Teatro Galpão.

(1998)*

---

* Esta palestra foi proferida em Belo Horizonte, no dia 1.º de junho, no Encontro Mundial das Artes Cênicas.

13. Os Dramaturgos da ABL no Ano do Centenário

Qualquer estudioso da literatura e do teatro brasileiros que não se tenha dado ao trabalho de fazer o levantamento da obra dos membros da Academia Brasileira de Letras se espantará de que, entre os quarenta fundadores, dezesseis fossem dramaturgos. Na maioria dos casos, escrever peças não representou, de fato, a ocupação principal. Considerando, porém, o juízo severo do historiador José Veríssimo, outro dos acadêmicos que participaram da fundação deste silogeu centenário, segundo o qual "Produto do romantismo, o teatro brasileiro finou-se com ele", é admirável que, em 1897, tantas figuras ilustres estivessem de alguma forma vinculadas à dramaturgia.

Menciono de imediato seus nomes, observando a ordem das cadeiras: Coelho Neto, Filinto de Almeida, Aluísio Azevedo, Valentim Magalhães, Urbano Duarte, Visconde de Taunay, Olavo Bilac, Salvador de Mendonça, Medeiros e Albuquerque, Machado de Assis, Garcia Redondo, Guimarães Passos, Joaquim Nabuco, Artur Azevedo, Afonso Celso e Graça Aranha. Esse número continua a surpreender-nos, se nos lembrarmos de que, em 1898, o próprio Artur Azevedo escreveu: "São eles, os teatrinhos (particulares), que fazem com que ainda perdure a memória de alguma coisa que já tivemos; são eles, só eles, que nos consolam da nossa miséria atual. Esta é a verdade que hoje reconheço e proclamo. Do amador, pode sair o artista; do teatrinho pode sair o teatro".

Não se estranhará, conhecendo a relação dos fundadores, que os patronos, entre os quais se acham muitos românticos, surjam mais abun-

OS DRAMATURGOS DA ABL NO ANO DO CENTENÁRIO 67

dantes, alcançando dezenove, se se admitir a presença de Junqueira Freire, autor de um drama inacabado (*Frei Ambrósio*). Também pela seqüência das cadeiras, cabe citar: Álvares de Azevedo, Bernardo Guimarães, Casimiro de Abreu, Castro Alves, Cláudio Manuel da Costa, Gonçalves de Magalhães, Fagundes Varela, França Júnior, Franklin Távora, Gonçalves Dias, Joaquim Manoel de Macedo, Joaquim Serra, José de Alencar, Junqueira Freire, Laurindo Rabelo, Manoel Antônio de Almeida, Martins Pena, Araújo Porto-Alegre e Francisco Adolfo Varnhagen. Os patronos incluem vários dos criadores e consolidadores da literatura teatral brasileira.

Numa resenha sobre os dramaturgos, prefiro ater-me aos principais, a partir dos fundadores, já que a tentativa de contemplar todos correria o risco de parecer mera catalogação. Não obstante a "imortalidade" atribuída aos acadêmicos, a História costuma ser implacável na decretação da permanência dos valores, sem esquecermos que Shakespeare demorou dois séculos para ser redescoberto e a Academia comemora apenas o primeiro centenário. Dos fundadores, são dramaturgos mais lembrados, hoje em dia, Artur Azevedo, Coelho Neto e Machado do Assis, lamentando-se a ausência de um elenco oficial ou particular que, à maneira da Comédie Française, se especializasse em reviver os textos do passado.

A propósito de Artur Azevedo (1855-1908), não tenho dúvida em repetir que se trata da maior figura do teatro brasileiro – não o maior dramaturgo, por certo, mas aquele que, pela obra dramatúrgica, feita de comédias, dramas, revistas, burletas, paródias e traduções, além do imenso trabalho de crítico e animador, preencheu o nosso palco, nas três últimas décadas anteriores à sua morte.

Amor por Anexins, que já havia escrito e representado em seu Maranhão natal, antes do chegar ao Rio, com dezoito anos de idade, inspirou-se em *Les Jurons de Cadillac* (*As Pragas do Capitão*), de Pierre Berton, e lhe é muito superior, pela graça contínua dos provérbios, desencadeados pelo solteirão Isaías, na faina de conquistar a viúva Inês. Essa peça em um ato traz em germe muitas das características do autor. Se ele partiu, com freqüência, de obras alheias, renovou-as com verve inacreditável, conferindo-lhes o selo de brasilidade, o diálogo espontâneo e o perfeito encadeamento das situações.

Queixou-se Artur Azevedo de que vários de seus textos ambiciosos não conheceram o favor da platéia, obrigando-o a fazer concessões, na busca da sobrevivência. *A Almanjarra* só foi levada quatorze anos depois de escrita. Para montar *A Jóia* abdicou dos direitos de autor. *O Badejo* deixava vazio o teatro. *O Retrato a Óleo* não passou de meia dúzia de récitas. E *Fonte Castália*, apesar da boa recepção por parte da imprensa, não foi além de quatorze espetáculos. A crítica julgava *O Dote* a melhor obra do autor, ainda que sua trama fosse discutível, sob o prisma psicológico. A inconsciência da mulher, que faz despesas

68 DEPOIS DO ESPETÁCULO

incontáveis em função de um dote já gasto, só tem paralelo na fraqueza do marido, que se deixa ingenuamente arruinar. Os caracteres nunca foram o forte de Artur Azevedo.

Em compensação, vencido o preconceito que provocam as obras ligeiras, as revistas de ano, em que são revividos os acontecimentos marcantes do ano anterior, e sobretudo as burletas, em que a trama ficcional se mescla à música, passaram a constituir o acervo mais representativo do gênio maranhense. Nesse último gênero, consideram-se particularmente felizes *A Capital Federal* e *O Mambembe*.

A Capital Federal, reelaborada ficcionalmente da revista de ano *O Tribofe*, encanta a platéia, nas sucessivas reapresentações, desde a estréia, em 1897. Do original, o autor retirou os aspectos circunstanciais, dando maior ênfase à visita da família de roceiros de São João do Sabará ao Rio de Janeiro, cujos costumes eram tão diferentes dos seus. A quase totalidade dos mineiros se desagrega na corte, pintada na sua beleza extraordinária e ao mesmo tempo fonte inevitável de pecado. As palavras finais do fazendeiro: "É na roça, é no campo, é no sertão, é na lavoura que está a vida e o progresso da nossa pátria" – apoteose à vida rural – não escondem o deslumbramento do provinciano com as maravilhas da antiga Capital da República.

Um dos mais belos cânticos de amor ao teatro é como se pode definir *O Mambembe*, outra obra-prima de Artur Azevedo. Para quem não conhece o significado do título, o próprio texto esclarece: "Mambembe é a companhia nômade, errante, vagabunda, organizada com todos os elementos de que um empresário pobre possa lançar mão num momento dado, e que vai, de cidade em cidade, de vila em vila, de povoação em povoação, dando espetáculos aqui e ali, onde encontre um teatro ou onde possa improvisá-lo. Aqui está quem já representou em cima de um bilhar!" Se há episódios difíceis nessa constante peregrinação, sendo até empenhada a mala, para pagamento da hospedagem em hotel, outras portas se abrem ao elenco, trazendo-lhe imprevistas alegrias. A peça faz do teatro uma criação maravilhosa de cada instante. E basta um espetáculo bem recebido para apagar todos os revezes anteriores.

Morto Artur Azevedo em plena tarefa de dirigir o Teatro da Exposição Nacional, quando encenou, em menos de três meses, quinze originais brasileiros, o cetro teatral transferiu-se para outro maranhense, Coelho Neto (1864-1934), mencionado pelo historiador Sílvio Romero como responsável pela "reação idealístico-simbolista". As perto de três dezenas de peças que escreveu, cobrindo várias épocas e estilos, revelam valor desigual, e crescem de interesse na medida em que se inscrevem na tradição da comédia de costumes, à qual ele imprimiu um colorido particular do simbolismo.

Uma influência ibseniana cabe ser detectada em *A Muralha* e *O Dinheiro*, que fixam a libertação feminina, em face de problemas con-

OS DRAMATURGOS DA ABL NO ANO DO CENTENÁRIO   69

jugais. Ressalvados o discursivo e o melodramático dos diálogos, os textos guardam uma certa eficácia. Lamentavelmente *A Mulher*, título que sugeriria um tratamento superior do tema, se perde na brincadeira de uma comédia em um ato, em que, opondo-se ao feminismo da neta, a avó, de postura convencional, perfilhada pelo autor, chega a afirmar: "Eu insisto em dizer que a mulher deve contentar-se com a sua força, que é feita de um conjunto de fraquezas. A mulher deve ser meiga, crente, resignada, amorosa, caritativa e dócil".

Quebranto, sem dúvida a melhor peça de Coelho Neto, une o filão da comédia de costumes a um conto cujo simbolismo se imiscui na trama. A firmeza moral do paulista em *O Diletante*, de Martins Pena, e o mineiro Eusébio em *A Capital Federal*, entre outras personagens, transmudam-se aqui no rico seringueiro Fortuna, apaixonado pela jovem carioca Dora. A não-consumação do matrimônio não deve ser levada à conta de apego ao tabu da virgindade, mas recusa do papel de enganado. É a sociedade que recebe a condenação, pela venda da mulher ao dinheiro, pelo culto da aparência. A lenda simbólica, narrada pelo seringueiro, tem como protagonista uma jovem que casou impura. Há "uma flor que só nasce em água muito limpa e tem a virtude de murchar e morrer logo se uma moça... que não é pura, pega nela". Essa flor é segredo de caboclo. Fortuna não se vingará de Dora, a quem deseja felicidade. O quebranto passou.

A dramaturgia de Machado de Assis (1839-1908) é mais um produto da mocidade do primeiro presidente da Academia e maior figura da literatura brasileira. Ainda que, ao longo dos anos, ele não tenha abandonado de todo a atividade teatral, o amadurecimento ditou-lhe a admirável saga do romance e do conto, a partir de *Memórias Póstumas de Brás Cubas*. Iniciando-se no palco na década de sessenta, em 1873, no estudo "Literatura Brasileira: Instinto de Nacionalidade", já se mostrava desalentado com o teatro, sobre o qual sentenciou: "Esta parte pode reduzir-se a uma linha de reticência. Não há atualmente teatro brasileiro, nenhuma peça nacional se escreve, raríssima peça nacional se representa. As cenas teatrais deste país viveram sempre de traduções, o que não quer dizer que admitissem alguma obra nacional quando aparecia. Hoje, que o gosto público tocou o último grau da decadência e perversão, nenhuma esperança teria quem se sentisse com vocação para compor obras severas de arte. Quem lhas receberia se o que domina é a cantiga burlesca ou obscena, o cancã, a mágica aparatosa, tudo o que fala aos sentidos e aos instintos inferiores?"

Não teria Machado sentido forças para modificar a situação, ou simplesmente intuía ser outro seu caminho vocacional? A verdade é que seu juízo severo sobre o teatro brasileiro da época representou também a abdicação de realizar obra dramática mais consistente.

Por isso tendeu a generalizar-se a opinião de Quintino Bocaiúva acerca de *O Caminho da Porta* e *O Protocolo*, suas duas peças de estréia: "As tuas comédias são para serem lidas e não representadas". O crítico mostrou-se atilado, ao observar ainda, na mesma carta, que as duas obras, "modeladas ao gosto dos provérbios franceses, não revelam nada mais do que a maravilhosa aptidão do teu espírito, a profusa riqueza do teu estilo. Não inspiram nada mais que simpatia e consideração por um talento que se amaneira a todas as formas da concepção".

O destino das peças, em geral curtas, para saraus literários e artísticos, e não para o profissionalismo do palco, talvez explique o seu vôo tímido, longe de um empenho verdadeiro. Por outro lado, o propósito de ilustração de um provérbio, à maneira de Musset, poupa os textos de exageros tão comuns no melodrama como na escola realista. O bom gosto nunca é ferido, a ironia fina do ficcionista transparece em todas as cenas, não se apontará na dezena e meia de quase exercícios nenhum pecado mortal contra o teatro.

Quase Ministro, que provavelmente inspirou *Caiu o Ministério*, uma das melhores obras de França Júnior, contém o ceticismo e a amargura que se apurarão nos romances da maturidade. O grupo de aduladores, mobilizado à simples notícia da possível nomeação de um candidato, passa-se, sem a menor cerimônia, para a corte de quem foi escolhido. Por enquanto, apenas uma crítica ligeira das fraquezas humanas, e não a visão irremediavelmente pessimista dos últimos anos.

Foge ao pessimismo, entretanto, a última experiência dramatúrgica de Machado, e uma das mais felizes – *Lição de Botânica*, publicada pela primeira vez em 1906, no volume *Relíquias de Casa Velha*. Aí, ganha novo colorido a psicologia feminina, nas vestes de uma viúva jovem que, pela certeira objetividade, toma a palavra do pretendente tímido para fazer em seu favor, à tia, o pedido de casamento. Essa peça, como já provou mais de uma vez, fica de pé no palco, embora sem muita ambição. Na pior das hipóteses, é lícito considerar que a dramaturgia machadiana da juventude ajudou a afeiçoar o instrumento literário do romancista adulto.

João do Rio, pseudônimo do carioca Paulo Barreto (1881-1921), jornalista e cronista brilhante, não o foi menos no campo teatral, em que *A Bela Madame Vargas* fez expressiva carreira, a partir da estréia no Teatro Municipal do Rio, em 1912, ainda que o debate da protagonista entre um amor que finda e outro que desponta tenha descambado no melodrama. Dos vários textos deixados pelo autor, entre os quais *Última Noite, Que Pena Ser só Ladrão!*, *Encontro* e *Um Chá das Cinco*, aquele que mereceria uma grande montagem, capaz de consagrá-lo junto à platéia atual, se chama *Eva*.

Estreado em São Paulo, em 1915, com grande êxito, ele reúne as melhores qualidades do dramaturgo. Sob a aparência de futilidade de uma reunião elegante numa fazenda do interior paulista, em que os criados se dirigem aos patrões e hóspedes em francês, Eva, cujo nome

OS DRAMATURGOS DA ABL NO ANO DO CENTENÁRIO 71

é mais do que simbólico, deseja pôr à prova a autenticidade do sentimento do pretendente Jorge. Num jogo perigoso, ela se proclama a autora do furto de uma jóia preciosíssima, que exigiria a intervenção da polícia. Disposto a sacrificar-se pela amada, Jorge assume a responsabilidade do ato. Mas não será necessário levar às últimas conseqüências o heroísmo, porque se descobre a identidade do ladrão. A prova foi decisiva – triunfou o amor. Tivesse João do Rio vivido além dos quarenta anos, seu talento seria por certo lembrado por muitas outras obras-primas.

Autor de mais de trinta peças, além de diversos ensaios sobre o nosso teatro, Cláudio de Sousa (1876-1954) marcou o palco, em 1916, com a peça *Flores de Sombra*, estreada em São Paulo, no desempenho de Leopoldo Fróes. A Primeira Grande Guerra de 1914-1918, como se sabe, distanciou-nos da Europa, levando-nos a questionar os valores da nacionalidade. O dramaturgo paulista, na mesma trilha dos predecessores que se debruçaram sobre a realidade do País, fez um cântico de louvor às virtudes campestres, aos troncos tradicionais da família brasileira, contra o cosmopolitismo degenerescente da Capital. A fábula ajudava a fortalecer a austeridade do velho Brasil.

Flores de Sombra tem uma sólida estrutura dramática, semelhante à dos sentimentos que procura exaltar. Na fazenda paulista de "mobiliário antigo de carvalho, sólido e pesado, que vai de geração a geração", a mãe prepara-se para receber o filho, que vive no tumulto da metrópole e namora a filha de um ministro. Ele pensa modernizar o ambiente, para receber os hóspedes: a moça, sua mãe e um companheiro de infância, que dilapida a fortuna herdada. A convivência na fazenda denuncia a pouca afinidade dos namorados, enquanto um amor da infância se imporá de novo. Ao ver o rapaz, ela deixa cair um vaso de begônia, planta definida como "a alma da saudade. Não gosta da luz. Quer sempre a sombra em que possa meditar". Se a namorada citadina era, no dizer da mãe, "uma flor muito vistosa, que respirava porém no ar viciado de uma estufa", o amor da infância é "a flor de sombra, modesta, rasteira, que a tempestade respeita! Com um pouco de terra nova, ela reviverá..." Impõe-se o simbolismo da comparação, em benefício do sentimento duradouro.

Curiosamente, também em 1916 o poeta Guilherme de Almeida (1890-1969), em colaboração com Oswald de Andrade, publicou o volume *Théâtre Brésilien*, contendo as peças *Mon Coeur Balance* e *Leur Ame*, de atmosfera simbolista. Pelas informações biográficas, sabe-se que as histórias tratadas nos textos pertencem à experiência vivida por Oswald e não por Guilherme. Mas, como houve parceria, é justo assinalar a colaboração do príncipe dos poetas brasileiros. Em ambas as obras, em clima crepuscular, dois homens se seduzem pela mesma mulher, que acaba por abandoná-los, sem declinar o motivo. Eu não hesitaria em mencionar esse teatro escrito em francês, com o

72   DEPOIS DO ESPETÁCULO

intento de fugir das limitações internacionais de nossa língua, ao lado dos poucos bons exemplos cênicos do nosso simbolismo.

Embora tanto os parceiros Guilherme e Oswald, como Graça Aranha, participassem da Semana de Arte Moderna, realizada em São Paulo em 1922, o teatro esteve ausente de suas manifestações. Qualquer conjetura a respeito seria hoje mera especulação, porque os organizadores do acontecimento, ao que me consta, não se manifestaram sobre o assunto. É lícito supor que, sendo o teatro arte compósita, que reúne literatura, cenografia, indumentária e desempenho, para só se mencionarem os elementos mais visíveis, exigiria longo e articulado preparo, para se obter uma completa renovação do espetáculo.

Essa renovação aproximou-se dos postulados estéticos do modernismo no Teatro de Brinquedo, fundado por Álvaro Moreyra (1888-1964), membro da ABL, e sua mulher, Eugênia Álvaro Moreyra. *Adão, Eva e Outros Membros da Família*, a primeira peça de Álvaro, encenada em 1927, já havia tido publicação em 1922, o mesmo ano da Semana de Arte Moderna. No livro de lembranças *As Amargas, Não*, o autor sintetizou o sentido de sua tentativa: "Teatro de Brinquedo... Eu queria um teatro que fizesse sorrir, mas que fizesse pensar. Um teatro com reticências. O último ato não seria o último ato... Justamente eu queria o Teatro de Brinquedo, que tinha uma legenda de Goethe: – A humanidade divide-se em duas espécies: a dos bonecos que representam um papel aprendido, e a dos naturais, espécie menos numerosa, de entes que vivem e morrem como Deus os criou... – Um teatro de bonecos? Sim. Mas supondo que nessa estação do século XX, os bonecos, de tal maneira aperfeiçoados, dessem a sensação de gente de carne, osso, alma, espírito... Por que, de brinquedo? Porque os cenários imitavam caixas de brinquedos, simples, infantis. (...) O Teatro de Brinquedo fez a revelação de Eugênia, e dele, com ela, partiu o evangelho da poesia nova".

O pioneirismo de *Adão, Eva e Outros Membros da Família* encontra-se na escolha de problemas a personagens, distantes daqueles que freqüentavam o nosso palco. O diálogo vivo, telegráfico, só tinha paralelo na comédia ligeira. Na aparência de divertimento inconseqüente, a peça enfrenta uma das contradições da sociedade em que vivemos: a mudança de um mendigo e de um ladrão em figuras respeitáveis da classe dirigente – um, capitalista, e outro, dono de jornal.

Não descarto a possibilidade de que o texto de Álvaro Moreyra tenha sido o ponto de partida de *Deus lhe Pague*, a peça mais famosa de Joracy Camargo (1898-1973), também membro da Academia. Aliás, Joracy participou do elenco de *Adão, Eva e Outros Membros da Família*, junto com outros nomes que se afirmaram no teatro ou em outras atividades. Em *Deus lhe Pague*, estreada em 1932, no desempenho de Procópio Ferreira, que realizou mais de dez mil apresentações, dialogam dois mendigos, e um deles, com o resultado da esmola, leva uma vida dúplice de rico. As implicações da trama, em que se menciona Marx, valeram à peça o título de iniciadora do "teatro social" no Brasil. Constranjo-me em comentar *Deus lhe Pague*, porque a considero uma súmula de equívocos. Desde as peripécias totalmente inverossímeis, ao discutível teor literário, que se socorre de frases feitas e desemboca em subfilosofia. A ela, prefiro, por exemplo, *Maria Cachucha* e *Anastácio*, que, passíveis também do mal da inverossimilhança, têm os outros defeitos atenuados. A personagem Maria Cachucha foi rica, depois viveu como louca na miséria das ruas e de súbito transformou-se na governante de um milionário solteirão. Já o banqueiro Fernando é vítima de falência pouco esclarecida, volta para a prisão porque, em liberdade condicional, bebeu, e no desfecho é de novo preso, suspeito do furto de uma igreja. Apelidado Anastácio, tendo perdido o nome, a mulher, a irmã e os amigos, apesar de tudo não perdeu a fé...

Muitos outros acadêmicos escreveram para o teatro, nas últimas décadas, a maioria tendo feito da literatura dramática uma experiência lateral, no conjunto de sua obra. Cito, pela ordem das cadeiras, Goulart de Andrade, Marques Rebelo, Augusto de Lima, Adonias Filho, Luís Guimarães Filho, Ribeiro Couto, Octavio de Faria, Menotti del Picchia, Vicente de Carvalho, Paulo Setúbal, Ramiz Galvão e Luís Edmundo.

Predecessor de Joracy Camargo foi Viriato Corrêa (1884-1967), representativo de duas tendências de nossa dramaturgia: a comédia de costumes, de larga tradição, e a peça histórica, estimulada pelo antigo Serviço Nacional de Teatro, no período do Estado Novo.

Exemplo da primeira é a peça de costumes sertanejos *Juriti*, com música de Chiquinha Gonzaga, e em que teve seu primeiro grande êxito, em 1919, no papel de Zé Fogueteiro, o ator Procópio Ferreira. Viriato define-se como verdadeiro homem de teatro, que sabe construir grandes painéis dramáticos, criando suspense permanente nos conflitos, por personagens bem talhadas.

Em *Juriti*, pinta-se o cotidiano de uma vila do interior, com as maledicências costumeiras, a divisão tradicional entre conservadores e liberais, a chegada do Rio de Janeiro de dois jovens e ainda brincalhões bacharéis em Direito, a jovem faceira que dá título ao texto e, decidida nos seus propósitos, rompe o namoro com quem duvidou dela e transfere o amor para o humilde Corcundinha. Até um bumba-meu-boi Viriato incorpora à sua história.

Indagado, cinco anos antes da morte, qual era a peça preferida entre as muitas que produziu, o autor respondeu: *Marquesa de Santos*, representada em 1938, pela Cia. Dulcina-Odilon, com três números musicais de Villa Lobos. Trata-se de "comédia histórica", também estimulada pela política do recém-criado Serviço Nacional de Teatro no Estado Novo, examinando numa ótica positiva personagens que pertenceram realmente ao nosso passado.

74 DEPOIS DO ESPETÁCULO

D. Pedro I se caracteriza pelos arroubos masculinos de quem não podia ver saias – e é assim que, entre outros dados, perdura sua imagem popular. Chalaça se define como o cortesão típico. Quanto à Marquesa, Viriato tratou-a com uma dignidade que, se embelezou o conceito da mulher, favoreceu também a composição da personagem. Além de inteligente, ela revela caráter e, quando o temperamento a levaria a não retornar do Rio a São Paulo, a fim de permitir que se abrisse o caminho para o novo casamento do imperador viúvo, não lhe custa gritar para José Bonifácio que "não vacilou um instante entre a sua felicidade e o bom nome do Brasil". Abandonará a corte, embora sonhasse casar com D. Pedro I, para não manchar na Europa o nome do País. A saída de cena da Marquesa, deixando cair o lenço, se completa com uma réplica sugestiva: "É para que ele (o Imperador) enxugue as lágrimas de saudade que há de chorar por mim!"

Um ano depois, em 1939, Viriato Corrêa lançou no Teatro Municipal do Rio, outra "comédia histórica" – *Tiradentes* –, utilizando igualmente música de Villa Lobos e em "récita cívica" patrocinada pelo Serviço Nacional de Teatro. A ação estende-se de 1789 a 1792, em um salão numa chácara de Vila Rica, cenário da Conjuração Mineira, à sala de audiência no palácio dos vice-reis, até, depois de outros ambientes, a sala do tribunal, no Rio de Janeiro, onde foram julgados os inconfidentes.

Suponho que, preparando o desfecho, o dramaturgo exprime bem seu pensamento, quando Bárbara Heliodora diz a Tomás Antônio Gonzaga por que os inconfidentes se acham na Conjuração: "Por lirismo. Puro lirismo de poetas. Pura voluptuosidade de intelectuais. Requinte de sibaritas. Com Tiradentes o caso é outro. Tiradentes é o símbolo do povo. Traz no peito o grito da alma popular. É o único que, na realidade, sente a revolução. Talvez seja o único capaz de morrer por ela".

Daí a fragilidade de todos no interrogatório, tendo Gonzaga qualificado Tiradentes nestas palavras: "É um visionário. Um fanático. Um desvairado. Um louco". Em contraste com esse comportamento, Tiradentes cresce em heroísmo, jogando nos próprios ombros toda a responsabilidade pela Inconfidência. Seus vivas à liberdade e à república encerram a bem elaborada peça.

Na mesma linha da comédia e dos textos de fundo histórico inscreve-se a dramaturgia de Raymundo Magalhães Júnior (1907-1982), tão expressiva como a sua contribuição sobretudo no campo dos estudos biográficos. A comédia pode ser exemplificada com *Trio em Lá Menor*, que não deixa de ser uma engenhosa brincadeira sobre o triângulo amoroso; *Essa Mulher É Minha*, em que Procópio Ferreira fez excelente criação no papel de João Gangorra; e *Canção Dentro do Pão*, inspirada numa trama contada por Diderot em *Jacques le Fataliste*.

Em *Essa Mulher É Minha*, localizada no interior, duas solteironas reclamam do padre não ter o bispo sido seu hóspede. O motivo, segundo o padre: o irmão mais novo tem uma amante. Este engendra um plano conciliador, para evitar as represálias familiares: João Gangorra, gerente de seu açougue, se casará com a jovem, para facilitar os encontros escusos. Ironicamente, o casal acaba por se apaixonar, frustrando a intenção da burla. Os bons achados cômicos superam o sentimentalismo. Observo uma reminiscência pirandelliana, segundo a qual a forma termina por gerar a vida.

A comicidade de *Canção Dentro do Pão* está mais desenvolvida que no episódio de Diderot. Passa-se a ação na véspera da tomada da Bastilha, aproveitando a conjuntura histórica para transformar o leal padeiro do rei em revolucionário. Ele que deveria ser simplesmente enganado por um finório, que tramava sua prisão com o objetivo de conquistar-lhe a mulher... O desfecho algo forçado diminui o alcance da comédia.

Um Judeu traça um interessante perfil de Disraeli, o notável político inglês do século XIX, e constitui, de acordo com as palavras do autor, menos uma biografia "do que um grito de consciência em prol de um povo perseguido" – e não cabe esquecer que a estréia se deu em 1939, quando se deflagrou a Segunda Grande Guerra, cujo fim expôs ao mundo, o terrível Holocausto.

Carlota Joaquina, lançada também em 1939, eleva ao papel de protagonista a mulher de D. João VI, pintada sobretudo como vingativa, por ter mandado assassinar Gertrudes Carneiro Leão, esposa de um amante seu, que ousara esbofeteá-la. O êxito dessa peça e de *Um Judeu* levou o crítico e dramaturgo Abadie Faria Rosa, então diretor do Serviço Nacional de Teatro, a considerar Magalhães Júnior "sem dúvida o autor do momento".

A meu ver o ponto alto do dramaturgo, ao lidar com acontecimentos reais do passado, coincidindo com seu próprio juízo sobre a obra inteira – deu-se em *Vila Rica*, dedicada ao grande poeta e acadêmico Manuel Bandeira, "que lhe forneceu o tema e documentário sobre os atribulados amores de dona Emerenciana Joana Evangelista de Seixas, irmã de dona Dorothéa de Seixas, poeticamente conhecida pela alcunha de Marília de Dirceu", a musa de Tomás Antônio Conzaga. Emerenciana, iludida sucessivamente por dois sedutores, legou ao mundo dois enjeitados. Na trama bem conduzida, peripécias extraordinárias fazem reconhecer os filhos, ao mesmo tempo que ocorre seu casamento com o segundo sedutor, dosados convenientemente os aspectos sentimental, psicológico e humano das personagens.

O ano do centenário é também o da perda de dois queridos confrades que se dedicaram ao teatro: Antônio Callado (nascido em 1917) e Dom Marcos Barbosa (nascido em 1915). A dramaturgia não foi, por certo, a maior preocupação de ambos, mas teve papel importante no seu perfil literário. Cada um dispõe de um lugar assegurado e de relevo na escrita para o palco.

Depois de ter produzido *A Cidade Assassinada, Frankel* (vencedora de concurso da Cia. Tônia-Celi-Autran) e *O Colar de Coral*, Antônio Callado deu uma contribuição especial à nossa dramaturgia com *Pedro Mico*, estreada profissionalmente em 1957. A peça alcançou imediata popularidade, em virtude da exata psicologia de um malandro de morro, cujos expedientes mantêm a trama em contínuo fluxo cômico. A narrativa que faz Aparecida, a prostituta que lhe supre o não-aprendizado da leitura, das peripécias de Zumbi, sugere a ele o estratagema final para escapar da polícia, com graça e inteligência. *Pedro Mico* participa do conjunto de quatro obras do *Teatro Negro* do autor, a meu ver seu legado específico para a dramaturgia brasileira.

Se *Uma Rede para Iemanjá* substitui, para a personagem pai do Juca, o filho desaparecido há um ano, no mar, por um menino que vai nascer, num desambicioso auto de natal, *O Tesouro de Chica da Silva* ganha em urdidura dramática e aprofundamento das personagens. Impressiona a sinceridade do amor do contratador de diamantes João Fernandes pela mulata Chica da Silva, tendo ela uma determinação e uma inventividade espantosas, ao dobrar o hipócrita e avarento Conde de Valadares, governador da Capitania de Minas Gerais.

A Revolta da Cachaça, que dá título ao volume do *Teatro Negro*, publicado em 1983, utiliza a metalinguagem, para discutir o problema do ator negro Ambrósio, que cobra do autor branco Vito uma peça, prometida há dez anos, aproveitando-o num primeiro papel, e não como criado, bicheiro, ladrão ou chofer. Numa réplica, Ambrósio diz: "Não agüento mais ser copeiro, punguista e assaltante". No texto, Antônio Callado atribui igual importância às personagens de brancos e do negro, no elogiável esforço de vencer a odiosa discriminação racial que ainda não utiliza igualmente, no palco brasileiro, as duas raças.

Forró no Engenho Cananéia, de 1964, situa no centro da ação camponeses nordestinos, que lutam contra os sicários do coronel dono da fazenda, quando ele não cumpre a promessa de manter o cemitério para o enterro de seus mortos, alegando o imperativo mentiroso de ser ali construído um açude. Até os violeiros Zé Gato e Leleco Jaguaratica, rivais no desejo de Maria Candonga, se unem ante o brado de Manuel Ermitão, definido como misto de "cangaceiro, beato e doido", a mencionar permanentemente El-Rei D. Sebastião e morrendo com alguma facilidade, no final, depois de ter distribuído armas aos colonos, para se tornar o maior herói nessa revolta contra a injustiça.

Diversos volumes enfeixam os autos de Dom Marcos Barbosa, escritos para a maior beleza das festas católicas do Mosteiro de São Bento: a Páscoa, o nascimento de Jesus e a reintegração de Adão, passagens capitais da vida de santos e profetas, os milagres, enfim, que fazem a contextura religiosa. As personagens respiram o sobrenatural.

Não há, propriamente, conflitos, pois o coro, numa solenidade de missa cantada, se eleva para proclamar numa única voz a grandeza do Senhor. Até o aparecimento do sedutor, numa das peças, é suave, não vem dividir e trazer discórdia, mas apenas dar mais vigor à verdade una e total. O diálogo, que compõe *O Lugar do Meu Repouso*, realiza-se como uma narrativa exposta por duas pessoas, que se intercalam para marcar as pausas normais de uma história. As falas se completam para o objetivo de estabelecer a continuidade da louvação mística, sem que uma nota diferente quebre a harmonia a ser preservada.

A primeira coletânea de autos, reunida por iniciativa de Gustavo Corção e por ele prefaciada, em 1947, vinha trazer a público um documento religioso de compreensível importância, a que não falta a marca da literatura. Referiu-se o prefaciador à "admirável justeza conseguida pelo autor na difícil associação entre a Sabedoria e a Poesia", que, aliada à "essencial harmonia dos elementos", caracteriza a mensagem de Dom Marcos Barbosa.

Um ortodoxo crítico teatral apontaria nesses autos a falta de conteúdo dramático que os projetaria além da fronteira do culto cristão. Confinam-se eles à comunhão espiritual necessária à plenitude das solenidades religiosas. Mas, na sua modéstia de gênero literário de ocasião, o que, de certa maneira, significa que foi acentuado o propósito de atingir a alegoria cristã, os mistérios criam o ambiente adequado à exaltação religiosa, são o exemplo vivo dos grandes momentos que devem habitar a alma dos fiéis. A linguagem requerida é, assim, a dos cânticos, dos poemas elegíacos, em que as apóstrofes formam verdadeiro hino de edificação litúrgica. Os versos de Dom Marcos Barbosa, simples e objetivos, são veículo acertado para a construção do clima poético indispensável à comunicação dos mistérios. Adjetivação rica, perpassada de tonalidades imprevistas, cuja fonte maior é a inspiração bíblica, sem contar a influência notória da poesia de Paul Claudel e de Augusto Frederico Schmidt. Esse teatro vale, para os que têm fé, como exercício espiritual de uma alma humilde, ingênua e absolutamente integrada na mística religiosa.

Quem não vive o pensamento católico pode ver uma sensibilidade poética aberta a diversos motivos, embora dentro de rigorosa concepção cristã. Com poucos recursos técnicos e destinado a espectadores que se identificam a ele nas mesmas idéias, o teatro de Dom Marcos Barbosa consegue, entretanto, do espectador que pode senti-lo, a comunhão tão desejada da arte teatral.

Se era grande o número de dramaturgos entre os fundadores da Academia, ele não é pequeno entre seus membros atuais. Continuando o critério da ordem das cadeiras, cabe-me mencionar: Carlos Nejar, Rachel de Queiroz, Lêdo Ivo, Dias Gomes, Jorge Amado, Josué Montello, Ariano Suassuna e João Cabral de Melo Neto.

78 DEPOIS DO ESPETÁCULO

Dada a impossibilidade de apresentar, em pouco tempo, a obra de todos, darei preferência aos que fizeram da dramaturgia a ocupação principal e consagradora. Nesse caso estão Dias Comes e Ariano Suassuna, ainda que o primeiro se tenha popularizado também como autor de telenovelas de êxito e o segundo com o *Romance d'A Pedra do Reino e o Príncipe do Sangue do Vai-e-Volta* e *História d'O Rei Degolado nas Caatingas do Sertão/Ao Sol da Onça Caetana*.

Dias Gomes passou a figurar na primeira linha dos nossos autores com a estréia, em 1960, de *O Pagador de Promessas*, depois de um silêncio de várias temporadas. As peças da juventude, encenadas na década de quarenta, pertencem já à linha da temática social, que só se consolidaria no final dos anos cinqüenta. Lembre-se de que *Pé-de-Cabra*, de 1942, fora proibida, sob a alegação de ser marxista, quando o autor, nas suas palavras, "até aquele momento, ainda não havia lido uma só linha de Marx". Ele assim sintetiza o conteúdo de outras obras: "Em *Zeca Diabo*, eu aflorava o problema do cangaço, em *Dr. Ninguém*, tentava destruir o mito da ausência do preconceito de cor entre nós, em *Eu Acuso o Céu*, abordava o problema das secas e dos retirantes nordestinos e *Um Pobre Gênio* tinha um tema perigoso para a época, uma greve operária".

O Pagador de Promessas põe em cena o sincretismo e a intolerância religiosos, compreendido o primeiro como manifestação da crença popular e criticada a segunda pela dureza capaz de gerar crimes. Com fina ironia, Dias Gomes faz os mais diferentes representantes da sociedade viver um cruel "baile de máscaras", enquanto o "herói vencido" Zé do Burro é sacrificado pela cumplicidade ou indiferença dos outros. Mas prevalece a mensagem positiva, quando o protagonista, que não havia conseguido carregar a cruz para o interior da igreja, é transportado sobre ela, já morto, pela multidão que se apossa do templo.

Em *A Invasão*, favelados ocupam o esqueleto de cimento armado de um edifício, não por convicção política, mas pelo imperativo da sobrevivência, porquanto haviam sido coagidos a abandonar os barracos. *A Revolução dos Beatos*, em outro contexto, retorna ao movimento coletivo: os "adoradores" do boi invadem as terras do padre Cícero, num ato volitivo contra as manobras de um deputado. Bastião, depois de descobrir a importância da crença no boi, desperta para a liderança política, ao desnudar o mecanismo social.

O Santo Inquérito engrossa, com base em história real, a ficção que verbera as forças opressoras, o obscurantismo, o mau uso da religiosidade para sufocar a pureza e a inocência. A vítima, no caso, se chama Branca Dias, sacrificala pela Inquisição (transposta de Portugal para o Brasil colonial do século XVIII). Mais uma vez, o desvirtuamento da autoridade religiosa é condenado pelo dramaturgo, solidário com a fé autêntica de seus protagonistas. *Amor em Campo Minado* parte de uma situação interessante: a necessidade que tem um intelectual de esquerda de esconder-se numa *garçonnière*, no sábado seguinte ao golpe de 1964. A justa crítica à repressão não permite complacência, por sua vez, com as fragilidades dos reprimidos.

Uma virtude histórica fundamental deve ser creditada a *Campeões do Mundo*, estreada em 1979: a de inaugurar, iniciada a abertura política, o balanço do que aconteceu no País, de 1964 até à data em que foi escrita, com inteira liberdade, não precisando recorrer a metáforas e a alusões para iludir os censores. A segura intuição dramática fez com que o autor arrolasse os argumentos dos oponentes, sem tomar partido pessoal nos conflitos. Talvez nem houvesse muita virtude na isenção, pois a História praticamente condenou por unanimidade a ditadura e não custava conceder a palavra a seus poucos paladinos.

Meu Reino por um Cavalo sugere, em grande parte, a análise da crise da maturidade, o sincero autodesnudamento. Otávio (*alter-ego* do dramaturgo?) fala abertamente: "Engajamento não é sectarismo político, maniqueísmo ideológico, realismo socialista, essas bobagens. Nunca embarquei nessa. Mesmo quando militava no Partido, sempre preservei a minha liberdade de criação. Nunca submeti uma peça minha à apreciação de qualquer comitê. Sempre fui um indisciplinado e me orgulho disso. E hoje sou um livre-atirador". Um livre-atirador, sem dúvida, mas que nunca perde de vista a perspectiva social.

Ariano Suassuna surpreendeu o Rio e São Paulo em 1957, com o *Auto da Compadecida* – um choque de brasilidade, na síntese feliz da tradição do teatro religioso, vindo da Idade Média européia e do teatro de Gil Vicente, aliada ao nosso populário, nascido da autenticidade das histórias de cordel. Ele se tornou de imediato o texto mais popular do repertório brasileiro de então, porque fundia a fé católica, no que ela tem de mais visceral na formação da nacionalidade, e a existência cômica e patética do homem comum, permanentemente vilipendiado pelos poderosos.

O enredo mágico, inventando a cada cena uma peripécia surpreendente, vale-se do riso franco, da irreverência sadia e do bom gosto de trazer o sagrado para o cotidiano das personagens. Longe de ser obra apologética, *A Compadecida* terá fortalecido, em muitos, a crença no catolicismo.

Em experiências anteriores, por acreditar que "estamos vivendo a época elisabetana agora, estamos num tempo semelhante ao que produziu Molière, Gil Vicente, Shakespeare etc.", ele havia aproveitado, no "drama sacramental" *Auto de João da Cruz*, história que remonta à aventura faustiana, de Goethe, e a *O Milagre de Teófilo*, de Ruteboeuf e, em *O Arco Desolado*, lenda semelhante à de *La Vida Es Sueño*, de Calderón de la Barca.

Depois da estréia de *O Casamento Suspeitoso*, que estruturava a narrativa à maneira de *A Compadecida*, "para firmar uma espécie de estilo", segundo as palavras do autor, o Teatro Cacilda Becker iniciou suas atividades com *O Santo e a Porca*, que abrasileira a história do avarento, fixada na *Aulularia (Comédia da Panela)*, de Plauto, e em *L'Avare*, de Molière, baseando-se no achado de tratar a avareza como pecado, e daí o debate íntimo do protagonista entre os bens materiais e espirituais, e seu resgate pelo despojamento dos valores terrenos. Na trama, Santo Antônio trapaceou com o avarento, privando-o do dinheiro, para recuperar-lhe a alma. O católico depara a infinita misericórdia e a infalibilidade dos desígnios divinos.

O mais profundo mergulho de Suassuna nas possibilidades da linguagem do teatro e no universo religioso surgiu em *A Pena e a Lei*, que consagra a virtude da esperança, oposta ao pecado do desespero, tão grave na teologia. Sob o prisma dramatúrgico, o auto dissolve a pureza tradicional dos gêneros, afirmando, com ironia, reunir tragicomédia lírico-pastoril, drama cômico em três atos, farsa de moralidade e facécia de caráter bufonesco.

Lê-se, na rubrica: o primeiro ato "deve ser encenado como se se tratasse de uma representação de mamulengos, com os atores caracterizados como bonecos de teatro nordestino, com gestos mecanizados etc. No segundo ato os atores já representam num meio-termo entre boneco e gente, com caracterização mais atenuada e com alguma coisa de trôpego e grosseiro que sugira a incompetência, a ineficiência, o material que a despeito de tudo existe no homem. Somente no terceiro ato é que os atores aparecem com rostos e gestos teatralmente normais, para indicar que só então, com a morte, é que nos transformamos em nós mesmos". A didascália sugere, de forma perfeita, a transcendência da proposta do autor – uma verdadeira súmula do teatro.

Embora Rachel de Queiroz e João Cabral de Melo Neto tenham construído sua obra em outros gêneros – ela sobretudo no romance e ele na poesia –, a circunstância de se acharem em cartaz, na temporada de 1977, *A Beata Maria do Egito* e *Morte e Vida Severina*, justifica a quebra do critério que decidi adotar. Em ambos prepondera o grande apuro literário dos textos.

Rachel de Queiroz inspirou-se na "Balada de Santa Maria Egipcíaca", poema de Manuel Bandeira, que foi também excelente tradutor de teatro, para escrever *A Beata Maria do Egito*. A peça aproxima com absoluta organicidade a hagiografia cristã, as crenças e as superstições do Nordeste brasileiro e um caso do amor muito humano. Ao invés de condenar superficialmente o tenente-delegado que possuiu sua prisioneira, desejosa apenas de juntar-se aos fiéis de padre Cícero no Juazeiro, a autora imprimiu à trama tratamento muito mais sutil que o simples abuso do poder: ele apaixonou-se de fato pela beata e, por ela, abandonaria a própria função. Por isso, quando o coronel e chefe político da localidade vem cobrar dele o mal feito à beata, ouve em resposta: "Não, coronel! Se a questão é de abusar, que é que o senhor ficava pensando se eu lhe dissesse que ela é que abusou de mim?" O amor fez que o carcereiro se resgatasse inteiramente com a morte e, como o espectador sente maior afinidade com o seu desvario, a perspectiva terrena sai engrandecida do cotejo com o sobrenatural. Curiosamente, *Lampião*, peça anterior de Rachel de Queiroz, é menos uma narrativa sobre bandoleiros que também um drama de amor e de paixões humanas.

No "auto de natal pernambucano" *Morte e Vida Severina*, João Cabral de Melo Neto conta a caminhada de um retirante da Serra da Costela, nos limites da Paraíba, até o Recife. Severino emigra, na esperança de fugir da "morte de que se morre / de velhice antes dos trinta, / de emboscada antes dos vinte, / de fome um pouco por dia". No longo percurso, ele só encontra a morte. De início, um assassinado ("sempre há uma bala voando / desocupada"). Depois, numa casa, cantam excelências para um defunto: "Dize que levas somente / coisas de não: fome sede, privação".

Não obstante todas as vicissitudes, em que Severino pergunta "se em vez de continuar / tomasse a melhor saída: / a de saltar, numa noite, / fora da ponte e da vida?", anunciam ao mestre carpina José que seu filho é chegado. E ele fala ao retirante: "é difícil defender, / só com palavras, a vida, / ainda mais quando ela é / esta que vê, severina; / mas se responder não pude / à pergunta que fazia, / ela, a vida, a respondeu / com sua presença viva. (...) / mesmo quando é uma explosão / como a de há pouco, franzina, / mesmo quando é a explosão / de uma vida severina".

Com beleza poética extraordinária, João Cabral associou a odisséia do retirante nordestino ao tema universal do nascimento de Cristo. Um Cristo do Nordeste, marcado pelo sofrimento, mas fazendo do próprio ato de existir um sentido para a vida. A poesia enxuta e cortante, composta de apreensões essenciais, resultou no mais belo auto de natal da história do teatro.

Ao concluir esta resenha de nomes e obras, fico à vontade para dizer que, não fosse a dramaturgia um dos gêneros literários, esta instituição poderia chamar-se Academia Brasileira de Letras e Teatro.

(1997)

14. Taunay Dramaturgo

O Visconde de Taunay (1843-1899) é mais um escritor brasileiro cuja dramaturgia se recorda como apêndice inexpressivo da obra literária. Só os especialistas se debruçam sobre as suas peças, que não chegaram ao palco em vida do autor. Seria o caso de julgá-las definitivamente mortas, recomendando o simples esquecimento?

A leitura dos quatro textos cênicos deixados pelo romancista de *Inocência* revela que a ambição e a técnica se aprimoraram continuamente. As três primeiras obras sucederam-se com intervalo de seis anos, datando de 1874 *Da Mão à Boca se Perde a Sopa. Por um Triz Coronel* surgiu em 1880 e *Amélia Smith* em 1886. Divulgou-se postumamente, em 1931, *A Conquista do Filho*, rascunho de uma peça que seria completada com a colaboração de Olivier du Taiguy (tradutor francês de *Inocência*), e que permaneceu em esboço, em virtude da morte de Taunay. Salvo essa última tentativa, inacabada, e cujo alcance só cabe ajuizar nas intenções, fica nítido o processo do dramaturgo. Também no seu caso é de lamentar-se que, solicitado por outras ocupações, entre as quais as absorventes carreiras militar e política, não lhe sobrasse tempo para conhecer com intimidade o palco.

Moveu-se Taunay nos territórios familiares ao nosso teatro, desde meados do século XIX. Martins Pena abrira o veio das cenas de costumes, fazendo escola com alguns dos principais nomes da literatura brasileira. Macedo e sobretudo Alencar enriqueceram suas explorações no drama urbano, em que se punham a nu os problemas psicológicos da sociedade. Machado afeiçoou ao ambiente carioca os provér-

84 DEPOIS DO ESPETÁCULO

bios de Musset. Nesses exemplos podem conter-se os principais estímulos para a dramaturgia de Taunay, que guarda também elementos precursores de novos caminhos e preocupações. Embora não tivesse saído da estante, esse teatro faz jus, assim, a um enquadramento histórico.

O ato único *Da Mão à Boca se Perde a Sopa* não ultrapassa os limites do exercício. Basta-se no *divertissement* primário e superficial. Havia um ótimo filão a explorar, e que o autor não desenvolveu a contento: a frustração de Ribeiro por não ser artista, mas apenas homem rico, não inscrevendo seu nome na posteridade. São pintados na intriga tipos de jovens que se comportam diferentemente num pedido de casamento. Miguel Faria logo obtém de Ribeiro a mão de Isabel, isto é, tendo fechado o negócio do matrimônio, trata do negócio do algodão. Ao saber que perdeu dinheiro na compra, falta ao jantar de noivado e, por isso, é banido pelo futuro sogro. O segundo pretendente, o poeta Alfredo Rocha, primo de Isabel, deveria ter, pela vocação, as graças do tio. É a jovem que não sente inclinação por ele e, num aparte, o versejador esclarece que estava à caça de dote. Ribeiro desaconselha o sobrinho do casamento, contudo, por motivos superiores: "Contrariamos o seu sentimento, machucamos o seu amor próprio, e daí resultarão versos sonoros, repassados de fel e de ironia, versos arrebatadores, versos byronianos, versos, enfim, como os faz quem é poeta, e poeta infeliz. Você sofrerá, sofrerá muito, não há dúvida; as insônias o perseguirão, estou certo disso: perderá o apetite; terá talvez dispepsias cruéis... mas que livro depois de todo esse padecer atroz!... O candidato correspondido é Alberto Lemos, filho do sócio de Ribeiro, e o consórcio unirá as duas famílias e as duas fortunas. Taunay era um observador objetivo da realidade. A ligeireza da intriga, ligada a alguns momentos de suspensão com os lances da bolsa, sugere a viabilidade cênica do provérbio.

Volta-se para os costumes políticos do interior, que nos legaram algumas das melhores peças do nosso repertório, a trama de *Por um Triz Coronel*! são satirizadas na peça, que recebe a qualificação de provérbio, por assentar-lhe o subtítulo "Tua a Figueira e Eu à Beira", a vaidade e a estultície de um fazendeiro, aspirante à honraria de coronel da Guarda Nacional. Infla-se Praxedes na expectativa de receber a patente, e acredita, com a confiança nele depositada pelo Governo Imperial, que o separa agora um abismo do compadre Gualberto, chefe conservador. Praxedes financia fartamente uma "manifestação espontânea" organizada pelo matreiro Fiusa. Eis que chega o correio, trazendo a notícia de que subiram os conservadores, caindo o Partido Liberal, e é Gualberto o nomeado. Praxedes tem espírito para transformar a manifestação que promovera para si mesmo em homenagem ao compadre, "ao homem particular". Agora, não subsistem mais impedimentos imaginários para o matrimônio dos filhos de ambos, ainda mais que eles se gostam, além das divergências políticas paternas. Taunay faz uma personagem dizer que a vitória dos conservadores importou no triunfo da moralidade, e Luiz, filho de Praxedes, formado em Medicina mas sem "coragem de assassinar os semelhantes", obtém do pai consentimento para a volta ao "exílio" de Paris. O enredo adianta-se com rapidez e graça inegável. Pouca profundidade, decerto, na linha dos habituais quadros de costumes do interior. *Inocência* fora uma pintura romântica e dramática do sertão e, fixando o campo no teatro, o escritor inscreveu-se na escola da comédia, vencedora absoluta em nosso palco.

É de presumir-se que o amadurecimento tenha trazido novos projetos a Taunay: *Amélia Smith*, desde a estrutura em quatro atos, é uma realização muito mais ambiciosa, e com ela contava o dramaturgo conquistar a cena parisiense. Paga a peça tributo à melodramaticidade, em voga na época, e algumas revelações se fazem em solilóquios, quando o diálogo seria mais teatral. Não se lhe apontam, porém, muitos outros defeitos. Quis Taunay construir um grande caráter (Amélia Smith equipara-se aos nomes próprios que deram título a tantas obras clássicas) e a problemática levantada apresenta laivos modernos. O ficcionista autêntico transparece em situações sutis, como aquela em que John Smith, já quarentão, pede a Ayres Peres que lhe encontre esposa – forma sensível de propor matrimônio à jovem filha do amigo, arruinado financeiramente. Amélia não deseja vender-se, mas as circunstâncias lhe recomendam a aceitação do casamento. A vida em comum ditará a natureza de seu amor pelo marido, que lembra o sentimento de Leonor de Mendonça por D. Jaime, no drama de Gonçalves Dias: "É um afeto profundo, calmo, honesto... diverso, de certo, dessas grandes paixões que aliás existirão sempre, mas que são filhas da educação e de organizações especiais, nervosas e doentias". Eis que Jorge de Castro, insinuante e cheio de êxito, assedia Amélia. Pudica e recatada, a jovem esposa repele as investidas, até ceder. Mais tarde, é Jorge quem tem ciúmes do marido, "rival poderoso". É hora da escolha. Amélia, depois de hesitar, por orgulho, admite a fuga. Chega uma amiga adúltera, escapando do marido (tanto essa como a primeira entrada de Arminda Soares com o amante, D. Molina Regis, diplomata peruano, constituem as mais infelizes concessões do texto ao gosto duvidoso), e pede auxílio a Jorge, em nome da antiga ligação. A vaidade ferida ditou o rompimento de Amélia, e Jorge desaparece do quadro familiar. Não desaparece, efetivamente, porque da união resultou o nascimento de uma criança, herdeira dos atributos paternos. Aos seis anos, com inteligência incomum, sofre Amadeu da mesma debilidade física de Jorge de Castro, e sucumbirá ao mal, por não ter recebido os cuidados permanentes que requeria a compleição frágil. O desfecho encerra uma lição da inflexível lógica divina.

Sob vários aspectos, *A Conquista do Filho* parece uma retomada do tema de *Amélia Smith*. Aqui, a protagonista não vê nunca mais o amante. Na última peça de Taunay, Luíza Despères recebe a visita de Raul das Quesnelles, vinte anos depois que findou uma ligação, cujo fruto sobreviveu. Os maridos de ambas as peças, embora perfeitos, teimam em proclamar as qualidades daqueles que lhes conquistarão as esposas. Sua imaculada virtude tem algo de folhetinesco. As criadas de Amélia e Luíza são protetoras indiscutíveis: a primeira, uma escrava que transferiu para a menina branca o amor pela filha que não pôde preservar (lugar comum da ficção, naqueles dias); e a segunda aliada solícita na tarefa de afastar o inoportuno visitante. Luíza estima o marido, com sentimento semelhante ao de Amélia por John Smith. Em *A Conquista do Filho*, mantém-se também o lar constituído, contra as perturbações que ameaçam desfazê-lo. A sensibilidade conservadora de Taunay nunca admitiu as alterações da ordem estabelecida, não obstante as convulsões perigosas ameaçassem romper o equilíbrio.

E na visão do dramaturgo em transpor para o diálogo certos temas está a sua inteligência precursora. No arquivo de Taunay foram encontradas algumas linhas sobre *Amélia Smith*, pelas quais se depreende a consciência de que a cena capital do último ato "é legítima novidade no teatro". Trata-se da confissão da heroína ao Dr. Ramos, segundo a qual Amadeu era filho de Jorge e não do marido. Antes, o médico fez longa digressão sobre o caso clínico da criança e "a teoria exposta é o ponto delicado da tese que considerei e quis discutir" – assevera o dramaturgo. De acordo com o diagnóstico, "Amadeu sempre teve inteligência exageradamente desenvolvida e corpo fraco demais para tanta precocidade... daí déficits contínuos, perdas exageradas... em suma um vício de organização, ainda bastante obscuro para a ciência... a eliminação incoercível dos elementos vitais... verdadeiro suicídio inconsciente". A tirada assim termina: "... esse menino era um prodígio... A essência expansiva arrebenta o vaso frágil demais que busca retê-lo..." Antes que Ibsen examinasse em *Espectros* as conseqüências de moléstia hereditária, Taunay analisou problema semelhante. E há a dura lei moral, que leva Amélia à expiação. Dr. Ramos enuncia também outro princípio de largo alcance literário: a mentira piedosa. Poupar a John Smith a verdade seria prova muito mais autêntica de amor. Ele sucumbira à certeza de que não era o pai de Amadeu. Estamos ainda em domínio ibseniano.

Tanto em *Amélia Smith* como em *A Conquista do Filho* formula-se a idéia de que o pai adotivo, que alimentou a criança e lhe deu carinho e educação, é o pai efetivo, e não o sangüíneo. Mme. Despères fala ao antigo amante, de cujo idílio nasceu um menino: "Meu marido tem todos os direitos sobre este filho a quem adora e é o seu maior consolo..." Na verdade, os dois maridos desconhecem aí que não são os pais verdadeiros. Mas os outros lhes atribuem o direito de paternidade. E isso é importante. Sabe-se que o acréscimo de uma ilação política a esse esquema básico fez a admirável parábola de *O Círculo de Giz Caucasiano*, provavelmente a obra-prima de Brecht. Taunay comprazia-se em delicadas indagações morais.

Essa delicadeza originou a história de *A Conquista do Filho*. Des Quesnelles, rico e solteiro, separa-se das propriedades brasileiras em busca do filho, que havia deixado na França. No cenário doméstico, entretanto, encontra uma família feliz, que solidifica seus laços, por iniciativa da mulher, como reparação ao erro que ela praticou um dia. Poderia Des Quesnelles destruir aquela placidez, conquistada no correr dos anos. Mme. Despères temperou-se na expiação e na renúncia. Cabe a Des Quesnelles trilhar caminho idêntico. E ao perceber que sua presença seria importuna, ele abandona a França, para nunca mais voltar. Aceitou lucidamente a solidão, para não corromper a paz dos outros. A peça evita as cenas fortes, os esclarecimentos em voz alta. Prefere a atmosfera intimista, os tons velados que seriam a marca do simbolismo. O que indica o mérito de um tratamento integral de *A Conquista do Filho* não é o que acontece na peça, mas exatamente essa armação para não acontecer nada. O abandono, a nostalgia, a renúncia conservam de pé essas vidas frustradas. Idéias parecidas foram o suporte, anos mais tarde, de textos plenamente realizados de Roberto Gomes ou Paulo Gonçalves.

(1963)

15. O Teatro Simbolista Recuperado

Depois de *Qorpo-Santo: Surrealismo ou Absurdo?* (São Paulo, Perspectiva, 1988), Eudinyr Fraga traz nova e importante contribuição à historiografia com o livro *O Simbolismo no Teatro Brasileiro*. Não é necessária muita perspicácia para se ver que o autor prefere os temas polêmicos, desafiadores, que fogem ao convencional. Seria ao menos seguro tratar de nomes indiscutíveis, de dramaturgos consagrados pela tradição. Quanto ao gaúcho, que subverteu a comédia de costumes e a prática do melodrama, o ensaísta visualizou-o em chave diferente, capaz de iluminar sua obra e a forma de encená-la. Dessa vez, resgatam-se obras que estabelecem a continuidade de nossa literatura dramática e asseguram a transição para que se instaure o palco moderno.

O simbolismo teatral tem sido mascarado, por todos nós, com rótulos eufemísticos, associados a crepúsculo, penumbra, decadência, morbidez, *fin de siècle*, não sei quantos mais. Valendo-se de sólida fundamentação teórica, Eudinyr caracterizou, em primeiro lugar, a escola simbolista, para depois aplicar seus postulados ao teatro. Torna-se visível a dificuldade de assimilar o conceito de teatro de espera, teatro estático, denominações buscadas pelo simbolismo, à idéia de drama, sinônimo de ação, que subentende conflito. Não obstante essa quase contradição original, Eudinyr distinguiu o que é texto simbolista e soube valorizar seus méritos cênicos.

A fim de fincar em terreno propício sua pesquisa, o estudioso tomou como guia o amplo inventário de Andrade Muricy sobre a produção da escola. Assim, ele não se circunscreveu às peças conhecidas, já

O TEATRO SIMBOLISTA RECUPERADO 89

examinadas pelos historiadores que se debruçaram sobre o passado. Se o volume dedica bom espaço a Coelho Neto, João do Rio, Paulo Gonçalves e Roberto Gomes, os autores mais popularizados do simbolismo, o sumário oferece surpresas gratificantes. Goulart de Andrade surge num juízo muito equilibrado. Ilumina-se a fatura de *Malazarte*, de Graça Aranha. *Mon Coeur Balance* e *Leur Ame*, escritas de parceria por Oswald de Andrade e Guilherme de Almeida, enriquecem num ângulo imprevisto o perfil de dois responsáveis pelo modernismo, sobretudo o feitio revolucionário do primeiro. Assinalam-se ainda as análises de Oscar Lopes, Carlos Dias Fernandes, Emiliano Perneta e Marcelo Gama, além da descoberta do inédito Durval de Moraes.

Eudinyr Fraga justifica de maneira conclusiva por que se ateve à dramaturgia, não se aventurando ao exame da encenação. Infelizmente, apesar de algumas proposições teóricas alusivas ao movimento, não dispomos de documentação sobre as montagens simbolistas. A crítica não se dava ao trabalho de comentar os espetáculos, limitando-se a fornecer um juízo sumário de valor. Em que os desempenhos que encarnavam símbolos se diferençavam da tradição da comédia de costumes, do melodrama ou do realismo? Por enquanto, os pronunciamentos divulgados não autorizam uma sistematização dos métodos da escola, à semelhança do que existe na Europa. Nossos estudiosos não parecem suficientemente motivados pelas propostas. Um dia – quem sabe? – essa lacuna será preenchida.

Um dos prazeres de *O Simbolismo no Teatro Brasileiro* liga-se ao domínio que mostra o autor da interdisciplinaridade. Filosofia, estética, pintura, poesia, música mobilizam-se, com freqüência, para melhor situar uma peça. Artistas de difícil apreensão estão definidos em sínteses precisas, que os colocam objetivamente na História e os relacionam com os dramaturgos examinados. Creio ser muito feliz, por exemplo, o juízo a respeito de Wagner, compositor de grandeza indiscutível, cujas conquistas e defeitos Eudinyr canaliza com inteligência, vinculando-os à escola simbolista.

Não se pode esquecer o próprio procedimento crítico. Lembrando-se de que a maioria dos nomes tratados não tem a obra ao alcance dos leitores, por se achar esgotada ou mesmo inédita, o ensaísta a introduz com informações sucintas, possibilitando de imediato uma aproximação temática. É evitada a terminologia excessivamente técnica, só acessível ao público especializado. O que não impede o uso do rigor analítico. E – por felicidade – sempre temperado por fina ironia, um *humour* encontrável apenas em poucos mestres do ensaio e ficção. Um livro que, se a cargo de mãos pesadas, padeceria, por certo, de aridez, e no entanto é de leitura leve e agradável.

Tantas qualidades deixam evidente que a nossa bibliografia se enriquece de subsídio fundamental. Eudinyr menciona, oportunamente, a queixa da estudiosa Gisèle Marie, segundo a qual "a maioria das *histórias do teatro* é pouco generosa com o simbolismo no teatro, para ser mais preciso, com o Teatro Simbolista, ignorando-o ou não lhe dando muita atenção". No Brasil, sempre houve a tendência de se pensar que Artur Azevedo (1855-1908) encerrou o ciclo mais fecundo do nosso passado dramatúrgico, na trajetória que veio de Martins Pena (1815-1848), inaugurando-se a modernidade com *Vestido de Noiva*, de Nelson Rodrigues, em 1943. Esse ponto de vista, que me parece menos da crítica do que do puro desconhecimento da realidade histórica, menospreza número ponderável de de obras-primas, que figurariam em qualquer relação isenta de marcos da literatura teatral brasileira. Tenho particular apreço, sem dúvida, por *Quebranto*, de Coelho Neto, *Eva*, de João do Rio, *O Canto Sem Palavras*, de Roberto Gomes, e *As Noivas*, de Paulo Gonçalves. A circunstância de que Eudinyr ressalta outros títulos prova que o território do simbolismo é bem mais fértil do que supõem as opiniões apressadas.

À lúcida revisão de *Qorpo-Santo: Surrealismo ou Absursdo?* segue-se *O Simbolismo no Teatro Brasileiro*, desde já referência básica para o melhor entendimento do nosso palco. Mais uma questão de primeira plana que sai dos recantos obscuros da História, inscrevendo-se entre os capítulos perfeitamente esclarecidos da evolução dramatúrgica. Responsável por essa meritória façanha, Eudinyr Fraga figura, em definitivo, no pequeno rol dos estudiosos autorizados do teatro brasileiro.

16. Paulo Setúbal:
Um Sarau Feito Espetáculo

Um Sarau no Paço de São Cristóvão, como indica o título, não é uma peça vazada nos moldes tradicionais, mas visa a reconstituir, numa "evolução histórica em três atos", a festa de aniversário de D. Leopoldina, a primeira imperatriz do Brasil. Escreveu o texto Paulo Setúbal, no seu inconfundível estilo, que reúne a fantasia ficcional com a verdade documentada dos fatos. Um espetáculo que preenche perfeitamente os objetivos propostos.

Com ele, representado no Teatro Municipal de São Paulo nos dias 11 e 12 de dezembro de 1926, em benefício da Escola Doméstica da Liga das Senhoras Católicas, a entidade prestou homenagem à princesa real de origem austríaca, tão importante no estímulo à Independência do País. Um aspecto a assinalar na encenação: os intérpretes pertenciam todos à alta sociedade paulistana, que preferia, a outros lazeres, esse gênero de cultivo artístico.

O programa registra que "os cenários obedecem ao mais rigoroso estilo. A decoração autenticamente da época. Os móveis dos primeiros atos são de jacarandá, estilo D. João V. Os do último ato, Luís XVI. Contadores negros, aparadores de entalhe, candelabros, reposteiros, tapeçarias, tudo velho, legítimo, Primeiro Império. Foram fornecidos por velhas famílias de São Paulo".

A concepção da indumentária obedeceu ao mesmo propósito de veracidade. "Os vestidos da corte da imperatriz e mais senhoras foram copiados rigorosamente de Debret, no *Voyage Pittoresque au Brésil* (...). Os trajes dos cavalheiros foram extraídos de estampas contemporâneas. (...) Gargantilhas, trepa-moleques, borboletas cravejadas, leques de marfim, leques de palmas, camafeus, afogadeiras. São todas antigas jóias de família".

A essa altura, Paulo Setúbal já havia publicado, no ano anterior, *A Marquesa de Santos*, seu primeiro e mais popular romance. E, no ano seguinte, ele lançaria *As Maluquices do Imperador*, de acolhida semelhante. Muitas das mesmas personagens atravessam as duas narrativas e a obra cênica. *Um Sarau* privilegiaria uma noite entre os numerosos episódios que tecem os romances.

Ainda que a preocupação do autor não fosse a de compor uma peça convencional (aliás *Um Sarau* constituiu sua única experiência de palco), a estrutura dos três atos obedece a nítido desejo de ressaltar a teatralidade da história. A progressão dos acontecimentos preserva uma objetiva lógica interior e se procura valorizar os efeitos que fixam o interesse da platéia.

Assim é que o primeiro ato não só promove a preparação da festa como fornece o perfil da imperatriz, até que ela vem juntar-se aos convidados. Para criar suspense, o autor faz com que os participantes do sarau cheguem aos poucos, criando continuamente novas situações. E, através dos diálogos, é reconstituído o passado de D. Leopoldina. O Barão de Marshall, ministro diplomático da Áustria, fala que estava em Viena quando ela nasceu. Era moço da câmara e acompanhou sua trajetória. O ajuste do casamento de D. Pedro e da Arquiduquesa foi feito, com a corte austríaca, pelo marquês de Marialva, embaixador em Paris. O diplomata gastou "desordenadamente, como um rajá". E, num famoso baile que ofereceu, não se contentou em despender a verba autorizada por D. João VI: "dissipou nesta festa toda a herança do pai".

D. Leopoldina surge, nos relatos, valorizada por muitas qualidades. É discreta, não gosta de exibições, tem firmeza de caráter, "foi a alma da Independência", promoveu a missão científica dos austríacos Spix e Martius para estudar o Brasil e, apaixonada pelas ciências, passa dias a catalogar plantas e "noites inteiras, no varandim do Paço, com os óculos de aumento cravados no céu". O primeiro ato termina depois que, presentes todos os convidados, entra em cena a Imperatriz.

Na reconstituição do sarau, o segundo ato cuida da música e da poesia. A Viscondessa de Cachoeira toca, no cravo, a melodia do *Ingemisco*, do nosso compositor padre José Maurício, "o maior artista do Brasil". A propósito, evoca-se a paixão de D. João VI pela música religiosa e a descoberta que fez de José Maurício, ao tocar o órgão numa missa. Ao saber que o padre era o autor da partitura, o monarca o condecorou, diante da corte.

A seqüência da festa é um número de canto, a cargo da viscondessa de Rio Seco. E o elogio da "boa estrela" da música, no Brasil, leva a mencionar-se a visita do duque de Luxemburgo, em cuja embaixada veio Segismundo Neukomm, "discípulo querido de Haydn" e logo professor de música de D. Pedro I. Em sarau dessa natureza, não se poderia omitir a condição de poeta do imperador, e o Marquês de Maricá diz umas quadras de autoria de Sua Majestade.

D. Leopoldina faz questão de exaltar para a Marquesa de Gabriac (anunciada, junto com o marido, como os ministros de França) o mérito dos poetas brasileiros, e Maria Francisca, filha da Condessa de Itapagibe, declama versos de Gonzaga. A Marquesa de Gabriac alude ao furor que está fazendo, em Paris, Victor Hugo, poeta de vinte e poucos anos. E recita um poema dele em francês. A Viscondessa da Cachoeira é convidada para cantar uma barcarola e entra, por fim, com uma braçada de rosas, uma menina de doze anos, a Princesa D. Maria da Glória, futura rainha Maria II de Portugal. Ela também recita versos e, encerrada a parte de poesia e música, é hora de surpreender de novo a imperatriz, oferecendo-lhe números de dança.

O terceiro ato transfere-se de um dos salões do palácio para o Salão Encarnado, onde transcorre o baile. Paulo Setúbal teve o cuidado de selecionar danças tradicionais, compatíveis com o caráter da festa. A primeira é uma pavana, nascida na Espanha, julgada muito aristocrática. Segue-se uma gavota, paixão da mocidade do barão de Marshall, ministro da Áustria, que em Paris corria à Ópera, para ver o dançarino Gardel, em *Panurge*. Não faltaria, depois dela, o minueto, dança da corte, paixão dos reis. Do espírito de Versalhes quer-se mudar para passos bem alegres, e daí a escolha da giga, que teria vindo da Escócia mas gozou sempre de grande popularidade na Itália. Finalmente, coroando o sarau, é a vez da quadrilha, marcada pelo Marquês de Maricá.

Não chega a iniciar-se a segunda parte da quadrilha, quando o criado anuncia a presença do Imperador. Embora não esperado, de início (a Marquesa de Aguiar havia comentado que Sua Majestade tinha uma reunião do conselho e, como essa era de amigos, "o Imperador seguramente não virá!"), ele surge de surpresa, emprestando, como diz Marshall, "inesperado fulgor ao sarau da Imperatriz". Em honra do Imperador, todos cantam uma ou duas quadras do hino *Brava Gente Brasileira*, enquanto cai o pano.

O espetáculo, como se vê, realiza o que promete, isto é, a evocação histórica de um sarau no Paço de São Cristovão. Não se trata de delinear psicologias e tecer conflitos, e o clima de festa esquece os problemas conjugais dos imperadores e a possível bisbilhotice de reuniões de sociedade. Os diálogos servem, em geral, para introduzir o que é próprio da festa – a poesia, a música e a dança. Para que se dêem informações, recorre-se com freqüência a perguntas, o que não é o veículo dramático recomendável, mas serve à singeleza da construção teatral. O público se sentirá gratificado pelo que vem a saber da personalidade de D. Leopoldina, com simpática leveza, e pelo desfile de atrações de um sarau de elegância e bom gosto.

Com as vicissitudes de hoje, talvez seria impensável reproduzir-se algo semelhante. Além de elenco numeroso, as apresentações de 1926 tiveram o concurso de uma orquestra de quarenta professores do Centro Musical, sob a regência do maestro Cordiglia Lavale. Restier Júnior incumbiu-se da função de ensaiador.

Tomando conhecimento do *Sarau*, penso em que medida ele pode ter influenciado a carreira de Alfredo Mesquita (então com dezenove anos), cujo nome consta, no programa, entre os que dançaram a gavota e a giga. O futuro criador do Grupo de Teatro Experimental e da Escola de Arte Dramática de São Paulo, uma década depois de haver figurado entre os participantes da obra de Paulo Setúbal, levou à cena, também no Municipal, em benefício do Preventório Santa Clara de Campos do Jordão, uma fantasia musicada de sua autoria, *Noite de São Paulo*.

Assim descreveu o próprio Alfredo Mesquita, anos depois, essa experiência: "*Noite de São Paulo*, fantasia em três atos, passada numa fazenda do interior do nosso Estado com cantos e danças tipicamente nossas, músicas de Dinorah de Carvalho, cenário de José Washt Rodrigues, palavras para as canções de Guilherme de Almeida, com um segundo ato passado no tempo dos escravos, isto é, nos fins do século XIX, entrando em cena um trólei puxado por burros de verdade, havendo mais um samba dançado pelos negros, mais uma quadrilha em que tomava parte toda a *troupe* de amadores... Com essa evocação dos tempos idos consegui tirar lágrimas às senhoras idosas que, assistindo ao espetáculo, lembraram-se, comovidas, dos seus tempos de sinhazinhas..."

Dois anos depois, em 1938, mais uma criação de Alfredo Mesquita – *A Casa Assombrada* –, em benefício do Asilo de Santa Terezinha, de Carapicuíba, que recebeu dele as seguintes palavras: "Trata-se mais de um espetáculo do que de uma peça teatral propriamente dita. (...) A fórmula é a mesma: um espetáculo moderno, colorido e movimentado, mas todo baseado em velhas tradições paulistas, no passado, que considero um veio riquíssimo para o teatro e infelizmente quase completamente inexplorado. Generalizando, acho ser essa a fórmula que devia inspirar não só a nossa arte, como toda a nossa maneira de viver, isto é, fazer coisa nova, moderna, original, se possível, sem jamais esquecer as tradições e lições do passado". Com ligeiras adaptações, esse juízo não poderia aplicar-se a *Um Sarau no Paço de São Cristóvão*?

Se lembrarmos que as iniciativas de Alfredo Mesquita, com seus jovens da sociedade, foram uma das fontes do Teatro Brasileiro de Comédia, em 1948, não ficará sem propósito concluir que a única incursão cênica de Paulo Setúbal deve ser considerada uma das precursoras do moderno teatro no Brasil.

17. Plínio Marcos: Os Marginais Chegam ao Palco Brasileiro

Se Oswald de Andrade, Nelson Rodrigues, Jorge Andrade, Ariano Suassuna, Gianfrancesco Guarnieri, Oduvaldo Vianna Filho, Augusto Boal e Dias Gomes, entre outros, deram contribuições específicas à dramaturgia brasileira, a de Plínio Marcos foi a de incorporar o tema da marginalidade, em linguagem de desconhecida violência.

Já em 1959 o estilo do autor poderia ser do domínio público, se a peça *Barrela* não ficasse circunscrita a uma única apresentação, no Festival Nacional de Teatros de Estudantes, realizado em Santos. O embaixador Paschoal Carlos Magno, um dos maiores animadores do nosso palco e promotor do certame, obteve licença especial para essa récita isolada, pois a proverbial estupidez da Censura não precisou aguardar a ditadura militar para manifestar-se.

É quase inacreditável que um jovem de 24 anos (Plínio nasceu em 1935 e faleceu em 1999), sem nenhuma experiência teatral e literária, tendo apenas atuado como palhaço de circo, escrevesse uma peça com tanta mestria, uma noção tão precisa de diálogo e de estrutura dramática, uma limpeza completa de ornamentos inúteis. A concentração do texto tem muito do mais puro classicismo. Antes que se esgote uma virtualidade do conflito, Plínio muda o centro de interesse da ação e a trama resulta una e compacta.

Barrela (curra, na gíria presidiária) instaura um diálogo de total verdade, em que a ausência de palavrões falsearia as cenas e as personagens. Entretanto, foram necessários vinte anos para que a peça chegasse à platéia (a estréia deu-se em julho de 1980, sob o signo da aber-

96 DEPOIS DO ESPETÁCULO

tura política). Seria outra a evolução da dramaturgia brasileira, se ela pudesse ter sido apresentada logo depois de escrita? Não adianta permanecer em conjeturas, ainda mais que o lançamento de *Dois Perdidos Numa Noite Suja*, em 1966, no espaço alternativo do desaparecido Ponto de Encontro, na avenida São Luís de São Paulo, provocou idêntico impacto. E *Navalha na Carne*, vinda a seguir, consolidou o nome de Plínio Marcos como o mais vigoroso talento surgido na década de sessenta.

Dois Perdidos inspira-se numa história de Alberto Moravia, "O Terror de Roma", incluída na coletânea *Contos Romamos*. Esse foi, porém, o ponto de partida, pois a dramatização supera em todos os sentidos o original. Sobretudo porque Plínio se vale de sua primitiva experiência no circo. Paco e Tonho revivem a dupla do *clown* e Toni, na técnica de puxar as falas, impedindo que a tensão caia. E, além das mudanças das peripécias e do recheio da história, uma circunstância altera fundamentalmente a focalização artística, no novo veículo: enquanto, no conto, há um narrador, sob cuja perspectiva se desenrola a trama, a peça atribui peso semelhante aos dois protagonistas (o narrador converte-se em Tonho e Lorusso se transforma em Paco). A passagem de Roma para o submundo brasileiro traz violência maior à linguagem.

Navalha na Carne passa-se num "sórdido quarto de hotel de quinta classe", reunindo a prostituta Neusa Sueli, o cáften Vado e o empregado homossexual Veludo. Poucas vezes uma obra mostrou tão perfeita adequação entre criaturas e diálogo, aprofundando, num corte vertical da realidade, a condição humana. O patético retrato do submundo se amplia para o macrocosmo do duro relacionamento na vida atual. Despidas de valores que transmitem transcendência à aventura humana, as personagens exemplificam o horror da exploração, quando um se converte em objeto para o outro e só resta o gosto da miséria.

Plínio não faz um panfleto contra a injustiça social que acarreta aquela deformação. A crítica e a denúncia estão implícitas na sua narrativa, que vai ao fundo dos acontecimentos. *Navalha* mostra uma corrente de absurdos em que todos são algozes e vítimas. Vado explora Neusa Sueli, que por sua vez exige que ele a satisfaça. Veludo furta o dinheiro deixado pela prostituta para o cáften a fim de obter os favores do rapaz do bar. Todos compram e se vendem nesse universo de reificação. A imagem final de derrota é mostrada por Neusa Sueli, que acaba a noite, sozinha, comendo um sanduíche de mortadela.

Uma análise superficial de *Abajur Lilás*, escrita em 1969 e só liberada pela Censura em 1980, suporia que ela repete em parte *Navalha na Carne*. A semelhança se acha apenas na presença de prostitutas no elenco. Porque o que a peça realiza é o mais incisivo, duro e violento diagnóstico do País, após o golpe de 1964. A estrutura do poder ilegítimo está desmontada, para revelar, com meridiana clareza, um ríctus sinistro.

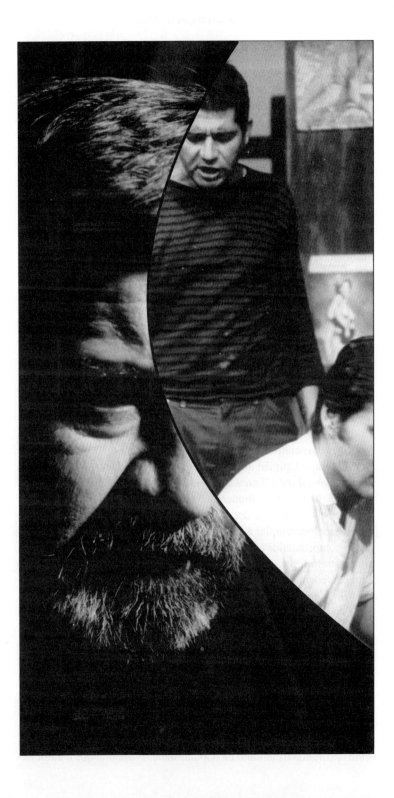

98   DEPOIS DO ESPETÁCULO

A trama se basta em si mesma, autêntica na sua crueza. Em face do proprietário do prostíbulo e de seu truculento auxiliar, uma prostituta é acomodada, por receio de represálias, outra pensa obter vantagens e chega à delação, e a terceira é a revoltada irracional, que não mede conseqüências. O microcosmo retratado remete, metaforicamente, ao doloroso macrocosmo político vivido durante a ditadura, em aguda pintura dos vários comportamentos assumidos pela nossa sociedade.

Depois do êxito de *Dois Perdidos* e *Navalha na Carne*, era fácil imaginar que Plínio, no bom sentido, ficasse na moda. E suas peças se foram sucedendo no cartaz, tendo freqüentemente apresentações simultâneas. Não está feito ainda o inventário completo de sua produção, estimada em ao menos três dezenas de textos, alguns não levados ao palco, e compreendendo vários gêneros e tendências, do drama ao musical, ao *show* e ao infantil, e do realismo ao místico e ao poético.

Em 1967, não convence a recriação evangélica de *Dia Virá!*, com um Judas revolucionário, que trai Jesus para propiciar a rebelião popular. No mesmo ano, Maria Della Costa lança *Homens de Papel*, uma história sobre os catadores de rua, em que o autor, que dominava a triturante "luta de cérebros" de poucas personagens, se mostra capaz de lidar densamente com muitas criaturas.

A peça curta *Verde que te Quero Verde* participa da *I Feira Paulista de Opinião*, liberada por ordem judicial e interditada, em definitivo, com a edição do Ato Institucional n.º 5, de 13 de dezembro de 1968, golpe ainda mais severo que o de 1.º de abril de 1964. Na farsa desabrida, os militares encarregados da censura eram representados como gorilas, cuja senha se continha na exibição do rabo.

O Grupo Opinião do Rio trouxe a São Paulo, em 1969, *Jornada de um Imbecil até o Entendimento*, fábula sobre as relações humanas no conturbado mundo moderno. Trata-se de uma caricatura de traços carregados a propósito dos vários tipos que exemplificam a vida que nos é dado contemplar e sofrer. No jogo equacionado pelo autor, com visão comprometida e sem requintes, o texto se transforma aos poucos num retrato feroz, em tom de parábola infantil. A verve popular não tem precedente em nenhuma obra anterior.

Balbina de Iansã, estreada em 1971, parte do esquema shakespeariano de *Romeu e Julieta* (enredo popular transposto em termos eruditos) para construir uma trama de amor que rompe as estruturas. Ao mesmo tempo em que assume os valores dos terreiros de macumba, sob o pretexto de denunciar uma "mãe de santo", acaba por destruir as crenças místicas, em função de uma escolha racional. A peça adota uma perspectiva crítica e otimista, abandonando o horizonte sombrio da tragédia, para instaurar um amor que recusa as superstições, apoiando-se na sua própria força.

Transposta do Teatro São Pedro para o São Paulo Chic, o espetáculo aprofunda o caminho da popularidade. Programa que o autor de-

PLÍNIO MARCOS: OS MARGINAIS CHEGAM AO PALCO BRASILEIRO   99

senvolve levando *Quando as Máquinas Param* no Sindicato dos Têxteis, a preços mais acessíveis. E o público não sofisticado recebe melhor a situação dramática do texto. Revigora-se o conflito entre a jovem grávida que deseja a todo custo preservar o filho e o marido que, desempregado e sem esperanças, a golpeia no ventre, a fim de evitar o seu nascimento. A marca de sinceridade e inquietação atinge o público.

O diretor Osmar Rodrigues Cruz encomendou a Plínio Marcos uma peça sobre Noel Rosa, para inaugurar em 1977 o ótimo Teatro Popular do SESI, na avenida Paulista. Infelizmente, *O Poeta da Vila e Seus Amores*, qualificado pelo autor como roteiro, não correspondeu à expectativa. O texto contenta-se, freqüentemente, com *flashes* e esboços, quando as exigências dramáticas impunham um desenvolvimento da história. Sente-se a falta de maior número de informações, e até a polêmica entre Noel e Wilson Batista, que ocupa tempo apreciável do espetáculo, permanece solta, sem justificativa plausível. Plínio se dá melhor com a própria vivência, não se sentindo à vontade com um compositor mesmo tão popular?

As características peculiares do dramaturgo reaparecem em *Signo da Discothèque*, encenada em 1979. O título sugere logo a postura contra a moral (ou falta dela) nascida nas discotecas. Somam-se aí a contínua defesa de Plínio contra a invasão do País pela moda estrangeira (os enlatados na televisão e a música de consumo, expulsando a criatividade nacional, por exemplo) e os distúrbios provocados por um gosto alienante. Num diálogo, a princípio, aparentemente impossível, reúnem-se num apartamento em pintura o operário, o estudante e a jovem encontrada na discoteca. O machismo brasileiro é alvo de crítica implícita na peça, na utilização da mulher como objeto, sem se cogitar de sua participação como parceira. E se o propósito é o de usufruí-la, não se coloca impedimento para que os dois homens se revezem na posse. A crueza da situação não impede que se humanizem as personagens, ao se aclararem os móveis que as impelem.

A abertura consolidada em 1979 propicia um verdadeiro Festival Plínio Marcos, juntando-se às montagens em cartaz de *O Poeta da Vila e Seus Amores, Jornada de um Imbecil Até o Entendimento* e *Signo da Discothèque* a de *Oração para um Pé de Chinelo*, proibida há dez anos e então liberada. Na trama, Bereco chega ao barracão habitado por Rato e Dilma, onde espera abrigar-se dos matadores impunes. Sua presença significa o risco de morte para todos. Daí desejarem que ele se afaste. Por outro lado, Bereco não quer que ninguém saia do barracão, mesmo para adquirir o alimento essencial, porque tem medo de que o denunciem. A força dramática vem do conflito gerado por essa tensão. Mesmo que não se fique sabendo como surge o Esquadrão da Morte, ele aparece, no desfecho, para liquidar os marginais, com o seu método bárbaro. Fica patente, contudo, que, destituídos de qualquer resquício moral, animalizados no processo único da tentativa de sobreviver, eles se emaranham na desconfiança mútua e se tornam inimigos uns dos outros, e acabariam por se destruir por conta própria.

Plínio volta ao tema da religiosidade, não submetida a nenhum credo particular, em 1981, com *Jesus Homem*, que retoma a solidariedade evangélica da primitiva figura de Cristo. *Madame Blavatsky* (1985) dramatiza, com elementos da biografia e da obra de Helena Petrovna Blavatsky, fundadora da Sociedade Teosófica, sua procura de autoconhecimento, mas o resultado artístico deixa nítido que essa linha não é a que o coloca mais à vontade. Já *Balada de um Palhaço* (1986) devolve-o a seu universo circense, dos primeiros contatos com o púlblico, ao qual acrescenta uma bela meditação sobre a atividade artística, em lírica e efetiva metalinguagem. E *A Mancha Roxa* (1989) recupera a violência dos seus textos mais característicos e expressivos, ao teatralizar a descoberta da Aids num cárcere feminino.

O talento múltiplo de Plínio, embora melhor realizado no palco, não se esgota nele. Têm muita força, também, as suas narrativas ficcionais e de reminiscências, a exemplo de *Na Barra do Catimbó, Uma Reportagem Maldita (Querô), Prisioneiro de uma Canção, Histórias das Quebradas do Mundaréu* e *Figurinha Difícil – Pornografando e Subvertendo*. Nesse último livro, de 1996, ele sintetiza seu ideário: "Eu não quero ser figurinha. Eu quero é contar a história da gente minha, que é essa gente que só pega a pior, só come da banda podre, o bagulho catado no chão da feira. Quero falar dessa gente que mora na beira dos córregos e quase se afoga toda vez que chove. Quero falar dessa gente que só berra da geral sem nunca influir no resultado. É disso que quero falar".

A crítica Ilka Marinho Zanotto, ao prefaciar *O Abajur Lilás*, publicado antes de conseguir liberação para montagem, perguntou "qual a lógica de escamotear do público o conhecimento de uma verdade que ninguém ignora?", para responder com argúcia: "Creio que a chave desse enigma está justamente na raiz da dramaturgia do autor: ela mostra como 'gente' aqueles que normalmente são considerados 'marginais'".

(2000)

18. Maria Adelaide Amaral

Quando, nos anos setenta, a Editora Abril decidiu publicar uma enciclopédia, Maria Adelaide Amaral se revelou logo, como pude observar na função de consultor, a melhor colaboradora dos verbetes de teatro. Tinha interesse real pelos temas históricos e estéticos, e dominava a técnica específica da redação.

Por isso, preterida justamente minha proposta de entregar a especialistas os prefácios da coleção *Teatro Vivo*, publicada a seguir, já que os pesquisadores ficariam em disponibilidade e seriam dispensados (circunstância que eu desconhecia), indiquei de imediato o nome de Maria Adelaide Amaral para levar a cabo a nova tarefa.

Desejosa de dominar o universo dramatúrgico, da tragédia grega aos autores do presente, ela desbastou com voracidade todos os livros postos à sua disposição, e foi capaz de redigir sempre um prefácio rigoroso e ao mesmo tempo acessível a um público não especializado. À seriedade da informação Maria Adelaide aliava um seguro senso jornalístico, a tornar palatável um intróito que, de outra forma, poderia desmotivar a curiosidade do leitor.

Mesmo conhecendo essas características de Maria Adelaide, não foi sem susto que um dia ouvi dela se me dispunha a ler uma peça de sua autoria. Li sucessivamente *A Resistência* e *Bodas de Papel*, e não tive dúvida em reconhecer que se tratava de uma dramaturga com muito talento, que depressa se imporia como um dos nossos maiores valores.

Que fazer com os originais? – pergunta que aflige todos os iniciantes. Se não há algum empresário, diretor ou intérprete que se disponha a providenciar a montagem, o melhor é submeter os textos a um concurso, sobretudo se ele garantir a produção. Recomendei a Maria Adelaide que se candidatasse aos prêmios do então Serviço Nacional de Teatro, cujas comissões julgadoras costumavam ser imparciais. Pela minha própria experiência de membro de vários júris, tinha certeza de que ela seria bem sucedida.

Conhecido o resultado, não vou negar que me decepcionei. *A Resistência* obteve terceiro lugar e *Bodas de Papel* foi selecionada para leitura. Em tempos de ditadura, a comissão julgadora sensibilizou-se mais, certamente, pelas peças de empenho político notório. Engano que é outro dos males da estúpida ditadura. Por felicidade, a atriz Regina Braga sentiu que *Bodas de Papel* lhe propiciaria um bom desempenho e Maria Adelaide recebeu, em 1978, vários prêmios de melhor autor nacional: Molière, Governador do Estado de São Paulo, Ziembinski e Associação dos Críticos de Arte.

Nascida no Porto, Portugal, em 1942, Maria Adelaide transferiu-se com a família, aos doze anos, para o Brasil, residindo a princípio na Mooca, então bairro operário de São Paulo. Trabalhou em fábrica, foi balconista e depois bancária, no antigo Banco da Lavoura de Minas Gerais, hoje Banco Real, que a despediu, depois de quatro anos, quando casou. Voltou a estudar, fez madureza, freqüentou a Escola de Arte Dramática de São Paulo e cursou durante dois anos Ciências Sociais. *A Resistência* aproveitou, sem dúvida, o trabalho jornalístico, e *Bodas de Papel* (título que significa dois anos de casamento) o convívio com executivos, na fase conjugal.

Essa indicação sugere, de imediato, que Maria Adelaide parte, em seus textos, da realidade próxima, o que a situaria na escola do hiper-realismo. Como os rótulos, em geral, costumam ser enganosos, é preferível aparentá-la a autores que se impuseram pela autenticidade, entre os quais o norte-americano Edward Albee, o inglês Harold Pinter e o brasileiro Plínio Marcos. Nenhum deles gosta de evadir-se em paraísos ilusórios, preferindo ir fundo na verdade, mesmo que ela tenha uma face visivelmente cruel.

Maria Adelaide confessa que nunca havia pensado em ser dramaturga até 1974, quando viveu a experiência de um passaralho, vocábulo agora dicionarizado, significando "demissão em massa de empregados". Por medida de economia, em razão do aumento de salário, anunciava-se que haveria corte de pessoal, o que provocava as mais contraditórias reações. A potencial ficcionista viu-se num laboratório dos mais diversos temperamentos, prestes a explodir por medo do terrível desemprego, praga que só fez agravar-se no Brasil do odioso neoliberalismo. Em dois dias estava pronta *A Resistência*, rica de conteúdo humano. O minúsculo núcleo da redação era o espelho de um inseguro país inteiro.

Em *Bodas de Papel*, se a mulher deseja comemorar os dois anos de casamento, o marido vê na festa o pretexto para realizar um grande negócio. Para a autora, a situação torna-se excelente veículo para ver gastar o novo segmento dos executivos, que abdicaram de todos os valores maiores em troca de uma aparência vitoriosa. Os problemas individuais apenas denunciam a doença maior da sociedade.

Os anos de bancária devem ter levado Maria Adelaide a concentrar no terceiro subsolo de um banco a ação de *Ossos d'Ofício*. Ali ficam os empregados do arquivo morto, na semiaposentadoria do "encosto", que transcorre, de qualquer modo, em clima ameno. Até que chega um PhD em computação, que não tolera a papelada inútil, a juntar poeira. O conflito armado não visa a exaltar o atraso pachorrento nem a eficácia tecnológica, mas postula uma saída humana, em que o necessário progresso não aniquile o homem.

Encenadas essas três peças, Osmar Rodrigues Cruz encomendou à já vitoriosa autora um musical, destinado ao Teatro Popular do SESI. O tema – a grande compositora popular Chiquinha Gonzaga – não pertenceu, evidentemente, à vivência de Maria Adelaide, mas continha o alimento de uma extraordinária personagem real. Bastou a ela documentar-se com fartura e utilizar a mestria técnica, para construir um espetáculo que atingiu amplamente os objetivos.

O interregno do musical deu a Maria Adelaide o fôlego para dramatizar uma história mais íntima, que, pela absoluta sinceridade, se converteu em sua obra-prima: *De Braços Abertos*. A peça havia nascido de um capítulo de romance inacabado. Ao estrear com absoluto êxito o espetáculo, chegou a vez de concluir o romance, que tomou o nome de *Luísa*.

De Braços Abertos reúne numerosas qualidades: o aprofundamento psicológico de um casal de amantes, que anos depois do rompimento se reencontra num bar; o pano de fundo muito bem explorado do golpe militar, cujas conseqüências dolorosas pesavam para ambos; o diálogo fluente e cheio de inteligência, pontuado por *flashbacks* reveladores e narrativas que funcionam à maneira de um monólogo interior; e a criação de uma poesia enxuta, que afasta qualquer possibilidade de um realismo prosaico. Ainda que Luísa e Sérgio sejam muito bem talhados, a personagem feminina, sob cuja óptica se travam os diálogos, cabe ser julgada uma das mais complexas e modernas da dramaturgia brasileira. E Maria Adelaide conquistou o lugar de um dos melhores autores do nosso teatro.

É estranhável e até inverossímil, não fosse talvez a cautela dos empresários e as dificuldades de uma produção no Brasil atual que, após a brilhante carreira de *De Braços Abertos* (de 1984 a 1986, além de uma montagem portuguesa em 1993, em Lisboa, e os prêmios Molière, Governador do Estado de São Paulo, APETESP e Mambembe de São Paulo e do Rio), diversos textos de Maria Adelaide permanecessem inéditos, durante várias temporadas. Excetuaram-se uma adaptação de *Electra*, de Sófocles, representada em 1987, em São Paulo; e *Seja o Que Deus Quiser*, encenada no Rio, também em 1987. As estréias regulares da autora só foram retomadas com o episódio *Viúva*, do espetáculo *Solteira, Casada, Viúva, Desquitada*, lançado no Rio, em 1993; *Para Tão Longo Amor*, encenado no Porto, em 1993, tendo representado Portugal no XVIII Festival Internacional de Teatro, e com elenco brasileiro em São Paulo, em 1994; e *Querida Mamãe*, estreado no Rio, em 1994; e trazido a São Paulo em 1995 e 1996, além da excursão nacional que se prolongou até novembro daquele ano.

Para tão Longo Amor reafirma os méritos da autora. Na peça, ela leva às últimas conseqüências a "luta de cérebros" strindberguiana, aquela neurose autodestrutiva que aniquila os indivíduos e os relacionamentos. A paixão do editor pela mais jovem poetisa está marcada por todas as loucuras do sentimento doentio. Ele se humilha e conhece a degradação, um tanto na senda do protagonista de *A Servidão Humana*, romance de Somerset Maughan (aliás citado no texto), que se submete a horrores, ao lado de Mildred.

A agressividade da jovem para com o editor tem muito de um egoísmo brutal, da pessoa que é incapaz de enxergar a outra e, também, por incapacidade ou impossibilidade de amar, se entrega a uma vocação suicida. Certas restrições podem ser feitas: não obstante todas as reservas, as colocações de bom senso do editor, tendendo ao convencionalismo; algumas réplicas que esquecem o teor da boa literatura; e a razão dada pela poetisa para justificar o ódio ao pai – ele tinha um caso com um travesti. A motivação psicanalítica não seria das mais convincentes.

Querida Mamãe não esconde a agressividade característica de Maria Adelaide. Provavelmente inconformada com a pieguice de *Uma Relação Tão Delicada*, de Loleh Bellon, que traduziu, ela escreveu essa réplica, incomparavelmente superior e mais verdadeira. A peça tem garra, um diálogo alerta, o espírito em guarda para dar logo o bote.

As revelações se sucedem sem que sejam mero golpe teatral, mas uma "luta de cérebros" permanecendo renovada. A análise psicológica está bem urdida, sem o perigo de cair na psicanálise ao alcance de todos. Depois de *De Braços Abertos*, essa é, sem dúvida, a melhor peça da dramaturga.

Seguiu-se *Intensa Magia*, estreada no Rio, em 1995, trazida a São Paulo, em 1996, e mostrada em excursão pelo País, em 1997. Mais do que nas peças anteriores, Maria Adelaide colocou um foco impiedoso nas relações familiares, examinando cruelmente o cotidiano de um pai torturado, ao lado da mulher e dos filhos. Em clima paroxístico, concentram-se num mesmo jantar o aniversário do chefe de família e o noivado de uma filha. E a agressividade não poupa ninguém, extrapolando quaisquer limites admissíveis. Longe se está, porém, da

106 DEPOIS DO ESPETÁCULO

gratuidade. O pesadelo se instaura como decorrência de uma frustração invencível, produto do absurdo cuja origem não se racionaliza. Depois de participar do Festival de Curitiba, *Para Sempre* fez carreira em São Paulo, em 1997. Acha-se em causa, no texto, o homossexualismo, tratado de forma semelhante, em tudo, ao relacionamento heterossexual. Não se tropeça, assim, em nenhum clichê, que reduziria o alcance da proposta. Há uma relação de poder – um professor universitário que apóia um trabalhador modesto, distante de seu refinamento artístico. E é esse trabalhador que rompe o caso, ao descobrir alguém mais próximo, no pensamento e na idade. A situação enseja a mais bonita cena do espetáculo, quando o professor se humilha, ajoelhando-se com discrição e elegância diante do companheiro, para pedir-lhe que não o abandone, ou, melhor, que retorne para ele.

Inseparáveis, a mais recente peça encenada de Maria Adelaide, estreou em São Paulo em 1997, confirmando suas qualidades de dialogadora e penetrante analista da psicologia. Ana e Regina são mulheres de meia idade, por volta dos quarenta anos, esmiuçadas com a pertinência costumeira da autora. Guto, a única personagem masculina, não recebeu o mesmo tratamento empático da autora, perdendo assim a consistência desejável. Falta ainda ao texto uma ação compatível com a virulência das réplicas.

A par da obra dramatúrgica ponderável, uma das mais expressivas do nosso teatro moderno, Maria Adelaide Amaral se desdobra em outras realizações igualmente valiosas. Na ficção, além do romance *Luísa*, que obteve o Prêmio Jabuti, em 1986, ela produziu *Aos Meus Amigos* (1992) e *Coração Solitário* (1997). A biografia *Dercy de Cabo a Rabo* (1994), sobre a grande comediante Dercy Gonçalves, pode ser considerada modelar no gênero. E multiplicam-se suas traduções, de inquestionável coloquialismo e eficácia no palco: *Krapp's Last Tape* (*A Última Gravação*), de Samuel Beckett; *Six Degrees of Separation* (*Seis Graus de Separação*), de John Guare; *Kean*, de Sartre; *Three Tall Women* (*Três Mulheres Altas*), de Edward Albee; *Cenas de um Casamento*, de Ingmar Bergman; *Decadência*, de Steven Berkoff (com Leo Gilson Ribeiro); e *Joana Dark*, de Carolyn Cage (com Rodrigo Amaral).

Mas o veículo em que Maria Adelaide passou a distinguir-se também, na última década, é a televisão. Co-autora das novelas *Meu Bem, Meu Mal*, de Cassiano Gabus Mendes, e *Deus Nos Acuda* e *A Próxima Vítima*, de Sílvio de Abreu, colaborou em *O Mapa da Mina* e *Sonho Meu*, respectivamente de Cassiano Gabus Mendes e Marcílio Moraes, para ser autora de *Anjo Mau*, baseada no original de Cassiano Gabus Mendes, de seis episódios do seriado *Mulher, Ano 2*, e por último da minissérie *A Muralha*, que teve receptividade incomum.

Tantas afirmações fazem de Maria Adelaide Amaral, hoje em dia, uma das intelectuais de maior prestígio na cultura brasileira.

19. Os Clássicos

A gente vive se queixando de que o nosso teatro não se volta muito para os clássicos. Talvez sentimento de inferioridade cultural, porque outros centros os mantêm normalmente em cartaz, ao lado dos autores contemporâneos. Quando alguém, entre nós, se anima a encenar Shakespeare ou Molière, logo se faz digno do maior respeito. O clássico fornece um atestado imediato de seriedade artística.

Mas as coisas não são tão simples assim. Não se pode esquecer que os grandes períodos do teatro se fizeram quando os dramaturgos vivos escreviam para a platéia de seu tempo. Ésquilo, Sófocles, Eurípides e Aristófanes dirigiam-se ao público ateniense do século V a.C. Shakespeare, Marlowe, Ben Jonson e Ford falavam para o público inglês dos séculos XVI e XVII. Tirso, Lope e Calderón engrandeceram o Século de Ouro espanhol. Corneille, Molière e Racine celebrizaram o reinado do rei Sol francês. Somente em fase de menor criatividade se recorria aos textos do passado. Os trágicos gregos começaram a ser reencenados no momento em que nenhum novo nome sustentou sua chama sagrada.

Lembre-se que o palco inglês se sentia esmagado pelo prestígio de Shakespeare. Para não medir forças com ele, os dramaturgos preferiam o caminho das comédias convencionais. Até que, na década de cinqüenta do século XX, a nova geração decidiu rebelar-se contra o jugo antigo, afirmando sua própria identidade, mesmo que fosse menor sua grandeza. A revolta de Osborne, Arden, Wesker e outros culminou na obra vigorosa de Pinter. A Inglaterra conta hoje com uma dramaturgia das mais ativas.

108 DEPOIS DO ESPETÁCULO

A necessidade dos clássicos não vem de recusa da produção atual, nem de preferência por modelos anteriores, que poderiam ser transmitidos aos autores contemporâneos. As peças de agora devem encontrar sua própria linguagem, sob pena de repetir, com menor talento, o que já foi consagrado pelo tempo. Advoga-se maior freqüência na montagem dos clássicos porque toda formação mediana requer um conhecimento razoável do patrimônio cultural. E os que os dominam se isentam do risco de estar inventando de novo a pólvora – prática normal entre os ignorantes.

No repertório forçosamente diversificado dos centros teatrais, é sintoma de indigência não figurarem os clássicos. Não se concebe que em Paris, Londres ou Nova Iorque não estejam sempre em cena suas obras. Elas são alimento do presente. É natural que alguns encenadores se reconheçam à vontade com textos contemporâneos, enquanto outros gostam do exercício dos clássicos e o julgam salutar para que afiem as forças. O que não se compreende é que, tanto no Rio como em São Paulo, poucas vezes se tem oportunidade de assistir a uma obra-prima histórica.

E, afinal, alargou-se muito, hoje em dia, o conceito de clássico. A palavra referia-se, originalmente, ao acervo greco-romano que era dado em classe. Depois, a criação do Renascimento, herdeira dos padrões antigos, beneficiou-se também com esse qualificativo. O barroco, entre outros atributos inimigo do seu equilíbrio, por extensão passou a brilhar no firmamento do classicismo. Se a etimologia consagra a idéia do que é ministrado em classe, qualquer obra que enriqueça o panteão histórico pode reivindicar para si esse título. Büchner, Strindberg, Ibsen, Tchecov e Shaw, os grandes criadores da dramaturgia moderna, existem ao lado de seus irmãos mais velhos. E muitos nomes do século XX lhes fazem companhia: Pirandello, O'Neill, Brecht etc., para só mencionar alguns mortos.

No Brasil, não é numerosa a relação de clássicos. De fato, recebemos do teatro português Gil Vicente, o brasileiro Antônio José, Garrett e uns poucos mais. A dramaturgia nacional dispõe dos nomes de Anchieta, Martins Pena, Macedo, Gonçalves Dias, Alencar, Machado, França Júnior e Artur Azevedo, e já estamos no século XX. Uma ou outra peça de João do Rio, Roberto Gomes, Paulo Gonçalves e Cláudio de Souza. O revolucionário de 22, Oswald de Andrade, foi promovido a clássico, bem como Nelson Rodrigues, que faleceu em 1980. E, além do recentemente reabilitado Qorpo Santo, poucos outros nomes de mortos serão ensinados em classe.

Não é fácil, por outro lado, concretizar-se a encenação dos menos contemporâneos. Uma obra, para interessar ao público, precisa ter alguma ressonância em sua sensibilidade. O espectador se motiva para ver uma experiência ficcional que lhe seja próxima. Os temas distantes, que não trazem algo vital, no momento, ficam relegados a segundo

OS CLÁSSICOS

plano. Na pior das hipóteses, a platéia aprecia a representação de um mundo idealizado, em que ela se refugia das frustrações do cotidiano. Alienar-se costuma ser também um estímulo do presente, embora o negue. O que se chamaria uma simples ilustração intelectual não constitui apelo para o público. Daí muitos títulos antigos permanecerem em livro, sem merecer de novo a prova do palco.

Examine-se como o terreno é movediço, sem autorizar construções teóricas definitivas. Jean Vilar, por exemplo, preferia os clássicos, no repertório de seu Teatro Nacional Popular francês, por julgar a maioria dos autores contemporâneos incapaz de falar às grandes assembléias. O psicologismo da dramaturgia moderna estimularia um público parcial, ao passo que os clássicos permanecem verdadeiramente populares. Por isso, o imenso Palais de Chaillot de Paris viveu de Corneille, Molière, Victor Hugo, Büchner, Balzac, Kleist e outros nomes do passado, sendo exceções os atuais.

Cabe alegar, em contrapartida, que o TNP e demais conjuntos que se dedicam aos clássicos são subvencionados, podendo realizar montagens dispendiosas. Cenários e vestimentas de época, para um elenco em geral muito numeroso, encarecem excessivamente a produção. Os grupos comerciais, que se sustentam com a receita da bilheteria, não podem dar-se ao luxo de realizar um espetáculo sem garantia mínima de retorno. Veja-se que os clássicos são a matéria-prima das companhias oficiais, que prescindem da venda compensadora de ingressos para sobreviver.

As dificuldades para sua encenação não se restringem ao custo da cenografia e da indumentária. A montagem de uma peça atual prescinde, eventualmente, de longa pesquisa: todos estão familiarizados com o que ela propõe. Quanto aos ancestrais, diretor e elenco devem proceder a um prévio estudo da bibliografia, para absorver as divergentes e muitas vezes opostas exegeses da obra. Encenações estão documentadas na História do Teatro, sendo referência obrigatória para uma nova leitura do texto. O preparo é muito mais lento, o que supõe desembolso maior de dinheiro. E, sem subsídio que garanta o pagamento do salário em longos meses de ensaio, não cabe cobrar de particulares a montagem de clássicos.

Saber a melhor forma de levar uma obra do passado – eis outro problema que aflige os teóricos e realizadores. Muitos já se iludiram com o equívoco de tentar a reconstituição arqueológica, para obter fidelidade absoluta ao original. Um conjunto de Meiningen, na Alemanha, celebrizou-se por essa procura da verdade. Quem o subsidiava, no século XIX, era o duque Jorge II, estudioso de História. O diretor era Chronegk, que exerceu reconhecida influência sobre Stanislavski. Entretanto, buscar ruínas autênticas em Roma, para reconstituir exatamente o cenário real, não abrange todos os aspectos da questão. Está-se esquecendo que determinado espaço histórico só vive na plenitude com o mesmo homem que o habitou. Sendo diferentes as crenças, os sentimentos e as convicções do espectador atual, ele nunca experimentará, diante de uma montagem que reproduzisse integralmente um espetáculo do Globe Theatre londrino, o mesmo prazer estético do público elisabetano. Aliás, duas sessões de teatro nunca são iguais.

Se não se consegue documentar, no palco, o absurdo da reconstituição, o cinema a todo instante nos mostra o envelhecimento dos estilos interpretativos. Não se suportaria hoje reviver, na forma primitiva, a maneira do expressionismo alemão. A platéia riria dos exageros do naturalismo. As tiradas declamatórias, que arrebatavam o espectador ancestral, padecem para nós de insuportável mau gosto.

Nada mais falso que buscar a imitação do suposto estilo de Molière.

Por isso, não tem sentido a pretensão dos brasileiros que desejam interpretar *O Tartufo* ou *Fedra* no estilo da *Comédie Française*, bem como *O Mercador de Veneza* ou *Sonho de uma Noite de Verão* à maneira da Royal Shakespeare Company. A vantagem dos clássicos é que, de riqueza inesgotável, sugerem leituras diversas a cada geração. E um espetáculo feito agora filtra tudo o que de bom ofereceram as exegeses anteriores, acrescentando a ótica do nosso tempo. A encenação de uma peça romântica só funcionará se incorporar até as conquistas do realismo, que reagiu contra a sua estética. Acautelem-se, pois, os que acreditam na possibilidade de uma abstração purista, que não existe.

Andou certo o nosso Teatro de Arena quando, na década de sessenta, ao sentir que não dispunha de novos textos brasileiros a acrescentar à sucessão de algumas estréias importantes, resolveu apelar para a nacionalização dos clássicos. Para ser mais preciso: atualização dos clássicos, porque na lista figurava o brasileiríssimo Martins Pena, com *O Noviço*. Sucederam-se no cartaz *A Mandrágora*, de Maquiavel, *O Melhor Juiz, o Rei*, de Lope de Vega (adaptação de Augusto Boal, Gianfrancesco Guarnieri e Paulo José), *O Tartufo*, de Molière, *O Inspetor Geral*, de Gogol, e *Moscheta*, de Angelo Beolco (Ruzante). A premissa do Arena tinha fundamento: para ser universal, o clássico precisa também passar pelo crivo brasileiro. Em cada peça, ressaltava-se a correspondência com a realidade nacional. Parecia, muitas vezes, que o autor havia escrito sob a inspiração de estímulos nossos. O hipócrita francês, o corrupto russo ou o miserável italiano se confundiam perfeitamente com semelhantes brasileiros. E o espetáculo ganhava uma eficácia moderna.

Muitos tradutores ganhariam em rever seu juízo a respeito da fidelidade ao original. Não se trata apenas de descobrir o significado exato de uma palavra, em meio ao rico vocabulário clássico. Nem de dar provas exaustivas de erudição, pelo domínio de variantes. É funda-

OS CLÁSSICOS

mental que o tradutor tenha em mente que o dramaturgo escreveu numa linguagem acessível à platéia das várias classes sociais de seu tempo, sendo perfeitamente acompanhada a sua metáfora, ainda que hermética na aparência. Nobres e plebeus formavam o público elisabetano, assim como toda a população livre ateniense acorria à representação de uma tragédia. Não havia a hipótese de se estranhar o vocabulário do autor. Em livro, cabem as digressões eruditas a respeito dos versos originais. O tradutor deve encontrar, para o palco, uma equivalência do tratamento primitivo, que para nós é o mais informal possível. Do contrário, o clássico estará sendo falseado na sua comunicação direta com o espectador. Não me canso, por isso, de elogiar as traduções de Millôr Fernandes, que fazem de Shakespeare, efetivamente, nosso contemporâneo.

Teatro da palavra, o clássico perde em ser representado por atores que não a valorizam ou se satisfazem com a expressão corporal. Não me refiro a uma eventual fórmula "nobre" de enunciar o texto. Mas a pobre prosódia realista ou a naturalidade da televisão não se prestam a transmitir os grandes autores de ontem. O verso se torna raquítico, o desempenho não atravessa o palco. Uma boa escola, que ensine o uso da voz, ainda é a recomendação correta para quem se candidate a apresentar um clássico.

Em que esquema fazê-lo, a esta altura? Em 1982, mais do que nas temporadas anteriores, nossos artistas pensaram no problema. Cumpre mencionar *Othello*, de Shakespeare; *O Jardim das Cerejeiras*, de Tchecov; *As Malandragens de Escapino*, de Molière; e *O Trágico à Força*, quatro farsas de Tchecov. Embora nenhuma encenação fosse perfeita, os realizadores sentiram a viabilidade de recorrer aos clássicos. A contumácia e a emulação acabarão por trazer novas formas para o seu aproveitamento.

O teatro articula-se, no momento, para fazer reivindicações junto ao novo Instituto Nacional de Artes Cênicas e às administrações que surgirão após o pleito de novembro. Alguns artistas anseiam pela criação de uma companhia oficial, que propicie um trabalho estável, longe da insegurança dos empreendimentos meramente comerciais. Um conjunto governamental teria, entre outras funções, a de reviver os clássicos. Não é o caso de discutir, agora, a conveniência ou não da medida, entre tantas necessidades que se querem prioritárias. O reclamo de sua montagem poderia, desde já, ser atendido numa rubrica específica dos editais de concessão de verbas para contraprestação de serviços: assegurar-se-ia uma importância expressiva para esses projetos. Os artistas se sentiriam amparados na tarefa de enfrentar os obstáculos maiores da encenação.

Ao ver que em espanhol (para não citar o inglês, o francês, o italiano e o alemão) estão editadas as obras completas dos mestres, sinto uma triste vergonha pelo atraso da nossa língua. Acresce, melancolicamente, que, dada a distância entre o coloquialismo português e o brasileiro, são irrepresentáveis, no Brasil, as traduções portuguesas. Já chegou a hora de se encomendar a tradutores competentes textos confiáveis de todos os marcos da dramaturgia. É lamentável que não tenhamos, em português, nem a edição completa das tragédias e das comédias gregas. As obras menos estudadas de Ésquilo, Sófocles, Eurípides e Aristófanes são disponíveis apenas em outras línguas.

O acesso às fontes, por meio das publicações, facilitará, por certo, o processo das montagens. O empresário não precisará encomendar uma tradução, simplificando-se um pouco o seu trabalho. E o conhecimento do livro representa, sem dúvida, uma publicidade para o espetáculo. Muitos leitores têm curiosidade de assistir à montagem, única maneira de se avaliar corretamente o teatro. Uma boa tradução enriquece o nosso patrimônio literário.

Tenho certeza de que, se estivessem à mão traduções felizes de vários textos, não se teria perdido a oportunidade de montá-los em determinadas circunstâncias. Lembro, por exemplo, que o Arena buscava outras peças clássicas: depois do golpe militar de 1964 nenhuma se ajustava melhor à realidade brasileira do que *Medida por Medida*, de Shakespeare, em que o protagonista proclama o combate à corrupção e é, na verdade, o grande corrupto.

Neste ano, em que se comemora o sesquicentenário da morte de Goethe, sente-se a fragilidade do nosso teatro, que não lhe presta nenhuma homenagem. Entendo que *Fausto* seja quase irrepresentável, pela complexidade da montagem, sob todos os aspectos: exigências enormes da produção, desafio para o encenador, atores excepcionais para os protagonistas. Mas há outras peças goethianas que seriam apresentáveis, sem os ônus do *Fausto*: *Clavigo, Estela, Ifigênia em Táurida* e *Egmont*, por exemplo. Não nos passaríamos um atestado de comprometedor desinteresse diante de uma das maiores figuras literárias de todos os tempos.

Ao inventariar-se o repertório internacional que ainda não se acha traduzido ou que não foi publicado (cito, ao acaso, a peça elisabetana *Arden de Feversham* e *Escola de Escândalo*, de Sheridan, prontas para uma coleção que se interrompeu), pasma a indigência das edições brasileiras. O juízo de muitos, segundo o qual o teatro deve ser representado e não lido, justifica a apatia dos compradores e a timidez das coleções, freqüentemente suspensas. Os editores não se sentem animados a lançar-se a uma tarefa inglória, juncada de prejuízos financeiros. Aí, por certo, caberia a intervenção cultural de governos e de universidades. Se nem a iniciativa mais barata do livro se toma, que se dirá das montagens, envolvendo riscos de toda ordem?

Certas encenações felizes trazem alento, sugerindo que o Brasil se coloca entre os criadores internacionais de bom teatro. Satisfaz a nossa vaidade citar que *Macunaíma* virou coqueluche na Europa e nos

OS CLÁSSICOS

Estados Unidos, requisitada pelos festivais do mundo inteiro. Uma autocrítica sincera repõe logo a verdade: basta pensar que a dramaturgia brasileira não atravessa boa fase, que levamos uns poucos textos significativos dos outros países e que são raras as apresentações dos clássicos, para concluir que nosso teatro ainda não corresponde ao que se espera dele.

(1982)

20. Goldoni e Mirandolina

Mirandolina é a encarnação da feminilidade, no que ela tem de convencional – coqueteria, astúcia, encanto e cálculo –, e também na consciência dos direitos da mulher em face do homem. A personagem tornou-se tão popular que passou a figurar como título da peça que Goldoni (1707-1793) havia batizado como *La Locandiera* (*A Estalajadeira*, na tradução consagrada por Machado de Assis).

Ao lançar a comédia, em janeiro de 1753, no Teatro Sant'Angelo de Veneza, pela Companhia de Girolano Medebach, de que era autor contratado, Carlo Goldoni já havia passado com pleno êxito pela famosa prova a que se submeteu voluntariamente, prometendo escrever dezesseis novas peças na temporada que se abriria em outubro de 1750, para encerrar-se no carnaval do ano seguinte. A série de obras foi iniciada com *Il Teatro Comico*, verdadeira Poética em ação, que enfeixava os princípios advogados pelo autor e então plenamente vitoriosos, realizando em alto nível a reforma do teatro italiano.

A contribuição de Goldoni, sobre a qual ele mostrou uma absoluta lucidez em *O Teatro Cômico*, pode ser sintetizada em alguns itens, fundamentais na época em que se empreendeu sua luta: a afirmação de um teatro de texto, contra as insuficiências da *Commedia dell'Arte*, cujo improviso havia degenerado em repetição e imoralidade; uma dramaturgia fundada na observação dos costumes, fixando tipos sociais, em contraposição às máscaras que tendiam a eternizar-se em abstrações; um realismo cênico, alimentado em longa prática e "Contínua e incansável observação do teatro, dos caracteres e dos costumes

GOLDONI E *MIRANDOLINA*   115

dos povos"; e a recomendação de se pescar sempre no "*Mare magnum da natureza*".

Entenda-se, porém, que o teatro de texto de Goldoni não foi pensado contra o ator, para coibir-lhe a inventividade consagrada na *Commedia dell'Arte*. Ao contrário, compondo papéis completos, ele procurou dar um total apoio ao ator, esterilizado nos esquemas de ação dos enredos (*canovacci*) e dos *lazzi* repetitivos. A partir de uma personagem solidamente construída, o ator de Goldoni podia apresentar um caráter ao mesmo tempo verossímil e cheio de nuanças.

Mirandolina, concebida como uma criação do gênio poético de Goldoni, supera as heroínas anteriores de uma vasta obra, que nessa época já contava mais de quarenta títulos. E, sejam quais forem os motivos que originaram a mudança de perspectiva – Goldoni fez de uma mulher do povo, uma estalajadeira, dona de uma hospedaria, a protagonista indiscutível da comédia, cortejada por um coro em que figuravam três nobres.

Pode-se explicar a entrega da função protagônica a Mirandolina porque o autor escreveu o papel para a atriz Madalena Marliani, por quem teria uma certa inclinação. Teodora Medebach, a primeira atriz, esposa do empresário, interpretara Bettina e Pamela, e, presa a constantes problemas de saúde, imaginários ou não, cedeu o lugar, dessa vez, a Madalena, que havia dignificado a personagem da criada Corallina e para quem o poeta já escrevera *La Serva Amorosa*. Esse motivo circunstancial, se poderia, numa exegese discutível, esvaziar um pouco o significado da atitude de Goldoni, passa totalmente a segundo plano, numa análise da figura dos nobres e das demais implicações do texto.

Mirandolina surge inicialmente cortejada pelo Marquês de Forlipópoli e pelo Conde de Albafiorita, que servem de modelos para Goldoni satirizar dois tipos diferentes de nobres. O Marquês, que dilapidou, junto com o pai, a herança familiar, surge como o indivíduo que se mantém pela aparência. Depois de pedir 25 escudos emprestados ao Cavaleiro de Ripafratta, acaba contentando-se com apenas um, porque não tem outra saída a não ser a de viver de expedientes. Já o conde, igualmente criticado pelo autor, ostenta a sua fortuna, humilhando a cada passo o Marquês, seu rival na corte a Mirandolina. Diz ele, logo no início: "Para mim, só tem valor o que se pode gastar". A pintura de Goldoni não embeleza nenhum desses dois espécimes de uma aristocracia decadente.

A caracterização do Cavaleiro de Ripafratta obedece a outros propósitos. Ele define-se como misógino: "Quanto a mim, não há perigo que eu brigue com quem quer que seja por causa de mulher. Jamais gostei dessas criaturas, nunca as apreciei, e tenho para mim que a mulher representa para o homem uma espécie de doença: uma doença insuportável". E é essa misoginia que Mirandolina não suporta. Depois de afirmar que recusa a oferta de matrimônio do marquês e que todos os que chegam à sua hospedaria se apaixonam por ela, Mirandolina observa: "Só esse tal de cavaleiro de Ripafratta, esse urso selvagem me trata brutalmente. É o primeiro hóspede daqui que não gosta de conversar comigo. Não digo que todo o mundo tenha a obrigação de se apaixonar: mas, desprezar-me? Isto não. Isto me dá raiva... Inimigo das mulheres? Não gosta delas? Desgraçado! Evidentemente não encontrou ainda uma mulherzinha que lhe soubesse puxar o nariz. Mas vai achá-la. Se vai! Estou mesmo pensando que esta mulherzinha já apareceu. É com estes sujeitos que eu fico terrível. Os que suspiram por mim logo me enjoam. A nobreza não se adapta à minha pessoa. A riqueza me agrada e não me agrada. Todo o meu prazer consiste em ver que os outros me adoram, me desejam, me obedecem. Esta é a minha fraqueza. Aliás, tenho a impressão de que é a fraqueza de quase todas as mulheres. Quanto ao casamento, nem se fala: não preciso de ninguém, vivo honestamente, e tenho a minha liberdade. Brinco com todo o mundo, mas não gosto realmente de ninguém. Gosto é de zombar destas criaturas de amantes desesperados. E quero usar todas as artes para derrotar, esmagar e espezinhar aqueles corações bárbaros e selvagens que nos hostilizam, a nós, as mulheres, que somos a melhor coisa produzida na terra pela mãe Natureza" (as citações pertencem ao texto traduzido pela grande atriz Itália Fausta).

Usando todas as artes, inclusive o "golpe definitivo" do desmaio, Mirandolina acaba por derreter o coração do Cavaleiro de Ripafratta, derrotado em sua aparente misoginia. Com a ingenuidade dos apaixonados, ele a acredita franca e sincera. E Mirandolina pode concluir: "O jogo está feito. Agora o coração do urso virou fogo, chama, cinza. Só me resta, para completar minha vitória, tornar público o meu triunfo. Assim estarão vingadas as mulheres, e punidos os homens presunçosos, que fazem pouco de nós!" Seu objetivo, curvando o cavaleiro à sua sedução, foi o de vingar a honra feminina.

Para enriquecer o entrecho, Goldoni acrescentou-lhe as silhuetas de Hortênsia e Dejanira, atrizes de uma companhia itinerante que surgem na hospedaria de Mirandolina, estimuladas inicialmente a passar por "damas". As duas personagens não chegam a ter grande consistência e, logo que elas ajudaram a colorir a trama, o autor as abandonou, sem se preocupar mais com o seu destino. Por isso algumas encenações as suprimiram, o que evidentemente desequilibra o desenvolvimento da comédia.

Fabrício, criado da hospedaria, embora conservado o tempo todo em plano mais discreto, tem importância no desfecho, porque Mirandolina resolve conceder-lhe a mão. O pai, aliás, a destinara a Fabrício e ela prometeu diversas vezes casar-se com ele, adiando sempre o momento decisivo. Dizendo ser impossível que um cavalheiro se interessasse por ela ("Sou uma pobre moça, sem grandes qualidades de beleza, de inteligência ou de educação"), aceita o amor verdadeiro e fiel de Fabrício, e afasta os outros pretendentes duvidosos. Fabrício receia a coqueteria de Mirandolina e só tem certeza de sua escolha quando ela pede que os três nobres procurem outra hospedaria. Mirandolina sente um certo remorso pelo que fez aos cavalheiros e ainda fala: "Juro que nunca mais brincarei com o coração dos homens".

Comédia amável, de um otimista que na sua ótica de burguês em ascensão, via o mundo com as cores róseas, *Mirandolina* guarda o encanto e a delicadeza das fábulas populares, e o poder sedutor da protagonista sobre os que se aproximavam dela se esparrama, com idêntica magia, por toda a platéia do teatro.

(1971)

21. Kean e o Mistério do Ator

Kean, de Alexandre Dumas/Jean-Paul Sartre, traduzida e adaptada por Maria Adelaide Amaral, é sem dúvida a mais fascinante peça que tem como protagonista um ator. Sem a pretensão de ser um tratado de psicologia, ela vasculha a personalidade do grande intérprete inglês do século XIX, erigindo-a em paradigma para todos os gênios do mesmo ofício. Esse o seu primeiro mérito.

Um pouco por toda parte, mas sobretudo no empenho inicial da caracterização, os diálogos deitam luzes sobre o delicado problema do homem capaz de despersonalizar-se, para dar consistência a uma vida imaginária. Helena, Condessa de Koefeld, pergunta: "Mas existe algum Kean?... O homem que vi ontem em cena era Hamlet!" Depois o Príncipe de Gales explica o que é um ator: "É um reflexo, uma miragem, uma ilusão!" Adiante, o próprio Kean se define: "Pobre, rico, que importa isso a um ator? Tudo é provisório, todos os dias da minha vida vivo da ficção, não tenho substância, sou apenas o personagem que o autor da peça inventou!" Visão romântica, por certo, que sublinha a mediunidade do comportamento interpretativo.

Tem Kean consciência de que, se querem um super-Kean, precisam dar-lhe um super-Shakespeare. Ele não recebe dinheiro para representar: "Eu sou um sacerdote, celebro missa todas as noites e todas as semanas recebo ofertas dos fiéis!" A vaidade é um componente indispensável: "Onde estaria meu talento se não conseguisse fazer o público acreditar que tenho dezoito anos?", mesmo se Kean está na vizinhança de quatro décadas. E ainda: "Se o público olhar apenas pra mim, vai enxergar Julieta através dos meus olhos!", tenha ela qualquer idade. O que não o impede de reconhecer: "O que este país afinal fez de mim? Me transformou numa glória nacional, mas com a condição de não ter existência real. Ah, Príncipe! Que direitos tenho eu, se nós, os comediantes, fomos colocados fora da lei?"

O cotidiano às vezes adverso leva Kean ao desejo de desaparecer. Que o Príncipe não se impressione, porém: "É apenas Kean, o ator, representando o papel de Kean, como Sua Alteza representa o papel de Príncipe de Gales!" À pergunta de Miss Ana Damby se ele é infeliz, Kean responde: "Ser ou não ser, eis a questão! Eu não sou nada! Represento o que sou! De vez em quando Kean representa a comédia do Kean!" Não custa passar à concepção shakespeariana de que todos nós somos atores.

Uma tirada sintetiza o pensamento de Kean: "Representa-se para mentir! Eu represento para ser o que não posso ser e para não ser o que sou! Represento para não me conhecer a para me conhecer demais! Os atores representam heróis porque são covardes, e santos, porque são maus! (...) Nem eu mesmo sei quando represento! Será que em algum momento não estou representando? Olhe para mim: neste momento, odeio as mulheres ou estou representando um personagem que as odeia?"

A relação entre o ator e o dramaturgo comporta elementos ambíguos. Se Kean pode dizer: "Shakespeare é um vampiro! Passei a maior parte da minha vida emprestando meu corpo pra que ele continue vivo!", Amy, condessa de Gosswill, uma espectadora arguta, provavelmente tem razão, ao afirmar: "Kemble (outro grande intérprete inglês) representa Shakespeare. Isso que estou vendo é Shakespeare representando Kean!" Será que o gênio do palco londrino amoldava tudo às suas características? Procedimento nada incomum na profissão.

O texto de Dumas/Sartre não se limita a privilegiar Kean. Além das coadjuvantes, como Amy, o conde Koefeld, Salomão, são personagens muito significativas Helena, Ana e o Príncipe de Gales. Helena, embaixatriz da Dinamarca, seduz-se por Kean, Don Juan infatigável, e não é de espantar, à vista da figura algo ridícula do marido embaixador. Nada a fará abdicar, porém, daquilo que chama obrigações, inclusive em face dos filhos que ainda não teve, em troca de uma aventura definitiva com o ator bêbado e falido. Já Ana, não obstante a inexperiência, aparece como a mulher determinada, nesse sentido pouco romântica, disposta a transpor todos os obstáculos para a conquista de Kean. O que ela acaba conseguindo.

O Príncipe de Gales tem complexidade mais palpável, pelas situações em que se mete. A admiração por Kean é tanta que ele copia suas roupas e procura se aproximar de todas as mulheres do ator. Aliás, ele só se interessa por elas, realmente, quando Kean aparenta estar apaixonado. Se o amigo se desvencilha de uma, ela não demorará também a cair no esquecimento do príncipe. Uma psicanálise ao alcance de todos talvez concluísse que o objeto autêntico da paixão do príncipe era sempre Kean.

Quase no final, quando Helena pergunta ao ator se ele está com ciúmes do príncipe, sua réplica mostra cortante lucidez: "Não. Sabe por quê? Porque o Príncipe de Gales sou eu. Como vê, somos três vítimas. Você porque nasceu mulher; ele porque nasceu excessivamente bem e eu porque nasci excessivamente mal (era filho de alcoólatra e prostituta). Você queria meu amor; eu queria o teu; ele o nosso. Que contradança! O príncipe me chama de reflexo, mas daria qualquer coisa para ser Kean! Embriaga-se com meu vinho, ama as minhas mulheres, imita o modelo das minhas roupas, e se a cortejou, Helena, é porque imagina que amo você".

Situações inusitadas, suspenses bem armados, golpes imprevistos asseguram a teatralidade permanente da peça, não tivesse ela origem romântica. Depois que se sabe, por carta, que um compromisso impediu Kean de comparecer a uma festa na casa do Conde Koefeld, ele surge de improviso no salão. Enquanto o ator espera Helena, em seu camarim, é Ana, coberta por um véu, quem entra pela porta secreta. Em outra oportunidade, Helena consegue sair por essa mesma porta secreta, à chegada do príncipe e do marido. Se ela esqueceu ali um leque, descoberto e guardado pelo marido, um bilhete providencial do príncipe evita, mais tarde, a prestação de contas. O príncipe diz que a condessa lhe havia emprestado o leque, a fim de que ele mandasse fazer um idêntico para outra nobre, e o esquecimento foi seu. Quanto à dama que o conde viu chegar com um véu à casa de Kean, Ana aparece, para tranqüilizá-lo. E Helena havia saltado pelas janelas do aposento em que se escondera, que dão para o rio Tâmisa. Uma gôndola recolhera-a...

O episódio de maior efeito dramático, tratando-se de um intérprete, deveria passar-se dentro do Teatro Drury Lane, palco privilegiado da carreira de Kean. O ator e Ana estão em cena, representando *Othello*. Ela foi improvisada como atriz, para substituir a titular do papel de Desdêmona. Sentimentos pessoais de Kean imiscuem-se na trama shakespeariana, o que provoca a reação do público. Em cena, o ator chega a limpar o rosto, e mostra suas feições lívidas. Anuncia-se para os espectadores que ele acaba de ter um acesso de loucura. O conde pergunta ao príncipe o que ele achou de Kean, obtendo a resposta: "Esteve admirável!" Num gênio romântico, todas as extravagâncias resultam em deleite artístico.

Se Kean, a certa altura, admite que, "No máximo, somos personagens de comédias de salão", sem estar na vida privada à altura da tragédia, resta-lhe, no desfecho, a hipótese de ser preso por dívidas ou ir para o exílio de um ano no exterior, e ele escolhe Nova Iorque. A peça interrompe-se nesse ponto, e a biografia ensina que ele colheu aí novos triunfos. Kean foi um dos mitos do palco de todos os tempos.

Desde a versão de Alexandre Dumas, outros monstros sagrados foram seduzidos para interpretá-lo, a partir do francês Frédérick Lemaître. A atualização empreendida por Sartre recolocou o ator na ordem do dia, e retomaram-no, entre outros, Pierre Brasseur na França, Derek Jacobi na Inglaterra, Vittorio Gassman na Itália e Marco Nanini no Brasil.

22. Dostoiévski e o Teatro

Qualquer leitor menos desatento percebe a teatralidade dos romances de Dostoiévski. Não só pela importância dos diálogos em meio à narrativa. As personagens estão carregadas de uma dramaticidade que as situa sempre em tensão violenta, prestes a explodir. É aquele gosto de apresentar os conflitos em plena crise, dentro da síntese requerida pelo palco. Apenas Shakespeare tem a intensidade dramática da obra romanesca de Dostoiévski.

Sabe-se, aliás, que o autor de *Os Irmãos Karamazov* escreveu dois dramas na juventude, infelizmente perdidos: *Maria Stuart* e *Boris Godunov*, que se tende a aproximar das obras de Schiller e Pushkin. Seu interesse pelo teatro se manifestou ainda no desempenho de *O Inspetor*, de Gogol, em 1860 (quando contava 38 anos de idade), e na paródia que fez de *Hamlet*, em 1866, interpretando ainda o papel do rei. A correspondência dá conta da curiosidade de Dostoiévski pelo movimento teatral.

Consciente, porém, de que um gênero exige linguagem própria, Dostoiévski não era favorável às adaptações de seus romances. Em carta a Varvara Obolenskaja, afirmou categoricamente que "a forma épica não encontra nunca correspondência dramática". Um pensamento reclama uma certa forma e não outra, o que redundaria na incomunicabilidade dos gêneros. Essa convicção não impediu o grande Nemirovich Dantchenko, co-diretor do Teatro de Arte de Moscou, juntamente com Stanislavski, de afirmar: "Dostoiévski escrevia como romancista, mas sentia como autor dramático. Imagens e palavras têm

124   DEPOIS DO ESPETÁCULO

nele valor cênico". E o poeta e ensaísta Vjaceslav Ivanov publicou um volume em que chama de tragédias os romances dostoievskianos.

Dostoiévski estava ainda a onze anos da morte, cujo centenário se comemorou em 1981, quando começaram as adaptações cênicas de sua obra. E dezenas delas não puderam ser levadas ao palco, porque a Censura, como é de seu hábito, se apressou a interditá-las. Stanislavski precisou mudar o nome do autor e das personagens, para furar o bloqueio censório, na encenação de *Foma*, em que se transformou *A Aldeia de Stepantchkovo e Seus Habitantes*, em 1891 (e Dostoiévski já estava morto há dez anos...).

O êxito cênico do romancista ligou-se fundamentalmente ao Teatro de Arte e a Nemirovich Dantchenko. *Os Irmãos Karamazov* subiu ao palco, ali, na temporada de 1910. Seguiu-se a montagem de *Nikolai Stavroguin* (fragmentos de *Os Demônios*), em 1913. *A Aldeia de Stepantchkovo* voltou à cena em 1917. *O Sonho do Tio* estreou em 1929. Como se vê, uma preocupação contínua com a obra dostoievskiana só interrompida pelo período stalinista, em que ela pareceu prejudicial, pelos elementos religiosos e místicos das personagens. Mas sabe-se que, encerrada a ditadura sombria de Stalin, Dostoiévski inspirou de novo o palco soviético, e se comemorou condignamente o 75.º aniversário de sua morte, em 1956.

Na primeira metade do século XX, ficaram famosas algumas encenações ocidentais de Dostoiévski. Citam-se particularmente, na França, as de Jacques Copeau para *Os Irmãos Karamazov* e de Gastan Baty para *Crime e Castigo*. Na Inglaterra, Irving encenou *Crime e Castigo*. Na década de cinqüenta, Jacques Mauclair realizou, em Paris, uma memorável interpretação de *O Eterno Marido*. São Paulo viu, em 1958, a adaptação do italiano Diego Fabbri para *Os Demônios* e, em 1964, Berta Zemel criou *Noites Brancas* para o Teatro Popular do Sesi. *Noites Brancas* tinha sobretudo um apelo lírico e delicado, que acrescentava uma nota diferente ao conturbado universo dostoievskiano. Esse clima não impediu que 84 mil espectadores (o dobro do número registrado na montagem anterior) vissem a encenação, estreada no Teatro Maria Della Costa.

Do que foi dado ao público paulistano assistir, *Os Demônios*, na versão de Fabbri, distinguiu-se como a mais poderosa imagem cênica de Dostoiévski. Não se poderia afirmar que a força da adaptação corresponda, no teatro, à que tem o romance, na literatura. Mas o espírito e a grandeza de Dostoiévski estão presentes o tempo inteiro no palco, na montagem do elenco do Teatro Estável de Gênova.

Diferentemente da maioria das adaptações, que empobrecem o original, o texto de Fabbri procura reter-lhe todas as linhas e as personagens principais, simplificando apenas o que romperia a necessária unidade. No livro, por exemplo, Chatov reencontra a esposa. Na peça, ele é solteiro e mostra, antes de ser assassinado, o desejo de constituir

DOSTOIÉVSKI E O TEATRO

família e viver em paz. Fabbri preserva e explora meia dúzia, ao menos, de cenas geniais, que, sozinhas, são superiores a noventa por cento da literatura dramática.

Os grandes momentos do romance revivem no palco. E estão definidas, com admirável poder de síntese, suas figuras centrais – Stavroguin, Piotr Stepanovich, Chatov e Kirillov. Em rápidas iluminações, justifica-se por que eles se situam entre as personagens fundamentais da história literária. "Demônios" revolucionários, que se acham na trilha de uma santidade especial, mas que o autor, já recolhido da experiência subversiva da juventude, condena com infinita compreensão, acreditando que a Rússia deva ser exorcizada de sua presença.

Stavroguin, sobretudo, por mais que possa estar indicado na narrativa, e se confesse ao bispo Tikhon, guarda um segredo que o suícidio cobre irremediavelmente. Mostrar-lhe os traços genéricos é simples: verdadeiro Don Juan das estepes, indivíduo de força extraordinária, que leva os outros à irrestrita adoração ou ao total repúdio (e é por isso considerado por Piotr o homem necessário para liderar o movimento revolucionário), sádico tremendo e masoquista ainda maior, parece incapaz de amar e de empenhar-se a fundo em qualquer coisa, definindo-se, para Romano Guardini, como a encarnação do mais tenebroso livro de Kierkegaard, *O Conceito da Angústia*.

"Como tinha caído muito baixo", Chatov dá-lhe em público uma bofetada, sem que ele reaja, quando a coragem e o destemor o caracterizam. Ele próprio diz a Daria Pavlovna: "Não consigo empenhar-me verdadeiramente nem no bem, nem no mal: eis a minha condição, poderei um dia encontrar alguma coisa em que empenhar-me a fundo, com toda a minha pessoa?" Logo adiante esclarece: "... vocês todos acreditaram que eu fosse um deus... e, ao invés, era um medíocre". Mas, em lugar de considerarmos deserto o coração de Stavroguin, o que já passou em julgado para a crítica, temos vontade de acreditá-lo sensível e grande demais, nesse desespero de quem não consegue resolver no plano das limitações humanas sua imensa ternura.

A psicanálise encontraria a chave de Stavroguin na confissão que ele faz a Tikhon (apêndice subtraído ao romance pelo autor e incorporado por Fabbri à peça), segundo a qual possuiu uma menina e deixou que ela se enforcasse, certa de ter morto Deus. Foi o profundo sentimento de culpa, sem dúvida, que o levou a sentir-se responsável por toda a história da menina, e é pelo desejo de punir-se que se casa com uma aleijada, ademais doente mental. Chatov já havia visto nesse matrimônio a paixão do martírio e a volúpia moral, esse prazer da vergonha e do castigo.

Fica-se ainda em dúvida se é a indiferença ou a perversidade que induz Stavroguin a dar dinheiro para a supressão de Maria, ou se é a delicadeza moral que o obriga a sentir-se responsável pelo crime, já que poderia prevê-lo e evitá-lo. A aventura humana de Stavroguin, porém, não se reduz às coordenadas psicológicas. Ele não se empenha no bem e no mal porque está acima dessas categorias éticas, no plano efetivo do "demônio" que deseja substituir-se a Deus, ressentido com o poder do criador. Numa demonstração inequívoca de orgulho transcendente, Stavroguin fala ao bispo: "... Não me basta nem o seu perdão, nem o dos outros, nem o de Deus, nem... o de Cristo! Sou eu que me quero perdoar". A impossibilidade de admitir a condição conduz Stavroguin ao suicídio. Não se sabe até que ponto a visão de Tikhon, prevendo o que sucederá a Stavroguin, mas impotente para evitá-lo, se assemelha à atitude daqueles que não impediram o desespero final de Judas.

O itinerário de Stavroguin decorre da experiência sentimental e o de Kirillov, que se pode considerar uma réplica metafísica do amigo, surge como espantosa elaboração da inteligência. Não há, talvez, na peça de Fabbri, personagem mais bem talhada, aproveitando, aliás, os diálogos do romance.

A primeira aparição de Kirillov já o lança em seu clima. Diz ele a Stavroguin, enquanto brinca com uma criança: "Você sabe o que penso: que a morte não existe – existe apenas a vida". Esclarece que não se trata de vida futura: "Creio na eternidade da vida, simplesmente. Existem instantes em que o tempo pára e se torna eternidade". O conceito de harmonia se enriquece com o de liberdade e de absoluto, no diálogo de Piotr. "Se não existe Deus, sou eu – homem – que sou Deus". E explica: "Se Deus existe, toda a vontade está nele, e eu não posso subtrair-me à sua vontade; mas se Deus não existe, então minha vontade é soberana! E tenho o dever de afirmar minha absoluta liberdade, isto é, de afirmar o arbítrio!" Aduz: "... Tenho o dever de matar-me; porque a plenitude do meu arbítrio – a minha suprema liberdade – é suicidar-me!"

Kirillov justifica-se intelectualmente, dizendo ser o único homem que se matará por arbítrio: "O homem não fez outra coisa senão inventar Deus para poder viver sem matar-se. Eu só, pela primeira vez na história universal, não quis inventar Deus". Tem uma última explicação, antes do suicídio: "... mas se as leis da Natureza não pouparam nem a 'Ele' (Cristo), se não pouparam nem o seu próprio milagre, mas o obrigaram também a viver em meio da mentira e a morrer pela mentira, isso significa que todo o planeta não é senão mentira e assenta na mentira, e numa estúpida zombaria. Por que viver, então?" Mais uma vez revolta, impossibilidade de aceitar a condição humana, ressentimento pela precariedade do destino, ciúme de Deus. Os niilistas de Dostoiévski nunca puderam suprimir a imagem daquele que pretendiam negar. O desprezo de Kirillov por tudo faz que ele admita confessar a autoria dos horrores que não praticou, assinando a declaração em francês, numa última prova de desapreço pela sociedade.

Tanto Kirillov como Stavroguin movem-se numa esfera individual, em que procuram resolver intimamente suas contradições. O "de mônio" de Piotr Stepanovitch tem ação social marcada, isto é, arquiteta na prática o terror. Ninguém melhor do que ele ilustra a teoria de que os fins justificam os meios, colocando de cambulhada, na luta revolucionária, seus grandes ressentimentos pessoais: o abandono em que o deixou o pai, e assassinando Chatov – como lhe disse Kirillov – não por ser um traidor, mas porque recebera dele, há tempo, uma cusparada na cara.

Não importam, contudo, os motivos de Piotr. Vale a pena conhecer seus ideais de paz social: "... é preciso que se instaure a obediência!" "A sede de instrução é já uma sede aristocrática." "Existindo a família e o amor, aparece logo o desejo de propriedade. Nós mataremos o desejo". Quer ele, com efeito, um ideal de mediocridade, em que os homens terão o que comer em troca da servidão. Seria Piotr um revolucionário russo ou um precursor dos totalitarismos?

Já Chatov foi exorcizado, reconhecendo-se em seus traços, como quer a crítica, o própio Dostoiévski. Sente-se nele a encarnação do pan-eslavismo cristão do romancista. Chatov professa o que ouvira há tempos de Stavroguin: "Um ateu não pode ser russo; o ateu deixa logo de ser russo". "... o único povo portador de Deus no mundo é o povo russo... porque o catolicismo romano não é mais cristianismo... O nosso povo é o próprio corpo de Cristo!" Também ele concita Stavroguin a desfraldar uma bandeira, embora diferente da de Piotr: "A bandeira do povo russo à procura de Deus!" No diálogo com Kirillov, diz Chatov que eles adoeceram de heroísmo, e não lhe agradam mais os homens excepcionais. Essa completa aceitação da humanidade não parece melhor sucedida para Dostoiévski, já que, antes de ingressar na beatitude da vida comum, Chatov é sacrificado por Piotr. Não se poupará os que desejam ir longe demais, nem os próprios inocentes?

Não se pode negar que esse mundo é bem de Dostoiévski. O que valida *Os Demônios* de Fabbri. Mas, além do mérito dessa e de outras adaptações cênicas da obra dostoievskiana, vale a pena lembrar a influência que ela exerceu sobre os dramaturgos. E, no caso do Brasil, a admiração que Nelson Rodrigues, nosso maior autor, sempre votou ao romancista, considerando-o a marca definitiva em seu teatro.

(1981)

23. Um Pouco sobre O'Neill

Visitamos a viúva de O'Neill, inicialmente, com o objetivo de expor-lhe o que havia sido o programa do "teatrinho" do Ibirapuera, durante a II Bienal das Artes Plásticas de Teatro em 1959, quando se prestou homenagem ao autor de *Desejo*. A conversa, como não podia deixar de ser, evocava a todo momento a figura do dramaturgo, e procuraremos agora transmitir algumas imagens esparsas, fixadas sem a preocupação da entrevista ou da narrativa coerente.

A sra. Carlotta Monterey O'Neill tem setenta anos, mas parece incomparavelmente mais jovem, no rosto sem ruga, na finura e beleza dos traços, e na vivacidade permanente. Casou com O'Neill quando ambos tinham quarenta anos, e viveu ao lado dele durante 26, com uma dedicação e uma amizade que se prolongam depois de sua morte, no carinho e no trabalho para preservação de sua glória. O apartamento em que reside, num hotel, defende-a do mundo (a sra. O'Neill não gosta de sair à noite, receosa dos crimes que enchem as manchetes dos jornais), e está cheio de fotografias e de volumes com peças do dramaturgo, além de Esteban, um macaco de pano, primeiro presente que recebeu (só depois de casada), alusivo também ao seu primeiro encontro. A atriz Carlotta Monterey conheceu O'Neill quando ia interpretar o papel da jovem de *O Macaco Peludo*, em 1922, e um indisfarçado desinteresse marcou a apresentação sem muitas palavras. O segundo encontro deu-se alguns anos depois, em casa de uma amiga comum, a princípio no mesmo clima de antipatia. Diz a sra. O'Neill que se recusava a casar com o dramarturgo, e sempre sentiu por ele uma ternura maternal. Interessava-se pelo escritor, e não pelo homem. Acrescia que ela não gostava de autores e O'Neill só gostava de intérpretes no palco, nunca os trazendo para o seu convívio. A sra. O'Neill foi secretária do marido. Batia à máquina a mesma peça numerosas vezes, usando apenas dois dedos e lendo com dificuldade o manuscrito, porque a mão trêmula do dramaturgo tornava quase indecifráveis as letras. O'Neill estava permanentemente insatisfeito e mudava sempre de casa, na esperança de que a próxima lhe trouxesse paz. Na longa peregrinação pelo interior dos Estados Unidos, a sra. O'Neill sempre construía novas casas, e a de Sea Island sugeria num dos aposentos a forma de um navio, porque o dramaturgo só se sentia bem num ambiente que lhe lembrasse o mar. O'Neill era taciturno e, quando falava, entre dentes, não era facilmente compreendido. Gostava de dar longos passeios pelo campo, em silêncio, e os restaurantes e os lugares públicos lhe provocavam o tremor das mãos.

A timidez o levava a estranhos desconfortos. Um dia, a sra. O'Neill viu que ele caminhava com extrema dificuldade. – Por que está andando assim? – perguntou-lhe: – Não sei – foi a resposta. Depois de muita briga, a sra. O'Neill conseguiu tirar-lhe os sapatos e examinar os pés. Os dedos já estavam machucados. – Por que comprou sapatos tão apertados? – O vendedor disse que estavam bons... – foi a explicação. A sra. O'Neill presenteou-lhe novos sapatos e ele gostou tanto que saiu de casa escondido, um dia, para encomendar dez pares iguais.

O'Neill chamou-a uma manhã, asperamente. – O café não está bom? Falta alguma coisa? – ela indagou. Ele mostrou-lhe, indignado, a bandeja: – Não puseram flor. A sra. O'Neill levou-o à janela, para mostrar que era inverno e não havia flores no jardim. O dramaturgo reclamava a ausência, embora, em tantos anos, nunca tivesse mencionado o prazer que lhe trazia aquele cumprimento matinal.

Certa vez o médico aconselhou a sra. O'Neill a repousar, cerca de seis dias, numa casa de saúde. O'Neill não consentiu. – Não tinham casado para não se separarem nunca, tanto nos melhores como nos piores dias? – foi a sua objeção. Sem amigos, O'Neill só teve na mulher a companheira de todas as horas. Havia um cachorro, também – Blemie – cujo delicioso testamento O'Neill escreveu, e está publicado numa edição fora do comércio. Todo o tempo era dedicado ao trabalho. O dramaturgo só não escrevia no Natal, que ela fazia questão de embelezar com uma grande árvore, pois ele nunca tivera na infância. Quando não pôde mais trabalhar, nos nove últimos anos, tomado por constantes tremores, O'Neill, no dizer da viúva, já estava praticamente morto (faleceu em 1953).

Causou-lhe um particular desgosto a montagem de *The Iceman Cometh*, em 1946. Depois de longa ausência dos cartazes da Broadway (continuava a ser encenado na Europa), O'Neill depositava grande confiança na peça. A direção e o desempenho não eram bons, e o espe-

UM POUCO SOBRE O'NEILL

táculo não teve o êxito esperado. Consideravam O'Neill naqueles anos – meados da década de quarenta – um velho, que nada mais tinha a exprimir.

Por isso a sra. O'Neill sente um grande orgulho da atual revalorização do dramaturgo, embora os anos difíceis a marcassem com um evidente desgosto do *show business* em que se converteu o teatro. Dois anos antes de morrer, O'Neill transferiu a ela os direitos relativos a todas as palavras que tivesse escrito, mencionando no *trustee* que o fazia como prova de gratidão por ter sido sempre leal e honesta, além de compreender perfeitamente a sua obra.

Há alguns anos, José Quintero, diretor do *Circle in the Square*, pediu à sra. O'Neill autorização para reencenar *The Iceman Cometh*. Ela consentiu e o êxito foi estrondoso, iniciando o processo de reexame da obra o'neilliana, nos Estados Unidos. O encenador panamenho projetou-se ainda mais com esse espetáculo, embora não se transformasse ainda num dos nomes famosos da Broadway. A sra. O'Neill gostou tanto da montagem de *The Iceman Cometh* que um dia chamou o rapaz à sua casa, e lhe perguntou se queria dirigir *Long Days' Journey into Night*. Quintero não acreditou que fosse verdadeiro o oferecimento. Dominou o susto apenas depois de alguns drinques. O espetáculo teve imenso êxito, O'Neill é considerado um gênio incontestável e muitos críticos acham hoje José Quintero o melhor diretor dos Estados Unidos.

O ressentimento motivado pelo período em que se desinteressaram de O'Neill torna a viúva dura e exigente com os produtores da Broadway. Ela própria confessa que não é querida. Mas não se importa muito. Não chegou a sacrificar a carreira de atriz para dedicar-se ao dramaturgo, porque – ela própria o afirma – detesta o trabalho do palco. Os ensaios ainda passam, mas, depois da estréia, a repetição diária das mesmas falas seria mortal para ela. Queixa-se a sra. O'Neill, ainda, do excesso de impostos nos Estados Unidos. Isso torna a vida mais difícil (agora, não há mais gente rica em nosso país – declarou). Mas o incansável trabalho é compensado pela certeza de ter feito e estar fazendo muito pelo nome de O'Neill. Pudemos verificar, e José Quintero confirmou-nos: não fosse o zelo da sra. O'Neill em cuidar da obra do dramaturgo, seu nome talvez ainda se encontrasse no injusto esquecimento dos anos que precederam sua morte.

Foram várias nossas conversas com a atriz Carlotta Monterey. Às refeições, no restaurante da Carlton House, onde ela se hospeda, serviam-nos um aperitivo com sabor pronunciado de limão ("preciso sentir esse gosto" – dizia), e talvez a pequena dose de bebida estimulasse os seus vigorosos setenta anos para as lembranças e as confidências. Não conhecemos nos Estados Unidos outra personalidade que nos impressionasse tanto, e só o privilégio de falar-lhe justificaria uma visita a Nova Iorque. O que Mrs. O'Neill dá de si, às poucas pessoas que

132 DEPOIS DO ESPETÁCULO

atravessam as fronteiras de seu mundo recluso, tem de inscrever-se obrigatoriamente entre aquelas recordações que enchem a vida.

Não sabemos se deveríamos concluir que a sra. O'Neill se apagou completamente em função do marido ou se viu no auxílio ao dramaturgo a possibilidade de realizar também o próprio destino. Ela nos disse, repetidas vezes, que não queria o casamento e só por insistência dele acabou por ceder. Levara-a a interessar-se por O'Neill a intuição de que ele tinha um grande talento, que não podia ser desperdiçado. Por isso, tratou-o com desvelos maternais, dando-lhe o lar que ele nunca tivera e quase perdendo a vista, como secretária, na decifração de uma letra miúda e cada vez mais trêmula. Já na inscrição final do manuscrito de *Mourning Becomes Electra* O'Neill chama-a de colaboradora, num agradecimento que volta a exprimir-se no *trustee* em que lhe concede plenos direitos sobre a obra. Mesmo consciente do papel que desempenhou na carreira do dramaturgo, e tendo sido livre a escolha de seu caminho, a sra. O'Neill deixa escapar que o maior erro que praticou foi ter-se separado do primeiro marido, um capitalista inglês que tem hoje 86 anos e é pai de sua única filha. Eles se correspondem e guardam terna amizade. Por que o abandonou? – um dia lhe perguntamos. Ficou claro, da explicação sem nenhuma vulgaridade, que o jovem se casara sem outras experiências femininas e não estava muito a par dos deveres matrimoniais.

O que se passou entre ela e O'Neill, na intimidade, só Deus sabe – falou-nos a viúva, e não nos sentimos com o direito de indagar mais nada. As revelações sobre o temperamento e os hábitos do dramaturgo surgiam no correr dos diálogos. Como um estribilho, a sra. O'Neill sempre afirmava: – Ele era muito estranho... E, com um indisfarçável desprezo pela nossa condição de pessoas comuns, explicava as suas diferenças pelo tormento da genialidade.

Até ao descrever os pormenores da vida cotidiana a sra. O'Neill sublinha as estranhezas do dramaturgo. Enquanto muita gente evita o café, na hora de dormir, pelo receio de perder o sono, ele ia para a cama apenas depois de tomar uma boa xícara. Só recebia agradecimentos dele, aliás – acrescentou – por preparar-lhe esse café. No trato pessoal, ela percebeu-lhe características de sadismo. No início, o procedimento magoou-a muito. A familiaridade com os livros de psicologia ensinou-a a não permitir-lhe esse prazer, e despistava-o fingindo que não percebia as provocações. A origem de O'Neill desvenda para a viúva o homem: ele era um *black Irish*.

Sempre o dominou a inquietação, o mal-estar em qualquer lugar em que se encontrasse. O casal, nos 26 anos de vida comum, teve dezessete residências diferentes. A sra. O'Neill construiu verdadeiros castelos e palacetes, mas, inadaptado por natureza, o dramaturgo sempre acreditava que uma nova casa seria melhor. Ele gostou, certa vez, de Sea Island. Cansada das sucessivas mudanças, ela sugeriu que alu-

UM POUCO SOBRE O'NEILL

gassem uma residência provisória, a fim de verificar se o clima não era contra-indicado em alguma das estações. O'Neill insistiu na compra imediata, e, pouco depois de estabelecidos, ele começou a queixar-se de que não se sentia bem no lugar, porque a água era impura. Acusam a sra. O'Neill de ter afastado o marido dos amigos. Ela fala que ele é que preferiu isolar-se, pedindo-lhe que não o interrompessem no trabalho: não desejava conversar com ninguém. Como ele só não escrevia no dia de Natal, acabou por dedicar-se inteiramente à criação da obra, terminando uma peça num dia, depois de várias versões, para no dia seguinte iniciar outra.

O'Neill não concedia entrevistas e não se importava com os críticos. Nenhuma de suas peças o satisfazia inteiramente, e apenas de vez em quando, achava que uma cena era boa, aproximando-se da perfeição almejada. Para obter esse resultado, não se poupava um trabalho insano, reescrevendo partes inteiras e destruindo o que lhe parecia incompleto. Justiça lhe seja feita – comenta a sra. O'Neill. Nunca ninguém se dedicou tanto à obra como ele.

Poucos prazeres O'Neill se concedia. Desacostumado ao conforto, foi a mulher que lhe ensinou as vantagens de uma boa vida material. Fez construir para ele uma ampla cama, de quinze por doze pés. Dos hábitos antigos, trazia apenas o das longas caminhadas e o de nadar, e era, em sua opinião, exímio nadador. Tocava também piano e se distraía com um cachorro de estimação, cujo testamento escreveu. Mas os contatos humanos, mesmo os ocasionais, com desconhecidos, tornaram-se-lhe penosos. Certa vez, o casal foi ao teatro. O'Neill pediu à mulher para comprar ingressos na última fila, onde seria mais fácil passar despercebido. Uma espectadora reconheceu-o e pediu-lhe um autógrafo. O dramaturgo, tímido e bem educado, atendeu-a com amabilidade, mas logo depois começou a tremer. Findo o intervalo, quando se apagaram as luzes, ele pediu para deixarem o teatro. Sabe-se que O'Neill não assistia nem mesmo às próprias peças, acompanhando a preparação do espetáculo até os ensaios gerais.

Assunto delicado é o das relações do casal com os filhos de O'Neill, nascidos de seu casamento anterior, com a atriz Agnes Boulton. A sra. O'Neill sempre se deu bem com eles, quando em vida do marido, mas não lhe era simples encontrar a medida de um convívio pacífico. Se ela satisfazia as necessidades financeiras de Shane, por exemplo, O'Neill a repreendia por mimá-lo. Se recusava ajuda, era acusada de não gostar dos filhos dele. Quando ela não lhe comunicava as situações desagradáveis, para não afligi-lo, e ele vinha a conhecê-las, admoestava-a por pretender afastá-lo da família.

Os filhos deram muito aborrecimento a O'Neill. Shane nada conseguiu fazer, viciado em tóxicos. Eugene Jr. foi brilhante professor de Grego na Universidade de Yale, mas prejudicava a sua carreira pelo excesso de bebida e pela vida particular pouco regrada. Comentava-se

134   DEPOIS DO ESPETÁCULO

mesmo que era mantido na cadeira em sinal de respeito ao pai. Acabou suicidando-se, como se sabe, por motivos não esclarecidos.

A sra. O'Neill admite uma hipótese muito melancólica sobre o caso. Segundo ela, Eugene Jr. não queria matar-se efetivamente, mas apenas aborrecer o pai. Cortados os pulsos, saiu de um aposento em direção ao telefone, talvez para pedir socorro. Porém, "como entendido em grego e não em anatomia", esvaiu-se em sangue antes de alcançar o aparelho.

Foi o advogado de O'Neill quem deu a ela a notícia do suicídio. A sra. O'Neill procurou preparar o marido para a revelação, mas ele, desconfiado, logo perguntou o que acontecera ao filho. Ao saber a verdade, os músculos de seu rosto se contraíram e grandes olheiras se desenharam na máscara. O'Neill não foi ao enterro e nunca mais pronunciou o nome de Gene Jr.

Certa vez, o dramaturgo afirmou que tinha dois filhos, e só Oona contava. Contra a vontade dele, ela se casou com Chaplin e, ao, ser cientificado da união, O'Neill deixou também de mencioná-la. Pensou-se que ele a perdoaria quando um dos netos recebeu o seu nome. O'Neill manteve-se irredutível até a morte.

Custamos muito a perguntar à sra. O'Neill por que não tivera um filho dele. Ela deu uma grande risada e afirmou que nunca desejara. Depois de conhecer a família O'Neill, não julgava recomendável colocar mais descendência no mundo.

É público que O'Neill sempre foi homem doente, desde a tuberculose contraída na mocidade. Vários anos antes de morrer, um tremor agitava-o com freqüência, e acreditava-se que ele sofria da moléstia de Parkinson. A sra. O'Neill pensou em processar o médico que fez essa afirmação em livro, incluindo o dramaturgo entre as vítimas ilustres dessa doença. Segundo a viúva, O'Neill sofria de um tremor congênito, o mesmo que atacara sua mãe (como está descrito em *Long Days' Journey into Night*), bem como depois um filho.

Insatisfeita com os laudos clínicos, a sra. O'Neill exigiu uma autópsia completa do marido. Apesar da resistência dos médicos, que diziam não ter dúvidas sobre a *causa mortis*, ela quis certificar-se sobre o que havia errado nele. Nenhum dos órgãos apresentava degenerescência, nem mesmo o fígado, normalmente castigado pelo álcool. Daí ela ter concluído que talvez fosse exagerada a antiga fama de grande beberrão, que cercava O'Neill. Aliás – lembrou – depois do casamento (e viveram juntos 26 anos), ele só se embebedara duas vezes. A única parte do morto que mostrava insuficiência era a posterior do cérebro, incumbida do controle dos movimentos. Por isso, ele chegou a cair no chão. Ela precisava ajudá-lo a locomover-se e, certa vez, não agüentando o peso, caiu também e quebrou a espinha.

Nos últimos anos (a morte ocorreu em 1953), o tremor agravou-se e ele não pôde mais trabalhar. O neurologista ministrava-lhe sedativos,

UM POUCO SOBRE O'NEILL

para tornar menos penoso o efeito sobre o corpo, sobretudo porque ele permanecia inteiramente lúcido. Desde que foi obrigado a ficar inativo, O'Neill quis morrer. Trinta e seis horas antes do falecimento, entrou em coma, e chamava-a como se fosse a mãe.

A relação de mãe com filho, presente em toda a obra, transferia para a esfera artística o drama familiar. Para O'Neill, a mãe o odiava, e ele nunca pôde compreender esse repúdio. Diz a sra. O'Neill que, apesar da extrema sinceridade, *Longa Jornada Noite Adentro* ainda foi uma romantização do quadro de família, por respeito aos pais mortos.

Dois anos depois que O'Neill faleceu, a viúva decidiu mudar-se de Boston para Nova Iorque, a fim de melhor cuidar da divulgação de sua obra. A inteira confiança que depositou nela, para só permitir boas montagens das peças (a última estréia em vida de O'Neill foi *The Iceman Cometh*, malogro que o feriu profundamente), exige da viúva uma dedicação constante, e até a presença de uma secretária para auxiliá-la nos contatos. Quando José Quintero lhe pediu autorização para reencenar *The Iceman Cometh*, antes de outras conjeturas ela lhe fez algumas perguntas essenciais sobre o texto, e só ao ver a familiaridade dele com O'Neill consentiu em cogitar-se do preparo do espetáculo. Ainda assim, ela entrevista todos os atores, ciosa de que interpretem perfeitamente o pensamento do dramaturgo. E se arrepende, por exemplo, de haver permitido a entrega do papel principal de *A Touch of the Poet* a Eric Portman, que lhe pareceu efeminado em cena. São tão severas as exigências dela com os empresários que no meio teatral a denominam *the old bitch*, título que a faz rir gostosamente.

Convidamos a sra. O'Neill para assistir à apresentação de *Take Me Along*, comédia musical baseada em *Ah! Wilderness*. O espetáculo constitui um dos maiores êxitos de público da Broadway, na temporada, e chega a ser um entretenimento agradável. Mas esqueça-se o original, pois para quem o tem presente na memória a deturpação das personagens provoca um dos mais constrangedores sentimentos. Transmitimos depois nossa impressão à sra. O'Neill e ela disse que por saber disso é que não havia comparecido ao teatro e não aceitara o nosso convite. No caso, não se importava muito, porque a comédia musical era apenas baseada na peça e os empresários consideram necessário, no gênero, adocicar os tipos e resolver favoravelmente todos os problemas.

Indagamos à sra. O'Neill qual a bibliografia que ela considera importante sobre o marido. Nenhum estudo a satisfaz e os livros publicados depois da morte procuram, a seu ver, explorar o sensacionalismo. São tudo mentiras – assinala. E aquilo que se escreve não lhe diz muita coisa, pudemos observar. A sra. O'Neill tem certeza de que o nome do dramaturgo está inscrito na história do teatro, na linha direta que vem de Ésquilo. O tempo fará total justiça ao gênio norte-americano, que ela, aliás, ressentida com o seu país, chama de irlandês. Voltada para o essencial, a sra. O'Neill estimula o ouvinte a abdicar do efêmero e às vezes até incomodam as palavras com as quais se refere à pequenez de tudo à volta. Essa noção íntegra do destino humano deve ter sido decisiva para que O'Neill se afundasse na obra, preservando o mais possível a saúde, a fim de não esbanjar o talento. Companheira de todos os instantes, a sra. O'Neill é responsável também pelo enriquecimento da dramaturgia.

(1960)

24. Dedicatórias de O'Neill

Ao enviar-nos o volume de *Inscriptions* que O'Neill lhe dirigira, a sra. Carlotta Monterey O'Neill observou que se tratava de uma verdadeira biografia do dramaturgo. No caso, sendo apenas dele as dedicatórias e cartas, uma autêntica autobiografia. Provavelmente a viúva, ao desejar a publicação de documentos tão íntimos, pensou responder, sem uma palavra própria, a tantas conjeturas feitas sobre o seu matrimônio. A esposa anterior de O'Neill escrevera "parte de uma longa história", em que entrava em jogo apenas o testemunho pessoal. Aqui, são reproduzidas em fac-símile as palavras escritas pelo autor de *Mourning Becomes Electra* – confissões de validade irrefutável.

O livro, admiravelmente impresso pela Universidade de Yale e destinado sobretudo aos bibliófilos (edição de quinhentos exemplares, vendidos, sob encomenda, ao preço de 25 dólares cada um), apresenta um interesse de carinho e simpatia para o estudioso de O'Neill, como se lhe fosse permitido confirmar, por meio de papéis secretos, aquilo que a obra e os depoimentos já sugeriam. Não há uma revelação nova e sensacional. Percebe-se o duro caminho percorrido pelo dramaturgo, na tentativa de libertação dos seus fantasmas e de encontro de paz e serenidade. Verifica-se como a atriz Carlotta Monterey foi a companheira de todos os instantes, a presença sem a qual não atravessaria a longa jornada vida adentro.

A primeira dedicatória data de 1926, quando se deu a aproximação do casal. Ambos estavam perto dos quarenta anos (O'Neill nasceu em 1888), vindos de experiências sentimentais malogradas, e a obra

138 DEPOIS DO ESPETÁCULO

dramática importante ainda estava por fazer. O volume comprova como a união se consumou em torno das peças sucessivamente escritas, nas quais, pelo zelo, paciência e trabalho de secretária, a sra. O'Neill entrou como verdadeira colaboradora. A maioria das dedicatórias é aposta em manuscritos, provas e volumes publicados, como se a vida em comum se resumisse na penosa elaboração dos textos. Defendemo-nos da facilidade de generalizar juízos com base nesses elementos, já que é natural dedicar-se apenas aquilo que é de valor mais íntimo e significativo. Mas a incidência de agradecimentos e declarações amorosas, ligados à obra, deixa entrever a participação que teve nela a viúva.

A diversidade de locais referidos nas *inscriptions* mostra como O'Neill foi incapaz de fixar-se numa casa, precisando constantemente evadir-se de um lugar para outro, na esperança de uma quietude que nunca vinha. Há mais de uma lembrança carinhosa dos tempos de França e do *oui* mútuo um dia dito em Paris. A Tao House, na Califórnia, contribui com os poucos extravasamentos sensuais do dramaturgo. Não se limita ele a cultuar pela palavra os prazeres íntimos: exprime-os em desenhos sugestivos, típicos de um abandono sem reservas.

Antes de estar impresso o livro, o sr. Alvin Eisenman, professor da Universidade de Yale que veio em 1959 a São Paulo para cuidar das salas norte-americanas na Bienal, disse-nos que tivera dúvidas quanto à edição das dedicatórias. Cabia-lhe desenhar o volume e, na qualidade de editor, era responsável legal pela publicação. De acordo com os códigos dos Estados Unidos, não é o autor e sim o editor quem responde criminalmente pela divulgação da obra. Foram por certo as intimidades de algumas dedicatórias que o assustaram. Transmitiu seu receio à sra. O'Neill e ela o chamou de puritano. As ponderações do sr. Alvin Eisenman suscitaram nela, finalmente, o comentário: "se o sr. for para a cadeia, eu prometo levar diariamente ótima comida". Diante dessa obstinação e candura, o professor de arte preferiu aceitar o risco.

Muitas dedicatórias foram vazadas no dia de Natal. A sra. O'Neill já nos falara na obsessão que representava para o dramaturgo essa festa. Com os pais, ele nunca tivera um Natal feliz, com árvore, bolo e presentes. Talvez para ele essa lacuna simbolizasse a ausência do afeto materno, tão magistralmente descrita em *Long Days' Journey Into Night*. A sra. O'Neill presenteou-lhe os natais da infância, e as dedicatórias externam o seu agradecimento e retribuição.

O volume deve constituir um irresistível convite para o grafólogo de pendores literários. Mesmo para o leigo, é interessante observar a variação da letra de O'Neill, à medida que os anos passam. No difícil trabalho de decifrá-la, para datilografar as peças, a sra. O'Neill acabou necessitando de grossas lentes nos óculos. O tremor que, no fim da vida, impediu o dramaturgo de escrever, acentua-se nos documentos dos instantes de crise. A maioria das dedicatórias traduz compreensão, entendimento matrimonial, felicidade pelo transcurso de datas signifi-

DEDICATÓRIAS DE O'NEILL 139

cativas. Mas há os testemunhos de dias sombrios, principalmente em 1946 e 1948. Sabe-se que a guerra trouxe para o casal até problemas de subsistência, e foi a viúva, com proventos próprios, quem assegurou o custeio das despesas. Abandonaram-se as amplas mansões da década anterior, em troca de um miúdo apartamento, no qual todos os serviços ficaram a cargo da esposa. Talvez por causa dessa tensão, os arrufos domésticos aumentaram e passou-se um episódio estranho, não sabemos se relacionado com a seguinte carta, datada de 19 de janeiro de 1948: "Querida: Pelo amor de Deus, perdoa e volte. Você é tudo o que eu tenho na vida. Estou doente e por certo morrerei, sem você. Você não quer matar-me, eu sei, e uma maldição a acompanhará, até os últimos dias". Estamos informados de que a sra. O'Neill fazia restrições a amigos de O'Neill, que se instalaram em sua casa. As brigas agravaram-se de tal forma que um dia ele a internou num hospital para alienados. O médico verificou que ela não padecia de mal nenhum. Diante do ocorrido, porém, ela recusou-se a voltar à casa, mudando-se por conta própria para outro local. Foi preciso que O'Neill afastasse os amigos e insistisse muito para que ela retornasse ao lar. Se essa crise não é a mesma a que se refere a carta, vê-se, de toda maneira, como O'Neill não suportava mais a solidão e dependia inteiramente da mulher.

Ao lado das palavras próprias, utilizadas nas dedicatórias, freqüentemente o dramaturgo vale-se de citações, parecendo viver num clima todo literário. Às vezes, são diálogos de suas peças, que atestam como a experiência pessoal alimentava a obra (ou como a criação artística derramava-se para a biografia), e às vezes transcrições de outros autores, que num particular revelavam afinidade com ele.

Uma das críticas insistentemente feitas a O'Neill é a da ausência de poesia em sua obra: ele teria grande força dramática, sem contudo o poder de transcendência poética que elevou os trágicos gregos e Shakespeare. Embora não partilhemos esse juízo restritivo, sobretudo porque *Longa Jornada Noite Adentro* nos parece um dos mais belos e pugentes poemas dramáticos da história do teatro, é possível que O'Neill sofresse com a crítica e lhe desse ouvidos. Numa dedicatória, lembra que não é poeta, e mais tarde chega a compor um poema (sem grande mérito literário), para cantar o seu sentimento. As poucas referências à crítica não se revestem de simpatia: *Dynamo* havia sido mal tratada pela imprensa, e outras incompreensões O'Neill lamenta para com algumas de suas melhores páginas. Chama ele *Days without End* de "nosso filho, cuja cabeça (sob os golpes dos críticos), está sangrando, mas sem curvar-se!"

No manuscrito original de *Longa Jornada*, o dramaturgo externa à esposa "o amor e ternura que me deram a fé no amor, a qual me permitiu finalmente encarar meus mortos e escrever esta peça". No cômputo de diversas impressões, acreditamos que a sra. O'Neill terminou por envolver aos poucos o marido, atendendo a desejo dele ou por força da própria personalidade. Não se pode esquecer que foi ao lado dela que o dramaturgo escreveu suas obras-primas, como se, depois de tantas aventuras da juventude, necessitasse de um ponto de apoio e de repouso para entregar-se à penosa elaboração dos textos. O'Neill teve consciência desse importante papel desempenhado em sua vida pela companheira de 26 anos, a cujo lado alcançou a serenidade. E o final da belíssima dedicatória no manuscrito de *Mourning Becomes Electra*, datada de 1931, é uma epígrafe para toda a vida em comum: "mãe e esposa e amante e amiga – E colaboradora! Colaboradora, eu te amo!"

(1960)

25. Ionesco

Gostamos de Ionesco. Pessoalmente, bem entendido, já que o apreço pela sua obra tivemos oportunidade de manifestar, numerosas vezes. Em meio à ridícula eficiência de todos nós, ao exato cumprimento dos deveres, ele surgiu, em São Paulo, desprotegido e aberto às mais diversas solicitações, sem o desejo de encerrar em palavras definitivas um conceito sobre o País ou a cidade. Sua chegada ao Rio de Janeiro constituiu-se em equívoco, como se fosse uma situação possível numa peça a escrever. Os jornalistas tomaram-no como um inimigo, que se recusa a conceder entrevistas e a colaborar com eles. À distância, Ionesco parecia um desses talentos malcriados, recluso na própria solidão e incapaz de pagar o tributo, por pequeno que fosse, à popularidade. – Por que então aceitou um convite do Itamarati para visitar o Brasil? – podia-se perguntar, não sem motivo. Bastou vê-lo, no aeroporto, para sentirmos como somos facilmente sugestionáveis, e como é Ionesco quem tem razão. Convidaram-no para vir aqui, e ele veio. Se o tivessem convidado para ir à China, ele provavelmente deixaria também a vida pacata, na França. Ionesco não tem nada contra nenhum país. Mas não o obriguem a emitir opiniões sobre o mundo. Ele fica encabulado, e a timidez pode parecer falta de simpatia. Puro erro. Ionesco é de uma impressionante humanidade. Um grande praça – como diria qualquer pessoa. Os outros o assustam um pouco, acostumado como está às pequenas platéias, ao círculo de amigos, à vontade de não se impor a ninguém. Ionesco é homem para o bate-papo íntimo, em fim de noite, quando não se precisa ser a favor de nenhum candidato e importa sobretudo meditar sobre a nossa condição.

142 DEPOIS DO ESPETÁCULO

Ionesco diz que é como o seu gato. Tem medo de tudo – da mulher, da filha, dos reclamos oficiais, do avião. Sobretudo do avião. Ao vir de Brasília a São Paulo, o vôo comportava duas paradas, em Goiânia e Uberlândia. No aeroporto de Congonhas, obcecava-o a idéia de tomar um uísque, que o reconfortaria de tanta violentação. Desconfiamos de que pensou em adiar imediatamente a partida para o Rio, a fim de não ter novo problema de viagem. Não precisaria sofrer logo o suplício do transporte. E começou a revelar interesse pela paisagem brasileira. Era meio caminho para propor-se a volta de ônibus. Mais seguro, no chão. E Ionesco nos contou depois que ainda não decidiu a viagem aos Estados Unidos, a convite do empresário que apresentará *O Rinoceronte*, na Broadway: querem que ele faça doze conferências, de Nova Iorque a São Francisco. Seriam numerosas as viagens aéreas.

Mas Ionesco viaja, no fim de contas. Sente-se que as exigências do cotidiano o deixam perplexo. Ele não se demite, porém. Vai cumprindo o mandato de viver, com o auxílio dos recursos mais elementares. Bebe o uísque que lhe é possível ingerir, e depois se queixa de sono. A garapa (descoberta paulista) serve de antídoto a tanto álcool. E Ionesco gosta também de comer. Vorazmente. Empanturramo-nos, diversas vezes, e vinha uma sensação de enfado. Não sabemos se por gentileza ou por vontade de experiência, Ionesco insistia na comida brasileira. Reclamava sempre um churrasco no espeto, mas nunca acertávamos naquela carne que tinha visto, um dia, e que era diferente da que nos serviam. Num jantar, reconheceu-a, de novo, numa mesa vizinha. O garçom identificou-a como carne de porco. Dissipou-se o encantamento de Ionesco.

Tudo isso pode parecer meio brincalhão, até mesmo pitoresco – mas que tem a ver com o teatro? São, sem dúvida, aspectos fugidios da personalidade, e a nosso ver ajudam a retratar o dramaturgo. De *A Cantora Careca* e *A Lição* a *O Rinoceronte* sente-se o espanto do homem jogado num mundo absurdo, e tudo o que Ionesco exprime é verificação e crítica desse absurdo. A conversa é para ele uma invenção permanente, e não pelo prazer da anedota ou do espírito gratuito. As imagens sucedem-se, no aparente ilogicismo com que deflagram nas peças, e o interlocutor não vê nenhum esforço para mostrar-se engraçado. Informaram-lhe que há, em São Paulo, um menino com o mesmo nome seu. – Na Romênia, todo mundo se chama Ionesco – falou. Há 85% de Ionescos e 95% de Popescos. – Era, certamente, réplica de uma peça. O público se lembra de que Ionesco, durante a leitura comentada na Sala Azul do Teatro Natal, disse que fez uma teoria sobre o seu teatro, para defender-se da incompreensão da crítica. Esmerou-se na elaboração dos conceitos estéticos. Escreveu, depois, outra peça, que nada tinha a ver com aquela teoria. Ionesco preserva a sua disponibilidade – a única atmosfera em que pode existir e criar, de fato.

144 DEPOIS DO ESPETÁCULO

Principalmente agora, essas idéias prestam-se a interpretações tendenciosas, e o mais cômodo é tachar logo Ionesco de reacionário. Sartre sintetizou muito bem a opinião de certa crítica de esquerda, ao dizer que as primeiras peças de Ionesco, mostrando o absurdo da linguagem burguesa, constituíam uma crítica à burguesia, enquanto as últimas, fechadas num humanismo sem perspectivas, levavam a uma postura suicida. Não negamos que *O Rinoceronte* exprima um individualismo acerbo, que se confunde hoje com uma filosofia pequeno-burguesa, considerada de direita. Essa crítica, entretanto, resulta superficial. Ionesco esclareceu que o ponto de partida do texto foi uma crítica ao nazismo, que se ampliou para tornar-se crítica às histerias coletivas. Não é o apoio de sua intenção primeira que nos leva a admitir a ideologia de *O Rinoceronte*. Num certo sentido, quando Sartre afirma que é preciso introduzir de novo o anarquismo dentro do marxismo, ou, que a esquerda deveria revalorizar o homem crítico, suas idéias constituem o mesmo desafio, que se pode vislumbrar no enraizamento humanista de Ionesco. São a defesa da liberdade contra as palavras de ordem rígidas, a recusa da cegueira partidária que proclama um dia a perfeição e depois a desgraça de um deus. Todos os escritores (até mesmo os críticos teatrais), de acordo com a maré, prestam-se à exploração de políticas opostas, mas em geral eles não têm muito a ver com os interesses em que os colocam. Ionesco permanece fiel à sua dignidade de homem. Agora, pode-se considerar essa tática inoportuna e inconveniente. Um dia se revalorizará a fidelidade irredutível às prerrogativas humanas.

No dizer de Ionesco, a arte ainda sofre as limitações impostas pela política totalitária. A França conheceu uma grande efervescência com Jacques Copeau e o Théâtre du Cartel (Dullin, Jouvet, Pitoeff e Baty). Experimentava-se tudo, nenhum resultado era definitivo. A ascensão nazista e fascista silenciou as vozes novas, de um lado, e de outro os comunistas quiseram impor as suas fórmulas e soluções. A pintura, menos afeita a esse processo restritivo, pôde desenvolver-se em campos experimentais muito mais vastos. Os textos literários, que utilizam a palavra (principalmente o teatro, que se define como arte coletiva), necessitam ser dirigidos, e daí o seu pouco avanço, com relação às outras artes. Ionesco reivindica a coexistência de múltiplos caminhos artísticos, e não, por exemplo, a subordinação única ao estilo brechtiano. Depois de fazer o elogio de *Homem por Homem*, peça de Brecht, anterior ao lançamento dos postulados épicos, e na qual é criticada a despersonalização do herói na massa anônima, lembrou Ionesco que os comunistas não gostam de certos textos de *Pavores e Misérias do III Reich*. Na Polônia, no seu dizer, detestam o dramaturgo alemão, enquanto dia a dia se expande mais o teatro de vanguarda. Recusa Ionesco a possibilidade de academismo na obra dos autênticos autores de vanguarda, porque se supõe nela a constante experimentação, a procura insatisfeita de uma linguagem sempre nova.

Para Ionesco, as duas maiores catástrofes em sua vida (e na da França) foram a morte prematura de Emmanuel Mounier e a de Camus. Para ele, a obra filosófica de ambos exprime as inquietações mais legítimas do século XX, a vontade de encontrar um lugar verdadeiro para o homem no mundo. Com relação a Sartre, sentimos que as opiniões de Ionesco foram prejudicadas pela necessidade de responder às críticas que recebeu. Confessou Ionesco admiração por *Huis Clos* (*Entre Quatro Paredes*), *O Muro* e pelos primeiros romances. Mas não se podia evitar o terreno pessoal (é raro o bom escritor que não morra de ódio de outro bom escritor seu contemporâneo), e as reservas teóricas passam ao terreno do anedótico. Disse Ionesco que Sartre detestava a França. Defende o nacionalismo dos países subdesenvolvidos. Por que não se tornar nacionalista brasileiro? Segundo Ionesco, Sartre sente um terrível ciúme de de Gaulle.

Talvez este momento, com as paixões pré-eleitorais exacerbadas, não fosse o ideal para uma visita de Ionesco ao Brasil. O Rio pareceu-lhe desumano, na correria desenfreada de todas as horas. São Paulo acalmou-lhe um pouco a agitação, pelo feitio mais europeu da cidade. Apesar de sentir-se aqui um pouco em casa, conforme declarou, não se cansava de ver os grandes edifícios, e contar mentalmente o número de pavimentos. Todo o mundo, porém, está mais curioso em saber o que Ionesco achou de Brasília, e ainda aí suas impressões estão coerentes com a sua personalidade.

Retificando o que se publicou erroneamente, Ionesco faz questão de dizer que Brasília lhe parece tão impressionante como a bomba atômica e os foguetes interplanetários. É uma cidade para ter uma vida admirável, dentro de dez anos. Estranhou a tristeza de seus habitantes, que dão a impressão de que gostariam de morar longe dali. Mas agradou-lhe muito a pulsação humana da Cidade Livre, com sua fisionomia de *farwest*. Quanto à arquitetura, ela é por certo bela.

Essas impressões, colhidas numa rápida visita, não fogem ao lugar-comum, e seriam estranháveis em Ionesco. Brasília, de súbito, acabou oferecendo a ele a imagem em que devem fixar-se, em seu universo, todas as agressões da vida exterior. No hotel em que se hospedou, faltava água. Apertava um botão, e não se fazia a higiene. Trocou de quarto, na esperança de melhor êxito. Repetia-se o mesmo cerimonial, sempre infrutífero. Depois de experimentar vários aposentos, decidiu, derrotado, dormir. E a cidade se fundiu na substância amorfa, "de todas as cores", que se multiplicava e crescia, como um mar a afogá-lo. Bendito Ionesco, que se libertou de todo o convencionalismo, resumindo assim a sensação que o tomou, na Capital do Futuro.

Ionesco vive sossegado, em Paris, e vai às vezes ao campo, para trabalhar. Poucos amigos rodeiam-no, e entre eles os atores que interpretam seu teatro. Ionesco elogia muito Jacques Mauclair, Jean-Marie Serreau, Tsilla Chelton, Roger Blin, Nicolas Bataille e Marcel Cuvelier.

Só com *O Rinoceronte* foi acolhido por uma vedete: Jean-Louis Barrault. Mas os outros são grandes artistas – diz Ionesco –, apenas pouco conhecidos por causa da cortina isolante da burguesia e dos comunistas. A encenação londrina de sua última obra não o convenceu muito. Laurence Oliver não era indicado para o papel. Orson Welles é irregular como diretor, tendo algumas realizações geniais e dormindo o resto do tempo. Quando dirigiu *O Rinoceronte*, dormia.

Sartre argumentou que, num mundo em que todos se transformavam em rinocerontes, não haveria razão para Béranger não preferir também ser rinoceronte. Conhecendo Ionesco, justificamos melhor as palavras finais do protagonista: "Eu sou o último homem, e permanecerei homem até o fim! Não capitulo!" É essa a imagem que guardamos de Ionesco: desamparado, *gauche*, assistindo surpreso ao espetáculo que lhe oferecem. Um lírico. Na tarde em que leu e comentou seu teatro, mostrou-nos que havia mandado passar as calças, e pusera gravata (observamos, silenciosamente, que os sapatos guardavam ainda a poeira de Brasília). Chegou a São Paulo com uma pasta, que era toda a sua bagagem. No caso de Ionesco, não se podem admitir as palavras mágicas, definidoras da maioria dos mortais. Quando todos parecem estar empenhados, à esquerda ou à direita, ele recusa as simplificações e os alistamentos sumários, e grita (grita não, mostra timidamente) que é o que deseja ser. Um homem.

(1960)

26. Samuel Beckett e a Presença do Outro

Tratando-se de peça de Samuel Beckett, o título *Dias Felizes* parece bastante irônico. Porque é impossível pensar em felicidade, quando Winnie, de cinqüenta anos, está enterrada até acima da linha da cintura, no primeiro ato, e, no segundo, entala até o pescoço, no centro de um pequeno monte, que se eleva de um amplo espaço de grama crestada. E Willie, de sessenta anos, sai de um buraco, balbucia vez por outra algumas palavras e fica de gatinhas, fora do alcance da vista da mulher.

A metáfora logo transparece nessa situação absurda. A ação humana carece de sentido, já que, em qualquer hipótese, se condena ao nada. O dia de Winnie se encerra entre dois limites: o da campainha que soa, estridente, para ela despertar; e o da reza ou o da canção que ela tenta cantarolar, coroando o raciocínio: "Oh, que dia feliz este também terá sido. (*Pausa.*) Mais um. (*Pausa.*) Apesar de tudo. (*Fim da expressão feliz.*) Até agora." No meio, a imobilidade (como prenúncio, da que virá, inevitavelmente), entrecortada por um turbilhão de palavras, signo de que Winnie continua viva.

Samuel Beckett gosta de explorar esse território difícil em que o teatro quase deixa de ser teatro, por abolir tudo o que se afigura acessório. Repugna-lhe a espetaculosidade, recurso de quem não se apega aos valores da essência. Dramaturgia minimalista, ter-se-ia vontade de definir, num minimalismo que o tempo todo exprime o máximo de significação.

A própria idade dos protagonistas supõe uma longa existência em comum. O casal se basta em rituais diferentes. Começado o dia, Winnie retira de uma sacola uma escova, em seguida a pasta, escova os dentes, cospe, pega um pequeno espelho, examina os dentes e também as gengivas, e pode tirar uma conclusão expressiva: "... não está pior, não... (*abandona a inspeção, volta à fala normal*)... nem melhor, nem pior... (*pousa o espelho*) ... nada mudou ... (*limpa os dedos na grama*) ... nenhuma dor... (*procura a escova de dentes*)... quase nenhuma... (*apanha a escova de dentes*)... o que já é maravilhoso...*" A ausência de dor física é um bem apreciável para a humanidade.

Já Willie, na visão de Winnie, "não tem ânimo para nada, nenhum interesse na vida... sempre dormindo..." Ou, melhor, ele lhe entrega, a certa altura, um postal, que ela qualifica "da mais genuína e pura imundície". Devolvido, o postal continua a deleitar Willie, que o observa de variados ângulos. A incapacidade para a ação determina o comportamento do *voyeur*.

A tendência seria a de equiparar a situação de *Dias Felizes* a mera expectativa da morte. Vladimir e Estragon, protagonistas de *Esperando Godot*, a primeira obra-prima teatral de Beckett, estão permanentemente à espera de Godot, cujo nome contém *God* (Deus) e o carinhoso sufixo *ot*, atribuído a Charlot, o terno Carlitos de tantos filmes memoráveis. Godot não vem no dia do espetáculo, mas manda dizer que chegará no seguinte. Esperança, sempre renovada, de uma explicação de tudo? O certo é que, enquanto eles esperam, Vladimir se priva do paletó, para aquecer o sono de Estragon. A ternura, ou a poesia, anima o convívio.

Em *Dias Felizes*, é maravilhoso que não se passe um só dia sem que "algo enriqueça o nosso conhecimento". E Winnie vence a solidão, pela simples companhia de Willie: "(...) eu posso dizer a todo momento, mesmo quando você não responde, e mesmo até talvez não ouça nada, alguma coisa disto está sendo ouvida, eu não estou falando sozinha, quer dizer no meio de um deserto, o que é uma coisa que eu nunca suportaria... por muito tempo. (*Pausa.*) É isso que me permite continuar, continuar a falar, entenda-se. (*Pausa.*) Enquanto que se você morresse – (*Sorriso*) – para falar como nos velhos tempos – ou fosse embora e me abandonasse, então o que é que eu iria fazer, o que é que eu *poderia* fazer, o dia inteiro, quero dizer entre a campainha de acordar e a campainha de dormir? (*Pausa.*) Simplesmente ficar olhando para a frente, com os lábios cerrados". Adiante, Winnie mostra ter consciência de que "só saber que você está aí ao alcance da voz e possivelmente semi-alerta é... hum... o meu pedacinho de céu".

Em chave diversa de Sartre, em *Huis Clos* (*Entre Quatro Paredes*), o mundo de *Dias Felizes* e de Samuel Beckett seria de absoluto pessimismo, se não estivesse ancorado na presença do outro.

27. Brecht, o Shakespeare dos Oprimidos

Nenhum monstro sagrado do teatro internacional teve, na segunda metade do século **XX**, presença mais avassaladora na cena brasileira do que Bertolt Brecht. Não é de estranhar essa demora, se ele participou efetivamente do palco alemão apenas na década de vinte (havia nascido em 1898), exilou-se em 1933, para fugir à sanha ascensional do nazismo, e retornou a Berlim em 1948, ali atuando até a morte, em 1956. Na França, os defensores do Teatro Nacional Popular, de Jean Vilar, passaram-se ostensivamente para Brecht, em 1954, quando o *Berliner Ensemble*, por ele dirigido, foi aclamado no Teatro das Nações de Paris. A conquista do Brasil não tardou muito, a partir daí, e a marca brechtiana tornou-se tão profunda que o dramaturgo e teórico pode reivindicar a nacionalidade brasileira.

Faço esta afirmação algo peremptória num instante em que Brecht, não fosse o centenário de seu nascimento, pareceria até um pouco esquecido, ao menos quanto à freqüência das montagens. Entende-se esse parcial esquecimento: há, sempre, uma necessidade de novas linguagens – o apogeu de Brecht ligou-se ao combate contra a ditadura militar, e a queda do muro de Berlim e a dissolução da União Soviética sugerem a muitos que caducaram os problemas sociais. Antes dos ventos globalizantes, porém, a mecanização do afastamento brechtiano, empreendida em nossos espetáculos, já me levava, como crítico, a pedir: se interrompessem uma cena, para o ator fazer um discurso dirigido à platéia, que me avisassem, pois eu não poria os pés no teatro. E, ironicamente, em sua última peça, *A Serpente*, Nelson Rodrigues,

150   DEPOIS DO ESPETÁCULO

antibrechtiano convicto, aproveitou após o diálogo, às vezes, uma espécie de "monólogo interior aos gritos" – o ator vem à boca de cena e "fala para a platéia como o tenor na ária", possível lembrança inconsciente da prática de Brecht.

O certo é que numerosos textos do autor, antes da publicação em português de seu *Teatro Completo*, se sucederam tanto nos palcos do Rio e de São Paulo como de todo o País, notadamente de Salvador, Belo Horizonte e Porto Alegre. A primeira vez que me impressionou uma montagem do dramaturgo foi com *A Alma Boa de Setsuan*, realizada pelo Teatro Popular de Arte (Cia. Maria Della Costa-Sandro Polloni), sob a direção de Flaminio Bollini Cerri, em 1958. O encenador italiano, vindo para São Paulo no início dos anos cinqüenta, a fim de incorporar-se ao grupo do Teatro Brasileiro de Comédia, fez uma viagem ao seu País de origem, onde Giorgio Strehler, no Piccolo Teatro de Milão, começava a notabilizar-se como um dos maiores diretores de Brecht no mundo, e talvez daí seu domínio da nova técnica. Com maior ou menor êxito, praticamente toda a dramaturgia brechtiana, senão a mais representativa, tivemos oportunidade de ver, para enriquecimento de nossa cultura.

São Paulo assistiu a versões diferentes de *Mahagonny* (Ademar Guerra, Cacá Rosset), *Baal* (Roberto Lage), *O Casamento do Pequeno Burguês* (Luís Antônio Martinez Corrêa, Iacov Hillel), *O Círculo de Giz Caucasiano* (Luiz Carlos Arutin), *A Exceção e a Regra* (Alfredo Mesquita, Paulo José), *Os Fuzis da Sra. Carrar* (José Renato, Antonio Ghigonetto, Flávio Império), *Galileu Galilei* (José Celso Martinez Corrêa), *Happy End* (Augusto Francisco), *Um Homem É um Homem* (Emílio Di Biasi, João das Neves), *A Mãe* (Leda Villela), *Mãe Coragem* (Alberto D'Aversa), *A Ópera dos Três Tostões* (José Renato), *O que Mantém um Homem Vivo* (Renato Borghi e José Antônio de Souza), *A Resistível Ascensão de Arturo Ui* (Augusto Boal), *Schweik na II Guerra Mundial* (Mário Masetti), *Na Selva das Cidades* (José Celso Martinez Corrêa), *Os Sete Pecados Capitais* (Celso Nunes), *Os Tambores na Noite* (Fernando Peixoto, Mário Masetti), a colagem *Teatro do Ornitorrinco Canta Brecht e Weill* (Luiz Roberto Galizia, Cacá Rosset), *Terror e Miséria do Terceiro Reich* (Antônio Abujamra, Amir Haddad, Cacá Rosset), *As Visões de Simone Machard* (José Felipe) e outras obras.

Contra um teatro freqüentemente digestivo, Brecht escreveu uma dramaturgia que evoluiu de um individualismo anárquico e niilista para uma consciência política sempre mais aguçada, que não se limitava a apontar os erros sociais, mas vinha indicar o caminho para a modificação do homem e do mundo no qual ele vive. As obras da fase marcadamente empenhada surpreendem os grandes e variados temas que superam os dramas individuais e revelam o macrocosmo social: em *A Exceção e a Regra*, o mercador assassino do cule que o guiava no

deserto é absolvido, porque o gesto de solidariedade, dando-lhe água, tinha sido interpretado como ameaça à sua integridade física; *Terror e Miséria do III Reich* fixa o pesadelo kafkiano do nazismo; *Mãe Coragem* mostra o horror da guerra, por meio da personagem-título que, sobrevivendo de comerciar no campo de batalha, perde um a um os seus filhos; *Vida de Galileu* dramatiza o conflito do cientista que abjura aparentemente suas convicções, para não sofrer a censura religiosa, mas ao mesmo tempo salva o seu livro *Discorsi* do obscurantismo, fazendo-o atravessar a fronteira italiana; *A Alma Boa de Setsuan* é uma parábola a respeito da bondade impossível, na nossa organização social; *A Resistível Ascensão de Arturo Ui* prova, por meio de uma história de gângsters, que é preciso coibir a escalada ao poder totalitário; e *O Círculo de Giz Caucasiano*, alterando o julgamento salomônico, deixa claro que a propriedade pertence, de fato, a quem a cultiva. Na peça didática *A Decisão*, o militante comunista, que poria a perder, por afoiteza, todo o esquema estratégico da luta, reconhece o erro e aceita ser sacrificado.

Não foram apenas montagens elogiáveis de Brecht, em que, a meu ver, se distinguiu *Na Selva das Cidades*, uma das mais belas realizações do teatro brasileiro, dirigida por José Celso Martinez Corrêa, mas vários dramaturgos nossos se valeram, com inteligência, das sugestões contidas em sua dramaturgia. Sem a menor preocupação de esgotar o tema, lembro *Revolução na América do Sul*, de Augusto Boal, lançada em 1960, no Teatro de Arena de São Paulo: o homem do povo José da Silva ilustra o absurdo da organização injusta, enquanto um narrador adverte que "se teatro é brincadeira, / lá fora... é pra valer". Alimentando a resistência ao golpe militar de 1964, Augusto Boal e Gianfrancesco Guarnieri apresentaram, em 1965 e 1967, *Arena Conta Zumbi* e *Arena Conta Tiradentes*. Dois heróis históricos na luta pela liberdade foram arregimentados, metaforicamente, para denunciar o arbítrio. Oduvaldo Vianna Filho e Ferreira Gullar beberam em Brecht, além de outras fontes, a deliciosa verve de *Se Correr o Bicho Pega, Se Ficar o Bicho Come*. João das Neves não esconde a dívida para com o dramaturgo alemão, em *O Último Carro*. E muitas experiências do Centro Popular de Cultura, na tentativa de conscientização do povo, utilizaram os ensinamentos brechtianos.

A teoria do distanciamento ou do estranhamento, base para a maior eficácia da encenação de Brecht, serviu de ponto de partida, também, para o Sistema Curinga, criado por Augusto Boal, primeiro de forma embrionária, em *Zumbi*, e depois com plenitude, em *Tiradentes*. A não-identificação ilusória do ator à personagem era propiciada pela circunstância de cada ator desdobrar-se no desempenho de todos os papéis, sendo cada papel interpretado por todos os atores, salvo o de protagonista. O efeito de estranhamento, apelando para a análise racional da situação, impedia o delíquio emotivo do desempenho, sem

BRECHT, O SHAKESPEARE DOS OPRIMIDOS 153

prejuízo do aspecto emocional. E a figura do Curinga, verdadeiro *meneur de jeu*, entrava num papel, quando necessário, e comentava a ação, esclarecendo-a para o espectador.

O Sistema Curinga evoluiu para a teoria do Teatro do Oprimido, desenvolvida por Augusto Boal e hoje aplicada em todos os continentes, do Canadá e dos Estados Unidos à América do Sul, da França, da Itália, da Alemanha e da Áustria à África, e da Índia e do Japão à Austrália. Uma de suas técnicas é o Teatro-Fórum, em que as opções são debatidas, evocando muitos textos de Brecht, que privilegiam os julgamentos. Tudo é ponderado nas peças didáticas e, no Teatro-Fórum, o público improvisa uma nova proposta, a fim de resolver a situação desenvolvida. Outra técnica, a do Teatro Invisível, pode ter-se originado de um poema de Brecht que recomenda o comportamento contrário à de uma senhora que, não tendo dinheiro, devolve às prateleiras do supermercado tudo o que precisava para comer. O grupo de Boal, improvisando uma situação semelhante, num supermercado europeu, criou um tumulto, ao denunciar a suposta penúria dos compradores que não têm como evitar a fome.

Ao lado da legítima apropriação do pensamento brechtiano na teoria e na prática teatral brasileiras, deve-se lembrar que há hoje, entre nós, uma expressiva bibliografia relativa ao autor, muito maior do que a da totalidade dos grandes criadores modernos – Strindberg, Ibsen, Shaw, Tchecov, Pirandello, O'Neill, Genet, Beckett e Ionesco, entre outros. O pioneiro dos estudos brechtianos de fôlego foi o saudoso Anatol Rosenfeld que, exilando-se da Alemanha nazista, incorporou-se ao Brasil como um dos mais sólidos valores da nossa cultura. Suas lúcidas análises encontram-se em *O Teatro Épico, Teatro Alemão, Teatro Moderno* e *História da Literatura e do Teatro Alemães*, livros obrigatórios para quem deseja aproximar-se do tema.

Outro brechtiano de largos méritos é Fernando Peixoto, que não só dirigiu a coleção do *Teatro Completo* do autor, em doze volumes, como lhe dedicou dois ensaios específicos – *Brecht: Vida e Obra* e *Brecht: Uma Introdução ao Teatro Dialético*, "leitura crítica" do *Diálogo de "A Compra do Latão"*, além de capítulos em outras obras.

Novo estudo indispensável para o conhecimento do autor se chama *Brecht – A Estética do Teatro*, de Gerd Bornheim, manipulando um contexto rico de filosofia. E não se podem omitir *Trabalho de Brecht*, de José Antônio Pasta Júnior e, numa área menos explorada, a da peça didática, *Brecht: Um Jogo de Aprendizagem*, de Ingrid Dormien Koudela. Multiplicam-se, por outro lado, as dissertações de mestrado e as teses de doutorado, testemunho do interesse universitário pela contribuição de Brecht.

Não cabe negar que, nos últimos anos, decresceu no Brasil a popularidade do dramaturgo, por dois motivos que se complementam: a nova fase do teatro brasileiro, a partir da estréia, há duas décadas, de

154 DEPOIS DO ESPETÁCULO

Macunaíma, "rapsódia" original de Mário de Andrade, dirigida por Antunes Filho, iniciando a hegemonia dos encenadores-criadores; e – repito – com o fim da União Soviética e a destituição dos comunistas ortodoxos do Poder, em muitos Países, a idéia superficial de que o socialismo estaria definitivamente sepultado.

Entende-se que os encenadores, assumindo as rédeas do espetáculo, não quisessem ficar atrelados à concepção épica e dialética, temerosos de uma prática muitas vezes seguida com dogmatismo e observância de modelos rígidos, não obstante as advertências brechtianas em contrário. E condenar os absurdos da guerra, a injustiça social, a falta de solidariedade e tantos outros erros em que vivemos pareceu a muitos alienados uma postura fora de moda, alheia à divindade do mercado e à selvageria do comportamento. Acresce que, findos os efeitos do Ato Institucional n.º 5, de 13 de dezembro de 1968, e com eles a ação deletéria da Censura, o teatro metafórico dos anos sessenta e setenta ficou de súbito obsoleto, e o espaço vazio foi preenchido pelo besteirol, fruto da despolitização alimentada pelo período ditatorial. E – convenhamos – nada mais incompatível com Brecht do que o besteirol.

Agora que se caminha para recuperar os estragos, estabelecer novo equilíbrio produtivo e elidir os enganos prejudiciais, Brecht está pronto para retornar à ordem do dia, como um dos criadores mais conseqüentes da História do Teatro. A comemoração do centenário de seu nascimento se mostra a oportunidade adequada para um balanço objetivo. Não houve, no século XX, formulação mais feliz que a do teatro épico e dialético, e não estamos esquecendo Artaud, Grotówski, Eugenio Barba, Peter Brook, Tadeusz Kantor e muitos outros. E se Ibsen foi chamado o Shakespeare burguês, será justo consagrar Bertolt Brecht o Shakespeare dos oprimidos. E sabe-se que a opressão é mais ampla do que se gosta de propalar, espraiando-se do território social para o do indivíduo, nos mais variados domínios e longitudes.

(1998)

28. Saudação a Václav Havel

A Academia Brasileira de Letras sente-se honrada de receber a visita de Sua Excelência o Presidente da República Tcheca, não num encontro formal de estadista com membros de uma instituição que festejará, em 1997, seu centenário, mas sobretudo porque Václav Havel é um grande dramaturgo, cuja obra se inscreve entre as poucas a marcar o teatro contemporâneo.

Acompanhamos, atentos e interessados, a trajetória de um escritor que sempre se pautou por intransigente dignidade, lutando contra o arbítrio totalitário instaurado em seu País. Václav Havel não era um intelectual passivo, que se acomodava aos desígnios do poder: empenhado sem desfalecimento na defesa dos direitos humanos, teve sua obra proibida tanto em livro como no palco, em 1969. Impedido de ganhar a vida, quando todos os cidadãos eram funcionários do Estado, ainda foi preso em 1978, de 1979 a 1983 e por último em 1989, para finalmente, restaurada a democracia, ser eleito presidente da República Tchecoslovaca em 29 de dezembro desse mesmo ano. Em 26 de janeiro de 1993, Václav Havel elegeu-se presidente da nova República Tcheca, posto que ele valoriza com discernimento e operosidade.

Vim a ler as peças de Václav Havel em função de um raciocínio que não deixa de observar uma certa lógica. Fui um dos criadores da Bienal de Artes Plásticas de Teatro, realizada no quadro da Bienal de São Paulo. Já em 1959, a Tchecoslováquia, com uma exposição que abrangia de 1914 até a metade do século, valorizando a obra do mestre Frantisek Troster, foi considerada o país melhor representado. Em

156 DEPOIS DO ESPETÁCULO

1961, obteve o prêmio de melhor cenógrafo internacional o artista tchecoslovaco Joseph Svoboda. E, nos certames sucessivos, consagraram-se outros profissionais daquele País, revelando um pendor inequívoco para a vanguarda. O então comissário da Tchecoslováquia disse-me que o estímulo proporcionado por esse reconhecimento levara as autoridades a cogitar da criação da Quadrienal de Praga, desde que não houvesse prejuízo para a exposição de São Paulo. Propus que se celebrasse um convênio, pelo qual a Bienal de Artes Plásticas de Teatro se converteria em quadrienal, alternando-se com a iniciativa tchecoslovaca. Redigi a minuta do documento, firmado pelos respectivos ministérios das Relações Exteriores, e desde então os artistas brasileiros são recebidos com especial carinho em Praga. Acha-se aí um intercâmbio que, infelizmente, não recebeu uma divulgação condigna.

A qualidade da cenografia tchecoslovaca me fez pensar que dificilmente ela estaria dissociada de uma literatura dramática do mesmo nível. E, por isso, comecei a interessar-me pela dramaturgia de Václav Havel, a que tive acesso em traduções italianas e francesas, por desconhecer a sua língua. Passível de enquadrar-se na corrente que recebeu o qualificativo de teatro do absurdo, essa dramaturgia não é caudatária de nenhum nome, e se impõe pela originalidade e pela madura meditação a respeito do destino do homem na terra.

No posfácio da edição francesa das peças *Audiência, Vernissagem e Petição* (Paris, Gallimard, 1993), o próprio autor, com sinceridade que testemunha sua elevada natureza humana, admitindo ser-lhe difícil escrever, por falta de idéias e de autoconfiança, presa de uma ruminação paralisante, fornece as pistas iniciais para o seu conhecimento. Para ele, "a conjuntura, aparentemente desvantajosa, da origem burguesa no seio de uma sociedade comunista", o fez ver "de chofre o mundo por assim dizer 'de baixo', isto é, como ele é, o que me acautelou contra as ilusões e os mitos". Chegando aos vinte anos em 1956 e não em outra data, acredita Václav Havel: "Minha visão 'de baixo', a experiência de Kafka e do teatro francês do absurdo, um pendor para impelir o raciocínio *ad absurdum* me revelaram nesta situação social sem precedente um meio natural para fecundar minha escrita". O conterrâneo Kafka, especialmente mencionado, aliás pai de toda a literatura do absurdo, é a referência mais orgânica do universo do dramaturgo. Daí não soar falso Havel ter dito, na solenidade em que recebeu o título de doutor *honoris causa* da Universidade Hebraica de Jerusalém, em 1990, que "se Kafka não existisse, e se eu fosse melhor escritor do que sou, eu próprio teria escrito suas obras".

A Festa ao Ar Livre, a primeira peça do dramaturgo, apresentada em 1963, já mostra o gosto pelo jogo de palavras, a liberdade surrealista, o espírito satírico, o insólito das situações. Hugo pergunta ao Diretor o que deve inaugurar. Resposta: a liquidação. Nova pergunta: Liquidação do quê? O diretor completa: do Serviço de inauguração.

SAUDAÇÃO A VÁCLAV HAVEL

Memorandum, de 1965, avança no sentido da sátira política, ao inventar o ptidepe, que seria uma nova língua burocrática, emaranhada no próprio absurdo. A professora Perina, numa aula, reconhece que o ptidepe supervalorizou o significado da redundância, e por isso teve origem nova linguagem sintética, denominada *chorukor*. A certa altura, Gross convida todos "para dedicar as melhores energias à luta pelo feliz e rápido retorno à natural linguagem humana, à nossa amada língua materna..." E no final constata que "estamos em condição de dominar a desagregação do núcleo do átomo, mas não somos capazes de impedir a desagregação da nossa personalidade; somos capazes de estabelecer rápidas comunicações entre os vários continentes, mas se torna para nós sempre mais difícil o problema de estabelecer a comunicação de um homem para outro! Em palavras diferentes, nossa vida perdeu qualquer patamar superior de referência, e nós nos cindimos irreparavelmente, alienando-nos sempre mais profundamente do mundo, dos outros homens e de nós mesmos". O requisitório de Václav Havel é por um autêntico humanismo.

Dificuldade de Concentração, que chegou ao palco em abril de 1968, foi a última peça de Havel estreada antes da invasão da Tchecoslováquia pelas tropas soviéticas do Pacto de Varsóvia. Em carta de 22 de junho de 1986, enviada da prisão à sua mulher Olga, ele disse ter tentado indicar especificamente neste texto, pela primeira vez, que "A desintegração da identidade humana também significa (psicologicamente) a desintegração da continuidade existencial e portanto (filosoficamente) a desintegração do tempo (como dimensão intensamente experienciada do Ser)". Sem nenhuma concessão ao *boulevard*, o cientista Huml está às voltas com sua mulher Vlasta Humlová, sua amante Renata, a secretária Blanka, que ele tenta conquistar, e por último a cientista Jitka Balcárková, que o seduz. Tudo com a presença da máquina denominada Puzuk, "pequeno calculador automático", que processaria as informações de Huml, e apenas pede para repousar um pouco, mesmo sem ter feito nada. Se, na primeira réplica, Humlová diz ao marido que o almoço está pronto, e na última que o jantar está pronto, ela encerra ambas com a pergunta: "Bem, e agora?"

Não consegui ler *Os Conspiradores*, a primeira peça escrita por Havel em 1971, no novo regime ditatorial imposto ao povo tchecoslovaco. A ação se passa numa ditadura militar inespecífica, e o autor afirma que as circunstâncias no momento político o incitaram a desenvolver o tema da "crise de identidade do homem", fio condutor do seu teatro, "em abstrato". Com *Os Conspiradores* – acrescenta Havel – contraí a 'psicose da encruzilhada', preso pela importância crucial da obra para a minha carreira".

Havel definiu sua *Ópera dos Três Vinténs*, de 1972, como uma espécie de recreação, depois do calvário de *Os Conspiradores*. Ela inspirou-se nos motivos de *The Beggar's Opera*, de John Gay, o mesmo original transposto por Bertolt Brecht na sua *Ópera dos Três Vinténs*, de 1928. Não é um pequeno elogio avaliar que a versão haveliana, não obstante a excelência dos dois textos anteriores, impõe a sua autonomia, originalidade e eficácia cênica.

Não será exagero considerar Ferdinand Vanek, protagonista dos atos únicos *Audiência* e *Vernissagem*, ambos de 1975, *alter-ego* do dramaturgo, às voltas com o clima sufocante do regime ditatorial. Em *Audiência*, o interlocutor Sladek sabe que a polícia política deseja obter informações a respeito das atividades que Vanek desenvolveria, e se desespera na própria impotência. Cobram-lhe até a visita recebida do dramaturgo Pavel Kohout, de quem o governo cassou, depois, a nacionalidade. Já em *Vernissagem*, Ferdinand contracena com o casal Vera e Michael, e o diálogo se torna mais ambíguo, sendo-lhe censurado o papel de dissidente. "Por que se jogar diante das baionetas?" – pergunta-lhe Michael, certo de que nada há a fazer, quando apodreceu o destino da nação. Está implícito que o dramaturgo se manteve sempre fiel às suas convicções.

Escreve Havel que *Hotel de Montanha*, concluída em 1976, "quer ser uma espécie de poema cênico que não trata de 'nada', uma peça que renuncia a quase tudo o que, ordinariamente, faz uma peça". Transparecem nela, segundo o autor, "o tema da desintegração da identidade humana e o da esquizofrenia existencial", "mas no limite em que esses procedimentos podem endossá-los – por exemplo através de metamorfoses insólitas de personagens". Considera-a o dramaturgo realizada mais para si mesmo do que para o público, destinando-se a libertá-lo de um mundo de fantasmas obsessivos". Vejo-a como um jogo brilhante do diálogo, cheio de achados curiosos, distribuídas às vezes as mesmas réplicas por personagens diferentes.

De 1978 é *Petição*, a última obra em um ato da trilogia protagonizada por Ferdinand Vanek. Talvez, também, a mais terrível, na medida em que põe em confronto dois intelectuais de idéias semelhantes, no passado – e o interlocutor Stanek aderiu ao regime, abdicou da luta pelos Direitos Humanos. Stanek sugere que, se não Vanek, ao menos alguns de seus amigos gostam de pensar que "todo homem que, hoje, não está fora do circuito é um sujo ou um imbecil". Stanek chamou Vanek para lhe pedir que, não tendo sua intervenção pessoal logrado êxito, fizesse um protesto, uma petição ou um apelo em favor de Javurek, de quem a filha Annie espera uma criança. Vanek tira do bolso esse documento, já redigido, e perturba Stanek, com a hipótese de assiná-lo. Stanek se tinha "habituado à idéia de que, para esse gênero de ação, há especialistas... profissionais de solidariedade... os dissidentes". Mas enfrenta agora o dilema ético: recuperaria o auto-respeito, a dignidade, assinando a petição, ou preferiria aferrar-se ao *status* social conquistado? Um telefonema vem resolver a questão: Javurek foi libertado e o documento pode ir para o fogo...

SAUDAÇÃO A VÁCLAV HAVEL

A *Tanto Pior*, de 1983, pequeno drama que marca a volta de Vlácav Havel à escrita cênica, depois de quatro anos de prisão, sucede *Largo Desolato*, de 1985, que dramatiza de novo as vicissitudes de um intelectual. O protagonista é o filósofo Leopoldo Kopriva, instado pelos donos do poder a renegar o que escreveu, para que seja suspensa a sentença que o incrimina. Gostariam que ele declarasse não ser a mesma pessoa? Vem o esclarecimento: "não se pede para o Senhor declarar que não é o Senhor, mas simplesmente que o Senhor não é idêntico ao autor do que o Senhor sabe". No desfecho, retornam os emissários da ordem injusta, e Leopoldo afirma que devem ter compreendido que ele não tem intenção de assinar nada: "Prefiro morrer a renunciar a mim mesmo. Minha identidade humana é o único bem que possuo!" Mas Leopoldo é tranqüilizado: a sentença teria sido o resultado de um equívoco. Compreensivelmente, o filósofo acharia melhor que o levassem embora: "Não posso continuar a viver assim..."O texto é um pungente libelo contra os regimes discricionários.

Tentação, de 1985, pode definir-se como parábola, que se vale de uma paródia do mito de Fausto, para refletir sobre os novos rumos da política internacional. Se uma das tarefas do instituto científico em que trabalha Faustino seria a de lutar contra um "certo misticismo racionalista" que se liga à ciência moderna, ele se volta a experimentos de magia, ao estudo da literatura considerada "hermética". Seu objetivo seria o de "demonstrar a contradição flagrante que opõe as doutrinas idealistas e místicas do passado à exatidão objetiva dos conhecimentos adquiridos pela ciência contemporânea". Faustino se abriria aos ocultistas, para melhor combatê-los. No entanto, o diretor o acusa de ter querido servir todo o mundo, enganando todo o mundo ao mesmo tempo. Diz ele, numa réplica: "fui louco de acreditar que poderia servir-me dos poderes infernais sem vender minha alma! Não se pode trapacear com o demônio. O Diretor acha que Faustino estaria acusando, por meio dele, a ciência moderna de ser a fonte de todos os males, para ouvir o esclarecimento: "Não! Por meio do Senhor, eu acuso o poder intolerante, arbitrário, sem escrúpulo, que explora a ciência como arma cômoda para exterminar tudo o que recusa reconhecer sua autoridade e submeter-se a ele!" Ainda uma vez, a inaceitação consciente das supostas verdades totalitárias.

Chama-se *Saneamento* a última peça de Václav Havel, de 1987, antes de ser ele eleito Presidente da República. O cenário é o vestíbulo de um castelo medieval, lugar de encontro dos empregados de um escritório de estudos, incumbido de preparar um projeto de saneamento do lugarejo ao pé da colina. Delegados de mais de duzentos moradores, representando dez por cento da população, vêm manifestar desacordo com o projeto, cujos benefícios não superariam o desconforto dos longos anos de obras. Alega-se que as condições precárias da moradia são a triste herança do antigo regime, que exacerbava a oposição entre a vida dos senhores feudais e a dos vassalos. A trama complica-se com numerosas outras peripécias, os problemas existenciais ascendem ao primeiro plano, e o suicídio de um arquiteto leva o chefe Bergman a fazer o elogio fúnebre, em que diz: "Estamos transtornados antes de tudo porque compreendemos, graças a essa perda, que não somos inocentes. Nós também somos de fato responsáveis pelo triste estado do mundo, que impele os melhores entre nós a procurar refúgio no nada". Václav Havel faz um veemente apelo moral pela solidariedade.

Não se analisou aqui a apurada forma artística de um autor que vem realizando uma obra teatral que se situa entre as mais expressivas do nosso tempo. Nem esta casa é o lugar mais adequado para se exaltarem as qualidades do dissidente alçado à Presidência da República. A ação política de Václav Havel, porém, confirma a absoluta coerência e a sinceridade ímpar dos sentimentos superiores do dramaturgo e ensaísta.

(1996)*

---

* Esta Saudação foi feita em cerimônia na ABL.

29. Artaud, Fusão de Arte e Vida

A publicação de *Linguagem e Vida* (organização de J. Guinsburg, Sílvia Fernandes Telesi e Antônio Mercado Neto, São Paulo, Perspectiva, 1995) enriquece a bibliografia brasileira de Antonin Artaud, reduzida até ela a apenas dois volumes, surgidos na década de oitenta: *Escritos de Antonin Artaud* (seleção e notas de Cláudio Willer, Porto Alegre, L&PM, 1983) e *O Teatro e Seu Duplo* (tradução de Teixeira Coelho, São Paulo, Max Limonad, 1984). O livro, privilegiando a estética desse nome fundamental do pensamento moderno, espraia-se em capítulos que reúnem obras básicas no teatro, no cinema, na pintura, na poesia e na vida.

A intenção dos organizadores foi a de oferecer uma coletânea das *Obras Completas*, distribuídas em 22 volumes da Gallimard, excetuado o essencial *O Teatro e Seu Duplo*. Ninguém duvida que uma seleção mais abrangente permitiria o aprofundamento da múltipla e radical personalidade de Artaud (1896-1948), embora os limites impostos ao livro não tivessem prejudicado a inteireza de seu raciocínio. Mesmo no campo cênico, a inclusão de artigos, manifestos, projetos e correspondência elucida muito do conteúdo de *O Teatro e Seu Duplo*. A meditação artaudiana move-se da arte para a vida, que acabam por confundir-se.

Já o primeiro texto – "A Evolução do Cenário" – sugere intermináveis debates. Datado de 1924, antecipa incontáveis questões contemporâneas, que permanecem abertas. Algumas afirmações de Artaud soariam contraditórias, se não estivesse a uni-las um fio invisível, des-

162 DEPOIS DO ESPETÁCULO

cartando permanentemente o acessório. A frase inicial "É preciso ignorar a *mise en scène*, o teatro" se completa com a assertiva segundo a qual "Todos os grandes dramaturgos, os dramaturgos-modelo, pensaram fora do teatro". Poder-se-ia concluir que o teatro se contém no texto, porém o autor esclarece que Racine, Corneille, Molière "suprimem ou quase suprimem a *mise en scène* exterior, mas exploram ao infinito os deslocamentos interiores". Em seguida, Artaud exclama: "A escravização ao autor, a submissão ao texto, que barco fúnebre!" Nada de procurar, na encenação, uma fidelidade passiva à palavra do dramaturgo. Como "cada texto tem possibilidades infinitas", deve-se exprimir seu espírito e não sua letra. E vem o conselho: "Há que restabelecer um tipo de intercomunicação magnética entre o espírito do autor e o espírito do encenador", proposta que parece ser o desejo, hoje em dia, dos realizadores mais lúcidos do teatro brasileiro.

Artaud não concordava, também, com a reteatralização pura e simples do teatro, que foi uma bandeira para retirá-lo do domínio da literatura. Ele não discute, aí, Gordon Craig e Adolphe Appia, mas menciona "determinadas tradições novas, vindas da Rússia e de outras partes". Reteatralizar o teatro, nesses termos, tornou-se para ele "o novo grito monstruoso". O "teatro precisa ser relançado na vida" – eis seu brado veemente. Não se trata, contudo, de imitar a vida. Proclama Artaud que a necessidade "é reencontrar a *vida do teatro*, em toda a sua liberdade".

Ao invés de abandonar-se ao circo e ao *music hall*, que exercem atração sobre o mundo moderno, ele "diria antes que é preciso intelectualizar o teatro". "O que perdemos do lado estritamente místico, podemos reconquistá-lo do lado intelectual." Cumpre, para isso, "reaprender a ser místico, ao menos de uma certa maneira". Acrescenta Artaud que é necessário "Desembaraçar-se não somente de toda realidade, de toda verossimilhança, mas até mesmo de toda lógica, se ao cabo do ilogicismo percebemos ainda a vida". Tanto a realidade, que levaria ao realismo, como a verossimilhança, que supõe a imitação da verdade, não interessam aos objetivos de Artaud. "Seria preciso mudar a conformação da sala e que o palco fosse deslocável segundo as necessidades da ação. Seria preciso igualmente que o lado estritamente espetáculo do espetáculo fosse suprimido. Ir-se-ia lá não tanto para ver, mas para participar." Seria completa, assim, a integração palco-platéia: "O público deve ter a sensação de que poderia, sem uma operação muito engenhosa, fazer o que os atores fazem". Não se encontraria, aí, o germe do *happening*?

Ao tratar do primeiro ano do Teatro Alfred Jarry, na temporada de 1926-1927, o teórico afirma a "necessidade de que o espetáculo ao qual assistimos seja único, que ele nos dê a impressão de ser tão imprevisto e tão incapaz de se repetir quanto qualquer ato da vida, qualquer acontecimento trazido pelas circunstâncias". Eis outra possível

ARTAUD, FUSÃO DE ARTE E VIDA 163

definição do *happening*, como ele surgiria mais tarde. Ainda nesse mesmo escrito, Artaud anunciaria o "teatro pobre" de Grotóvski, se o diretor polonês não preferisse sentir-se filiado à tradição russa, negando qualquer influência de *O Teatro e Seu Duplo*. O teórico francês proclama o seu desprezo "por todos os meios de teatro propriamente ditos, tudo o que constitui o que se convencionou chamar encenação, assim como iluminação, cenários, figurinos etc." Percebe-se a convergência dos conceitos de ambos, e não se pode negar que o papel de precursor cabe a Artaud.

No "Manifesto por um Teatro Abortado", fica evidente que o exercício do palco tem outros propósitos: "Se nós fazemos um teatro não é para representar peças, mas para conseguir que tudo quanto há de obscuro no espírito, de enfurnado, de irrevelado, se manifeste em uma espécie de projeção material, real". O teatro é concebido "como uma verdadeira operação de magia". "O Teatro e a Psicologia – O Teatro e a Poesia" advoga a criação de "uma verdadeira linguagem baseada no signo em vez de na palavra." Na Europa, se confundiria teatro com texto. E a encenação seria "apenas um auxiliar, pode-se dizer, decorativo do texto", devendo opor-se a essa uma concepção "orgânica e profunda, onde a encenação se torna uma linguagem particular". Daí a conclusão: "o teatro só será devolvido a ele mesmo no dia em que toda a representação dramática se desenvolver a partir do palco, e não como uma segunda versão de um texto definitivamente escrito, suficiente a si mesmo, e limitado às suas próprias possibilidades". Quem não enxerga aí o germe da mais conseqüente criação coletiva?

Carta publicada em *L'Intransigeant*, em 1932, condena o teatro então praticado porque perdeu o sentimento da seriedade e do riso: "Enfim, ele rompeu com o espírito de anarquia profunda que é a base de toda a poesia". Em "O Teatro que Vou Fundar", Artaud admitiu a hipótese, quanto ao local, de optar por um galpão, reconstruído "segundo princípios que tendem a se aproximar da arquitetura de certas igrejas, ou melhor, de certos lugares sagrados e de certos templos do Alto Tibete". Depois de repetir que tem do teatro uma idéia religiosa e metafísica, porém no sentido de uma ação mágica, real, absolutamente efetiva, ele julga inútil dizer que considera "vãs todas as tentativas feitas na Alemanha, na Rússia ou na América, nesses últimos tempos, para submeter o teatro às finalidades sociais e revolucionárias imediatas". Acha-se implícita, aí, a crença na inoperância prática, por exemplo, das teorias brechtianas.

No empenho de devolver ao teatro o "caráter ritual primitivo", Artaud esclarece à revista *Comoedia* que, em seu empreendimento, "nós não encenaremos peças escritas. Os espetáculos serão feitos diretamente em cena e com todos os meios que a cena oferece, mas tomada como uma linguagem do mesmo nível dos diálogos do teatro escrito e das palavras. O que não quer dizer que estes espetáculos não serão rigorosamente elaborados e preestabelecidos definitivamente antes de serem encenados".

Correspondência sem menção a destinatário reitera a postura intransigente de Artaud. Diz ele: "O teatro, que é poesia em ação, poesia realizada, tem de ser metafísico ou então não ser". Não o assustam expressões ásperas: "Aqueles que visam dar, que visam devolver ao público a religião do teatro, e especialmente, de um certo teatro literário de obras consagradas: Ésquilo, Eurípides, Shakespeare, Molière, Corneille, Racine, para mim cospem fora da escarradeira".

Para quem se indaga sobre o significado do título *O Teatro e Seu Duplo*, a explicação contida numa carta a Jean Paulhan não deixa margem a dúvidas. De acordo com Artaud, "se o teatro duplica a vida, a vida duplica o verdadeiro teatro e isso não tem nada a ver com as idéias de Oscar Wilde sobre a arte. Esse título corresponderá a todos os duplos do teatro que penso ter encontrado há tantos anos: a metafísica, a peste, a crueldade. (...) É no palco que se reconstitui a união do pensamento, do gesto, do ato. O Duplo do Teatro é o real não utilizado pelos homens de hoje".

A parte relativa ao cinema divulga *A Concha e o Clérigo*, único roteiro de Artaud que chegou a ser filmado. Impedido pela diretora Germaine Dulac de ter acesso a qualquer fase da realização, ele repudiou certos equívocos grosseiros, ofendendo-a na primeira projeção pública. O roteiro havia procurado "concretizar esta idéia de cinema visual, onde a própria psicologia é devorada pelos atos". Dificilmente se poderia avaliar o original pelo resumo apresentado, mas é certo que a inspiração se aparenta inequivocamente ao surrealismo, movimento com o qual Artaud rompeu.

Os dons proféticos de Artaud se exercem num juízo candente: "O cinema vai aproximar-se cada vez mais do fantástico, esse fantástico que, percebemos sempre mais, é na realidade todo o real, ou então não viverá. Ou melhor, o fantástico será o real do cinema, como é o da pintura, da poesia". Síntese sobre a qual valerá a pena meditar a estética cinematográfica.

Também em relação à pintura não é nada convencional a reflexão de Artaud. Ele não faz uma crítica acadêmica dos quadros, nem se limita a descrever o que veriam olhos "normais". Seu procedimento é uma espécie de iluminação, como se buscasse, atrás das formas e das cores, uma existência irrevelada. Leiam-se os quatro textos enfeixados na coletânea sob a rubrica "Na Pintura" (o último deles, inspirado nos quadros de André Masson), sem contar "Van Gogh. O Suicidado da Sociedade", que os organizadores preferiram, acertadamente, acolher no capítulo mais amplo de "Na Vida".

A incandescência verbal de Artaud autorizaria pensar que muitos textos reunidos "Na Poesia" poderiam ser tomados como poemas em prosa, bem como quase tudo que ele produziu. Em "O Umbigo dos

Limbos", lê-se: "Eu não concebo nenhuma obra separada da vida". Adiante: "Eu sofro porque o Espírito não está na vida e porque a vida não seja o Espírito". Não é de estranhar, porém, a continuidade das palavras: "Que me desculpem minha liberdade absoluta. Eu me recuso a fazer diferenças entre qualquer dos minutos de mim mesmo. Eu não reconheço plano em meu espírito". Para dar lugar a uma ruptura: "É preciso acabar com o Espírito assim como com a literatura. Eu digo que o Espírito e a vida comunicam em todos os graus. Eu gostaria de fazer um livro que perturbasse os homens, que fosse como uma porta aberta e que os levasse lá onde jamais consentiriam em ir, uma porta simplesmente aberta para a realidade". Não foi ele quem se enclausurou na loucura: os outros é que não souberam ver a realidade revelada.

"O Pesa-Nervos", depois de afirmar a existência da inspiração e a crença "nos aerólitos mentais, em cosmogonias individuais", rejeita toda a escritura como uma porcaria e enfatiza: "Todo o mundo literário é porco, e especialmente o deste tempo". A exemplificação dos porcos abrange as múltiplas formas de inautenticidade.

"A Declaração de 27 de Janeiro de 1925", escrita por Artaud e assinada por 27 nomes, comprova a identificação inicial do escritor com os pressupostos do surrealismo, só recusada quando o movimento se associou ao marxismo. O manifesto, que recebeu a forma de cartaz, se exprime em nove artigos taxativos, que visam a abalar os repousados meios intelectuais. "Nós nada temos a ver com a literatura" é o primeiro clamor, para assustar os bem-pensantes. O surrealismo se define como "um meio de libertação total do espírito *e de tudo o que se lhe assemelha*". Junta-se "a palavra *surrealismo* à palavra *revolução* unicamente para mostrar o caráter desinteressado, desprendido, e mesmo inteiramente desesperado, desta revolução" (o desespero seria o oposto da frieza comunista). "Nós somos especialistas da Revolta" – depõe o documento. Recusa-se o manifesto a considerar o surrealismo uma forma poética: "É um grito do espírito que se volta para si mesmo e está de fato decidido a triturar seus entraves, e se necessário por meio de martelos materiais!" Evidencia-se, na Declaração, o empenho total da natureza de Artaud.

Fica difícil para um homem comum acreditar na boa saúde mental de Van Gogh, que, segundo Artaud, "em toda a sua vida, apenas queimou uma mão e, fora disso, não fez mais que cortar uma vez a orelha esquerda". Não há nenhuma ironia nessa afirmação, porque os absurdos do mundo "normal" são, para o ensaísta, muito mais graves. O que se ressalta, no belíssimo texto "Van Gogh. O Suicidado da Sociedade", é a lucidez superior dos gênios, dos escolhidos, que na sua visão penetrante são capazes de modificar a realidade.

O "alienado autêntico" é "um homem que preferiu ficar louco, no sentido em que socialmente isto é entendido, a trair uma certa idéia superior de honra humana. (...) Porque um alienado é também um homem que a sociedade não quis ouvir e a quem ela quis impedir de dizer verdades insuportáveis". Para Artaud, "Não há fantasmas nos quadros de Van Gogh, não há visões, não há alucinações. Há a verdade tórrida de um sol de duas horas da tarde". Tomado pelo poder revelador da arte de Van Gogh, ele acrescenta que, "para entender um girassol ao natural, é preciso agora voltar a Van Gogh, assim como para entender uma tempestade ao natural, / um céu tempestuoso, / uma planície ao natural, / não se poderá mais deixar de voltar a Van Gogh".

O esclarecedor prefácio a *Linguagem e Vida*, assinado por Sílvia Fernandes e J. Guinsburg, alude a traição, num empreendimento do gênero: "Tentar organizar alguns escritos artaudianos tomando como fio seu pensamento sobre loucura, encenação, cinema e linguagem é, sem dúvida, traí-lo. Artaud não pode ser tratado apenas como ensaísta. É infinitamente maior que isso". Seja como for, o volume contribui muito para o melhor conhecimento de um dos grandes profetas da modernidade.

30. Duse, Primeira Atriz Moderna

É surpreendente que um brasilianista, professor de Literatura Latino-Americana da Universidade de Manchester, doutorado em Glasgow com tese sobre Manuel Bandeira[1], responsável pela versão inglesa de seis livros de Clarice Lispector, além de ser autor de estudos dedicados a numerosos escritores do Brasil e de Portugal, tenha conseguido tempo para realizar exaustiva pesquisa, resultando num admirável livro sobre a grande atriz italiana Eleonora Duse (*Eleonora Duse – Vida e Arte*, São Paulo, Editora Perspectiva, 1995).

Giovanni Pontiero – é esse o nome do cidadão britânico nascido na Escócia – vasculhou todas as bibliotecas e os arquivos consagrados à diva, leu a enorme correspondência por ela trocada com amigos e personalidades do mundo artístico, e traçou um perfil nítido, que não se limita à vida pessoal, mas se estende às características no palco. Sem uma empatia profunda pelo objeto escolhido, que, se não exagera as virtudes, às vezes atenua os traços de um temperamento por certo difícil, o volume não seria tão substancioso.

Para que a figura da atriz surgisse na sua verdadeira dimensão, Pontiero fez o levantamento do teatro italiano da segunda metade do século XIX e das primeiras décadas do século XX, examinando o que ela recebeu dos predecessores e legou às novas gerações; comparou-a com os nomes representativos do palco europeu, particularmente Sarah

---

1. *Manuel Bandeira (Visão Geral de Sua Obra)*. Rio de Janeiro, José Olympio, 1986.

168 DEPOIS DO ESPETÁCULO

Bernhardt, considerada em termos populares sua maior rival; procurou definir as linhas de seu desempenho, isto é, a relação com as personagens; e – item muito importante – deu ênfase ao problema do repertório, ressaltando o papel de Duse ao impor na Europa e nas Américas a dramaturgia de Ibsen, já que não prosperou a tentativa equivocada de divulgar o compatriota e amante Gabriele D'Annunzio.

Dentro de genuína tradição italiana, a atriz nasceu (em 3 de outubro de 1858) no seio de uma família de atores, que a introduziram cedo nos segredos da profissão. Se não fosse o talento logo revelado, ela não teria facilidade para se afirmar, porque não era bonita e nem se distinguia pelo timbre vocal (uma das armas, por exemplo, de Sarah, celebrizada pela *voix d'or*, voz de ouro). Um dos êxitos marcantes de Duse veio da capacidade espontânea de despojar a interpretação do estilo declamatório então vigente, conferindo-lhe a força da naturalidade e da verdade.

Esse debate, com certeza, não tem fim, porque é improvável que, em épocas anteriores, não se julgasse natural a "declamação", aferida apenas pelo poder de convicção do ator. Ademais, se o naturalismo e o realismo estabeleceram o princípio de reproduzir a vida, no palco, surpreendida como se vista através do buraco da fechadura, as estéticas subseqüentes passaram a ressaltar outros valores, entre os quais o afastamento deliberado da realidade. E a reteatralização, embora não subentenda o artificialismo, consagra o artifício na base do fenômeno cênico. Duse, pelo mérito de interiorização da personagem, pelo processo seguro de identificação com o papel, foi uma das precursoras de Stanislávski, por ela, aliás, sempre elogiado.

Duse tornou-se o paradigma interpretativo de muitas das maiores autoridades artísticas, a começar de Bernard Shaw, que escreveu, sobre o seu desempenho: "it is the best modern acting I have ever seen"[2] ("é o melhor modo de representar moderno que eu jamais vi"), julgando de forma depreciativa, por outro lado, a arte de Sarah. Entre os que a exaltaram estão Garcia Lorca, Tchecov, Pirandello, Rilke, Eça de Queiroz e Artur Azevedo, e uma legião de críticos especializados e colegas de palco, assinalando-se Emma Calvé, Yvette Guilbert, Suzanne Desprès, Lugné Poe, Max Reinhardt, Cécile Sorel, Eva Le Galienne, Isadora Duncan, Ellen Terry e Gordon Craig.

É preciso reconhecer que, em grande parte, o repertório de Eleonora reproduziu o de Sarah. Traduções do romantismo e do melodrama francês alimentaram as temporadas sucessivas de Duse, apesar de seu empenho em apresentar a prata da casa. Os clássicos não eram o seu forte, excetuando-se uma *Mirandolina* (*La Locandiera*), de

---

2. *Selected Prose of Bernard Shaw*, editada por Diarmuid Russell. Londres, Constable and Company, 1953, p. 122.

Goldoni, muito aplaudida, e uma Cleópatra de *César e Cleópatra*, de Shakespeare, mutilada na adaptação do libretista e seu amante Arrigo Boito.

Em certo momento, a atriz quis pôr-se a serviço de D'Annunzio, paixão que, ao menos artisticamente, quase só lhe trouxe malefícios. Não obstante tudo o que ela fez para dar vida às suas peças, o autor egoísta (qualificativo escolhido entre outros mais pesados) concedeu primazia a Bernhardt para lançar *La Città Morta* (*A Cidade Morta*) e, tendo Eleonora adoecido antes da montagem de *A Filha de Iório*, não esperou seu restabelecimento e a substituiu por Irma Gramatica.

A propósito do mau casamento da arte de Duse com D'Annunzio, nada mais objetivo do que o juízo de Pirandello, citado por Pontiero (p. 220): "Na minha opinião, a atmosfera do teatro de D'Annunzio faz mais mal do que bem a Eleonora Duse... A arte de D'Annunzio é puramente externa. Ela se baseia numa suntuosa exibição de elementos formais, num formidável arranjo de um vocabulário opulento. É uma arte verdadeiramente milagrosa, mas é essencialmente superficial, pois tudo o que é expresso é mais notável por sua engenhosidade do que por uma profundidade de significado. A arte de D'Annunzio é urdida quase inteiramente de sensações, infladas com imagens elaboradas...

Em contraste, a arte de Eleonora Duse age a partir de recursos interiores. Em sua arte, tudo é simples, austero e quase nu... um mundo interior que repugna qualquer sugestão de artifício".

O alto conceito em que Pirandello tinha a atriz não o ajudou, porém, a ter uma só de suas obras por ela interpretada. Pensando nela, especificamente, ele escreveu a belíssima *La Vita Che Ti Diedi* (*A Vida Que Te Dei*), que, por falta de oportunidade ou qualquer motivo desconhecido, chegou à cena no desempenho de Alda Borelli.

Tem pesado no conceito da posteridade a circunstância de que o nome de Duse se associa ao de Ibsen, ao passo que o de Sarah evoca sobretudo Sardou. Ainda que Sarah interpretasse até o papel-título de *Hamlet*, fora numerosos clássicos, o suposto desinteresse por uma dramaturgia moderna conseqüente faz pender a balança para a atriz italiana. Raciocínio precipitado, sem dúvida, que trai preconceito em favor da precedência literária. Mesmo que seja legítimo advogar a montagem de peças de qualidade superior, certos desempenhos do teatro de *boulevard* oferecem um prazer artístico extraordinário. É como se o ator, trabalhando sobre matéria inconsistente, lhe emprestasse sua própria humanidade privilegiada, para alçar essa matéria à categoria de obra-prima. Já os grandes papéis dificilmente são captados na sua complexidade, provocando no espectador um sentimento de frustração. Aí está um dos paradoxos do teatro.

A glória internacional de Eleonora Duse não bastou para que ela atuasse num palco permanente, com elenco próprio, em sua pátria. Antes da última excursão aos Estados Unidos, acenaram-lhe com a perspectiva de que o Governo italiano financiaria qualquer projeto seu. Ela alegou que a "necessidade de sobreviver forçou-me a aceitar essa longa viagem.(...) Eu sei que o governo está tentando fazer alguma coisa por mim. Mas não posso viver à custa do Estado. (...) Ainda estou em condições de trabalhar. Preciso continuar. Meus ancestrais eram pobres e morreram na pobreza. É normal que acabe meus dias como eles" (p. 368). Depois de representar mais uma vez em Nova Iorque (a partir de 29 de outubro de 1923), Duse percorreu dez cidades, falecendo em Pittsburg, no dia 21 de abril de 1924.

Esquecidas todas as polêmicas da competição entre dois gênios do palco, talvez seja oportuno citar Arthur Gold e Robert Fizdale, autores de *A Divina Sarah – A Vida de Sarah Bernhardt*[3]: "Sarah Bernhardt foi a última grande atriz do século XIX e Eleonora Duse a primeira grande atriz do XX". O que o livro de Giovanni Pontiero confirma à saciedade.

3. São Paulo, Companhia das Letras, 1994, p. 239.

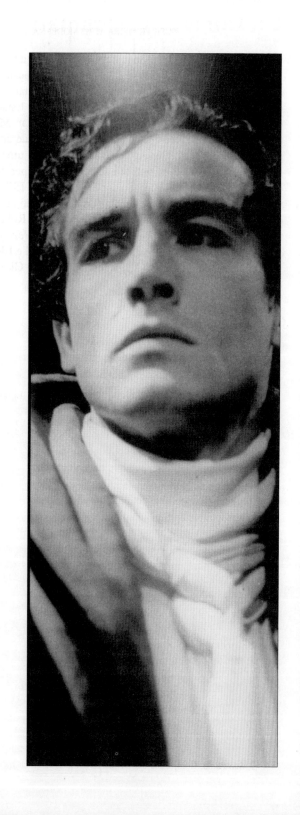

31. Um Novo Gassman

Quando Vittorio Gassman veio a primeira vez ao Brasil, em 1951, muitos esperavam encontrar nele o jovem galã cinematográfico e se espantaram com a sua declaração taxativa: "Detesto o cinema". Doze anos depois, envolto numa crônica pessoal bastante agitada, o ator italiano era aguardado quase como um ornamento de salão, e eis que a surpresa foi maior: surgiu um chefe de companhia lúcido e maduro, uma das figuras que, hoje em dia, melhor analisam e resolvem no mundo os problemas cênicos – um homem completo de teatro.

Para exprimir, inequivocamente, nossa admiração pelo Gassman atual, afirmamos desde logo que, ao menos na geografia cênica de maior conhecimento dos brasileiros (a francesa, a italiana, a inglesa e a norte-americana), não nos parece haver um profissional que abranja, como ele, todas as facetas do palco. O grande segredo de Gassman é partir da função de ator, um ator extremamente dotado, que dispõe de todos os instrumentos físicos e domina quaisquer gêneros. Com um alcance tão grande, que vai desde a voz de amplas ressonâncias à faculdade de enobrecer as personagens trágicas e amesquinhar-se nos pobres diabos cômicos ou patéticos, ele tem acesso ao repertório inteiro. As condições cênicas da Itália, que não permitem longa permanência de uma peça em cartaz, fizeram-no percorrer, em vinte anos, todas as fases da dramaturgia. Essa intimidade com os estilos e as vicissitudes da profissão, através dos tempos, forjou o seu admirável conceito da história do teatro. E há mais: enquanto uns expõem essa história, teoricamente, e outros podem transmitir apenas alguns de seus aspectos, Gassman tem a plena capacidade de encarná-la no palco.

174 DEPOIS DO ESPETÁCULO

É desse ponto de vista que encaramos *Il gioco degli eroi*, espetáculo com o qual o Teatro Popular Italiano está realizando uma excursão, por vários continentes. O anúncio de antologia predispõe mal o espectador: pensa ele em veículo para o exibicionismo do intérprete, e as cenas isoladas dificilmente sugerem a atmosfera da peça. À medida que desfilam os textos, porém, ligados por comentários inteligentes e didáticos de Ghigo De Chiara e do próprio Gassman, e utilizando projeções oportunas (no espírito do teatro épico brechtiano), desenha-se a organicidade da concepção. Uma nítida coerência estética e ideológica presidiu a escolha das obras. Ésquilo irmana-se a Ruzzante e ao soldado que prestou seu depoimento ao sociólogo Danilo Dolci. Valendo-se da história do teatro, a própria história do homem emerge da unidade de uma luta de dois mil e quinhentos anos. O espetáculo, com engenho autêntico e gosto artístico impecável, registra a metamorfose das formas, até na simplicidade de atribuir diferentes funções a um mesmo objeto ou acessório. Apreendido com essa seriedade, o teatro deixa de ser mero entretenimento, para afirmar-se em sua completa dimensão social. Ao assimilar essa visão coesa e dinâmica da história do teatro, o público se sente obrigatoriamente enriquecido e reconfortado. Algumas montagens isoladas, como a de *Don Juan*, de Molière, na encenação de Jean Vilar, nos comunicaram o sentimento de plenitude artística. *Il gioco degli eroi* se nos afigura o mais refletido testemunho cênico sobre a história do teatro.

De Ésquilo, foi escolhida uma cena de *Os Persas* e não de *Prometeu* ou da *Oréstia*. A seleção já caracteriza a linha do espetáculo. O "pai da tragédia" eximiu-se de cantar a vitória grega na decisiva batalha de Salamina. No seu único texto histórico, ele adotou a perspectiva do derrotado, para que o acontecimento servisse de lição. Por certo, os deuses colaboram com os exércitos gregos. Mas o relato do mensageiro persa tem por objetivo mostrar a inanidade das guerras imperialistas, o triste destino que se abate sobre os conquistadores. Desolação e miséria aguardam o povo do Xerxes, numa advertência a todos os que se lançam a batalhas injustas.

A tradição ocidental prossegue em Roma. Sabemos que, ao lado dos gêneros populares, cujos textos não se preservaram, o teatro latino viveu do aproveitamento da dramaturgia grega. As únicas tragédias remanescentes pertencem a Sêneca, provavelmente não representado em vida, porque suas obras se destinariam mais à educação de Nero que ao palco. Ao ler a dezena de peças que nos legou o autor de *Tiestes*, temos a idéia de que ele procurou compensar a insuperável monotonia de seus monólogos com uma inconvincente melodramaticidade, tentando encobrir a falta de ação verdadeira com os efeitos espetaculosos. Nosso juízo permanece no campo formal, que dá apenas a medida de um dramaturgo frustrado. A exegese de Gassman acrescenta ao problema uma realidade histórica plausível, banhando de ironia o gosto sanguinolento de Sêneca: para sobreviver à concorrência dos sádicos circos romanos, o teatro precisava oferecer ao espectador emoções fortes... Impera sobre esse julgamento histórico não o busto oficial de Nero, mas a máscara grotesca dele apresentada pelo cômico Petrollini. Mantém-se o constante repúdio ao desrespeito pela vida humana, pelo absurdo da luta fratricida. Em *Tiestes*, aliás, é a indignidade mútua que leva dois irmãos a se digladiarem...

Afirma o comentário que não foi por acaso um comediógrafo o maior autor romano. Plauto mostra uma "atitude plebéia, corrosiva, cética, nos confrontos da honra civil ou militar da propaganda governamental". Estudamos que a "censura" romana permitia o ridículo do *Soldado Fanfarrão* porque ele era grego, isto é, de um povo derrotado, e não do próprio exército, que se empenhava em lutas de conquista. O militar se ridiculariza aí pela basófia, homem reduzido a personagem de burla, porque não vence inimigos, nem as mulheres o apreciam – só caçoam dele. Gassman aponta-o como alvo da revanche do povo romano, numa catarse coletiva contra o mito imposto do soldado invencível.

Passa-se à Idade Média. O teatro nasce de novo da religião. O culto dionisíaco dá lugar ao mistério do cristianismo. São outras as implicações filosóficas, a passagem terrena tem um sentido e um fim diversos. Os atores, renegados em Roma, continuam, nos séculos medievais, fora os que se elevam em representações piedosas, os saltimbancos destituídos da dignidade de viver. Mas o seu mister é o de combater os erros e as injustiças. *Il gioco degli eroi* apresenta *Il pianto della madonna*, no qual Jacopone da Todi lastima o sacrifício de Cristo – um sacrifício destinado a salvar a humanidade e que é o preço de sua redenção. Sob o crivo histórico, permanece o mesmo esforço e um ideal semelhante. O teatro medieval muda a divindade e a estrutura do drama, incorporando uma nova riqueza, embora ingênua e indisciplinada, à rigidez unitária da tragédia grega.

A opção renascentista de Gassman é muito significativa. Se a renascença italiana redescobre a alegria de viver e explode nos malabarismos brilhantes da *Commedia dell'Arte*, a situação popular permanece inalterada. Há outra face, "miserável, sórdida, tragicamente realista". Ninguém melhor do que Ruzzante a fixou. Ainda uma vez, o soldado não aparece como o heróico vencedor de batalhas, mas a grotesca imagem de um homem que despojaram de tudo. *Il Reduce* retorna de uma guerra cujo significado lhe escapou e que apenas lhe trouxe infelicidade. Dinheiro, não lhe deram. Fisicamente, faltam-lhe alguns dentes e sobram-lhe piolhos e sujeira. A mulher, outro a desfrutou, em sua ausência. Restam-lhe as pancadas que o sedutor ainda lhe reserva e ele, na covardia, única lição do campo de batalha, acredita que lhe ministram cem inimigos. A guerra reduz o homem a esse simulacro de existência... O valor probante encontra-se apenas na fidelidade do retrato.

176 DEPOIS DO ESPETÁCULO

Depois, alijando a aristocracia decadente, é a nova classe burguesa que se apossa do mando. Toda a literatura séria do século XX, seja ela revolucionária ou aparentemente contra a direita, não faz senão castigar a burguesia. O sólido homem endinheirado tornou-se o alvo de uma arte que não admite as acomodações e o gosto contrafeito. Aristocracia, sim – é um ideal de perfeição. A mentalidade do burguês identifica-se à falsificação de um indisfarçado espírito plebeu. Criou-se o famigerado palco à italiana – os camarotes dos privilégios e a cena enclausurada em falta de fôlego e de autenticidade. O melodrama impera aí. Gassman historiciza a tragédia de Alfieri, e a caricatura na elegância dos gestos e das posturas de salão. Está patente o dessoramento de *Orestes*, texto que, sob a roupagem de um *settecento* de cabeleiras empoadas, retrata um vigoroso ideal literário. *Il gioco degli eroi* não vê uma obra isolada: condena todo o desvio que sofreu o teatro de suas fontes populares.

No século XIX, agrava-se o processo do individualismo burguês. O palco transforma-se no reino do "monstro sagrado", presa de um delírio sem limites. Gassman satiriza ainda mais essa arrancada heróica para o vazio. O formalismo anterior já levara à catalogação das atitudes e assiste-se a um desfile dos lugares-comuns cênicos – os gestos do terror, da súplica da cólera e do anátema, classificados por Antonio Morrocchesi, e a estratégia das regras para o aplauso em cena aberta, com riso, iteração, pausa, queda e saída rápida. O romantismo leva às últimas conseqüências o mistifório do ator, e Gassman faz questão de denunciá-lo na Itália. O vazio é tão grande que, ao tratar dele, precisa recorrer a um texto francês (de Dumas Filho), reelaborado por outro francês (Sartre), e tratando de um inglês (Kean). O sutilíssimo quadro do camarim mostra o vácuo aberto em torno do homem que se julgou princípio e fim de todas as coisas. Acresce que, segundo o comentário de *Il gioco degli eroi*, a Itália, às voltas com a unificação nacional, não pôde "permitir-se a folga – e o luxo – de ironizar suas personagens representativas". Anotaríamos ainda, além da circunstância de que "o ator está fora do tempo e das raças", que o *Kean*, como, de resto, outras peças de Sartre, mostra um vínculo com a Itália: é notória a presença pirandelliana...

A *belle époque* foi sacudida pela guerra de 1914, que surpreendeu a humanidade em roupas íntimas. O expressionismo revelou o profundo abismo existente entre um equilíbrio de aparência e a convulsão interior. Finda a luta, restavam os esgares, a contemplação estarrecida desse inexplicável grotesco. Pirandello demonstrou, melhor do que ninguém, o conflito entre a fixidez de formas enclausuradas e um impulso irreprimível de vida, que, apesar de tudo, urgia afirmar-se. Seu íntimo contraditório resolveu-se em personagens na faina de encontrarem a eternidade, na perfeição da arte. A incontrolável pulsação da existência reclamava uma resposta metafísica, esperança de um uni-

UM NOVO GASSMAN 177

verso poupado da ruína. Mas os donos do mundo sempre estão presentes, infensos a quaisquer indagações. Novo conflito se abate sobre a humanidade, e o refúgio do teatro é o protesto de um Brecht, que se ouve, no espetáculo, através da canção da mulher do soldado nazista, extraída de *Schweyk na Segunda Guerra Mundial*.

Il gioco degli eroi encontra-se na realidade contemporânea. Queixam-se todos os animadores atuais de que os dramaturgos não aprenderam ainda a linguagem popular. No momento de exprimir a sua mensagem, Vilar não encontra vozes atuais, e é obrigado a valer-se dos clássicos. Gassman não descobre na dramaturgia italiana autores que dêem forma literária aos seus anseios: serve-se de *O Desperdício*, de Danilo Dolci, observação crua de um sociólogo, que tem a sinceridade e a rudeza dos depoimentos humanos. A narrativa seca de um soldado, que descreve o absurdo e o ridículo dos exercícios militares, em tempos de paz, e a perda das características humanas, durante a guerra, é mais eloqüente que o tratamento elaborado do diálogo cênico. Morre um amigo e companheiro de farda, e a herança que deixa é um cigarro, que será aceso na própria sola do seu sapato. "Non si pensa più moglie, figli... più niente... Non si é più esseri umani".

"De Xerxes e Hitler, muda só o nome do inimigo. E do poeta que celebra a derrota". Aí está a trajetória histórica. O itinerário artístico vai do grego Ésquilo ao grego Kriton Athanasulis, herói da Resistência. Se a mensagem profunda é a de um mundo que ameaça desintegrar-se, pelos erros da incompreensão, a parábola fecha-se com um testamento de esperança em dias melhores. O homem deixa ao seu semelhante apenas o sol que recebeu de herança. Esse sol, contudo, é a única força capaz de iluminá-lo na escalada para a liberdade.

Gassman deve ter meditado muito, para chegar a essa depuração no ensinamento colhido da história do teatro. *Il gioco degli eroi* é mais que uma seleta de textos meritórios: traz uma mensagem pessoal, exprime um empenho humano definitivo. Por isso se explica a mudança do ator, que há apenas três anos fundou o Teatro Popular Italiano. Seria fácil a Gassman triunfar dentro das coordenadas que o teatro tradicional lhe proporciona. Os hábitos digestivos já o consagraram como um ídolo do êxito fácil. Bastaria a ele satisfazer-se com o repertório ameno e as estréias elegantes, para ser um Kean moderno, depositário dos louros de um público esgotado. Gassman, entretanto, escolheu o caminho difícil – o da dignidade de artista e de homem. As agruras do Teatro Popular Italiano atestam a busca paciente de uma afirmação. *Il gioco degli eroi* sintetiza o sentido da iniciativa. Vale, sobretudo, a "vontade de oferecer espetáculos em que estejam presentes os dois grandes componentes da alma popular: de um lado o senso da história, o elemento concreto e racional que preside à dialética do mundo; de outro, o jogo, isto é, aquela parcela de irracional, de imprevisível, de gratuito e de fantástico que se encontra na própria natureza do homem, da criança, do artista". O revoluteio do herói se dissolve, no fim de contas, depois do inflar de uma exaltação equívoca, na frase sábia de Brecht: "Infeliz da terra que precisa de heróis". Refuta-se a necessidade de heroísmo, "ao menos daquele armado de canhões e bombas", para fazer-se o "augúrio mais nobre para esta nossa época, em que o herói titã, o herói individual tende a perder-se na socialidade, a sair até da história para cumprir sua tarefa na humilde crônica quotidiana". Esse heroísmo, em suma, é o "encargo de generosidade, de altruísmo, que se abriga em cada criatura" e "pode e deve voltar-se para o progresso civil".

Se esse testemunho fosse de um ator frustrado ou secundário, pareceria a compensação de um indivíduo que não logrou realizar-se nos padrões estabelecidos, por falta de meios. Tratando-se de Gassman, que é provavelmente o intérprete italiano mais cobiçado para os entretenimentos ligeiros, ele exprime uma advertência e impõe reflexão. Agora que o palco brasileiro, numa reação irracional contra certos erros do teatro político, ameaça submergir numa inconseqüência suicida, a palavra de Gassman é um exemplo conclusivo.

(1963)

32. Marceau e a Mímica

Apresentação em julho de 1957, no Municipal de São Paulo, da Companhia do grande mímico francês Marcel Marceau. Ele já esteve no Brasil em 1951, quando ofereceu espetáculos excelentes e lecionou, com muito proveito, na Escola de Arte Dramática de São Paulo e no Conservatório Nacional de Teatro, no Rio. Foi um contato de poucos dias, que deixou marca profunda pelos caminhos novos que revelava.

Antes de visitar-nos, pela primeira vez, Marceau viveu o Arlequim no *Baptiste*, encenado por por Jean-Louis Barrault, e o Representante dos acusados, n' *O Processo* que Gide extraiu do romance de Kafka. Em 1947, criou a personagem de Bip e no ano seguinte constituiu companhia própria, que, entre outros espetáculos, trouxe para a arte muda *O Capote*, de Gogol. Em 53, estreou em Paris as pantomimas *Uma Noite nos Funâmbulos* e *As Três Perucas*, atuando depois, como é de seu hábito, em numerosas cidades de todo o mundo. Em 1956, depois de um grande êxito nos Estados Unidos, abriu em Paris uma escola de mímica.

A posição de Marceau como recriador de uma arte praticamente esquecida no palco tornou-se incontestável. Ele atribui o ressurgimento da mímica à influência de Charlie Chaplin e procura restabelecer a tradição de uma linguagem milenar, levada talvez ao seu apogeu por Debureau, no século XIX. No panorama francês, Marceau populariza, por assim dizer, a rigorosa gramática da mímica, fundamentada em leis admiráveis pelo seu grande mestre Etienne Decroux. Barrault, o outro mímico ocidental do século, evoluiu da magreza de uma arte pura para uma concepção de teatro total, de que é hoje o maior arauto.

180   DEPOIS DO ESPETÁCULO

Na história da mímica, desde a Grécia, os princípios se modificam e sua aceitação oscila, de acordo com o momento. Quando o teatro declamado parece esgotar-se, ela encontra novo surto, procurando certamente uma pureza que teria fundamento no próprio conceito aristotélico de arte como imitação. Na Grécia e na Sicília, a mímica sempre esteve ligada à palavra e só em Roma, advinda a pantomima, ela dispensou o complemento da declamação. Mesmo assim, fazia-se acompanhar pela música. Ao tempo do Júlio César, quando o teatro romano já não conhecia mais a importância alcançada com Plauto e Terêncio, ela volta a novo fastígio, com Décimo Labério e Públio Siro, que utilizam também a palavra para alusões licenciosas ou invectivas políticas.

A nova teoria da mímica se deve, no século XX, inteiramente a Etienne Decroux. Aluno da escola de teatro do purista Jacques Copeau, Decroux foi investigar a pureza da nova arte que vislumbrava, numa tentativa paralela à dos plásticos, que lançavam com o cubismo uma pintura desvencilhada de compromissos estranhos. Na sua depuração quase franciscana, o mímico ambiciona um resultado mais alto que o do ator. Este é o intérprete, o intermediário, escravo da palavra do autor. Em nossa concepção estética, o ator desempenha tanto melhor um papel quanto mais próximo se acha da intenção do texto. O mímico não quer tornar-se criador pela anexação de outro instrumento – a palavra – fazendo-se autor da obra que interpreta, numa prática tão comum no teatro. Quer criar utilizando um recurso que é especificamente seu – a expressão corporal. O mímico se desembaraça do jugo da palavra para ser o autor de sua própria arte – arte efêmera, plenamente realizada no instante de sua comunicação – mas que faz dele senhor absoluto do espetáculo. Seria uma arte menor ou uma arte mais depurada? Apenas uma outra arte, que se serve de veículo próprio. Não se reprova a um quadro que não contenha palavras nem à literatura que não seja plástica. Não se pode lastimar que um mímico dispense a expressão verbal, desenvolvendo outros meios de expressão. A mímica encanta por uma possibilidade de síntese que a palavra não consegue atingir. Como exemplo, cite-se o exercício em que Marceau, em alguns minutos, apresenta todo o ciclo da existência, pela simbologia do nascimento, juventude, maturidade e velhice, captados em seus traços mais característicos e essenciais.

Decroux foi quem intuiu os novos postulados da mímica, infelizmente até agora transmitidos, e apenas em parte, aos seus discípulos. Em 1953, quando tivemos oportunidade de entrevistá-lo, mais de cinqüenta cadernos enfeixavam as suas pesquisas, que ele não havia ainda sistematizado. Para o jornalista, ele fala e representa horas seguidas, com uma das mais impressionantes forças de inteligência que se possa imaginar. Despreocupado de estabelecer uma seqüência nítida, mas improvisando ao sabor dos exemplos que se sucedem, Decroux

MARCEAU E A MÍMICA

emite conceitos que mereceriam longa análise. Para ilustração do leitor, limitamo-nos a reproduzir alguns: A mímica é a ciência da metáfora. O movimento é sempre uma metáfora, a palavra não. Quando alguém simboliza, pela mímica da boca, o desgosto, todo o tubo digestivo se reflete aí. Tudo é físico. O homem se define como máquina destinada a fazer metáforas. Nossa vida parte do material. Na mímica, toma-se em conta o objeto concreto, a representação dessa coisa material, e por último se abstrai dela. A palavra exprime o passado, o futuro, o distante e o abstrato. Emprega-se a palavra em função da ausência. A mímica não atinge esse mundo. Ela é presente, não pode representar senão coisas presentes. A mímica é panorâmica, a palavra é sucessiva. Daí a síntese da mímica, que não se destina também a remoer idéias. Sua matéria é convencional. Citando o seu espetáculo, Decroux diz que uma usina deve ser uma usina. As árvores são árvores. O original é que o público possa vê-lo. E lembrar-se sempre. A mímica torna pungente o que se conhece. Ensina o que se sabe. Simboliza o mito de Prometeu, como arte de conquista, não cristã. É dramática, hesita, reflete. Enquanto a dança são continuidades, a mímica é uma série de imobilidades. Mostra-se terrena, ao passo que a dança é arte de fuga. Como o mímico não pode modificar as formas, nos moldes do trabalho do escultor, modifica as atitudes. Sua arte é de multiplicação. Nele, o corpo cresce, de acordo com o mesmo princípio pelo qual uma catedral, se reduzida a pequenas proporções, seria ridícula. Para Decroux, o mímico diverge do ator, também, porque este inscreve suas intenções na fisionomia. O mímico mantém a face imóvel – porque ela é que está carregada de Satã.

Mas ou o público tem dificuldade de assimilar essa arte de vestal ou é próprio das artes se comunicarem com maior eficácia quando associadas. Estranhamos que, tão rígido em seus princípios, Decroux utilizasse a música no espetáculo. Ele concordou que havia misturado "água no vinho". Depois de se apresentar silenciosamente, durante vinte anos, recorreu ao som. A mímica culminaria, com efeito, no silêncio absoluto. Contudo, no seu dizer, o visual não emociona e acabou por concluir que era preciso rechear a secura dos gestos e das atitudes com a música. Concessão de artista que nunca obteve o favor do público?

Tendo aprendido, com Decroux, a gramática, Marcel Marceau tentou acrescentar à mímica a sintaxe, isto é, quis transformá-la de novo em arte do espetáculo, arte eminentemente popular. Para isso, não recuou ao contaminá-la de impurezas, tornando-a, assim, mais dúctil, capaz de atravessar a ribalta.

Na procura de restabelecer o fio com o século XIX, *Uma Noite nos Funâmbulos*, inspirando-se em Debureau, reconstitui um espetáculo do famoso teatro de pantomima. Bip deseja empregar-se e apresenta ao diretor vários números. Finalmente, é contratado como homem-sanduíche. Enquanto, no interior do teatro, se desenrola o espetáculo, ele dorme num banco e sonha que é Pierrô. O espectador contempla a sucessão de cenas de que participam Colombina, Arlequim, Polichinelo, Cassandra e as outras personagens do gênero. Em *As Três Perucas*, adaptação da comédia de Johann Nestroy, Marceau vive a história do homem que é infeliz, por ter cabelos vermelhos. Ele consegue uma peruca preta, depois uma loura e finalmente uma grisalha, não tendo melhor destino com nenhuma das três. Volta aos cabelos primitivos e resolve aceitar o amor de uma jovem de cabelos vermelhos, que se mantivera fiel a ele, desde o início.

A grande criação de Marceau é, porém, a personagem de Bip, nos números em que representa sozinho. Aí, alcança ele a perfeição, sem perder-se em descaminhos, repetições e embaralhamentos das montagens coletivas. Bip, inspirado sem dúvida em Carlitos, tomou esse nome de possível reminiscência de Dickens e procura recriar, para o espectador, o maravilhoso mundo da infância. Bip é o popular moderno, nutrido de sentimentos fundamentais, testemunha das fontes primitivas do homem. Ora ele é o domador, o professor de botânica, o intérprete de Davi e Golias, o extraordinário caçador de borboletas, o pintor amador, o ator trágico que representa na Escola Dramática, o passageiro anônimo do metrô ou o conviva de uma noite de gala. Numa das mais belas cenas, Bip finge-se de cego e mendiga, numa esquina. Um transeunte generoso atira-lhe um anel. Bip se imagina rico e constrói castelos, quando avista uma mendiga cega. Tomado de piedade, dar-lhe o anel e volta a mendigar.

É esse o mundo poético, simples, encantatório e pungente que reencontramos, com a volta de Marceau.

(1957)

33. Procópio Ferreira

Baixo, atarracado, narigudo – o oposto de um galã convencional –, Procópio Ferreira seria a última pessoa a cumprir uma grande carreira de ator e a dominar todo um período do teatro brasileiro. No entanto, fazendo de suas próprias características físicas uma arma e animado pela força de seu gênio interpretativo, ele soube, como nenhum outro artista nosso, chegar à sensibilidade da platéia e cativá-la pelo riso ou pela lágrima.

Procópio começou marcado pela estréia, no dia 22 de março de 1917. A peça era *Amigo, Mulher e Marido (L'ange du foyer)*, de Flers e Caillavet, com Aníbal Nogueira e Ema de Souza encabeçando o elenco, no Teatro Carlos Gomes do Rio. Embora egresso da Escola Dramática Municipal (hoje Martins Pena), dirigida por Coelho Neto, não havia prática de palco e Procópio se atrapalhou todo, entrando pelo quarto da baronesa para anunciar a chegada de uma visita. A gafe provocou as maiores gargalhadas e estimulou o público a sempre esperar a intervenção cômica de Procópio. Estava selado o destino de um ator que teria seus maiores êxitos na comédia.

Vale a pena rememorar a origem de seu nome artístico. A certidão de nascimento registra João Álvaro de Jesus Quental Ferreira, nome que, segundo o secretário da companhia, não cabia num programa. O ator Olímpio Nogueira foi convocado para encurtar o nome e perguntou o dia em que ele veio à luz: 8 de julho (de 1898, no Rio de Janeiro). Na folhinha, verificou-se que era o dia de São Procópio e João foi rebatizado Procópio Ferreira. O nome tornou-se tão popular que basta dizer Procópio.

186 DEPOIS DO ESPETÁCULO

Os sucessos se multiplicaram. Procópio participou de vários elencos, inclusive de revistas e operetas, passando também pela Cia. Dramática Itália Fausta, até lançar sua própria companhia no dia 14 de março de 1924, no desaparecido Teatro Royal de São Paulo, com *Dick*, traduzido da versão francesa de Moiz-Eon. E, a partir dessa estréia, Procópio ficou profundamente vinculado a São Paulo, onde realizava temporadas anuais e era recebido como verdadeiro ídolo.

Já há uma perspectiva histórica para se delimitarem fases marcantes do teatro brasileiro moderno. Procópio, ao lado de Leopoldo Fróes, morto em 1932, define a fase da hegemonia do ator, que se estendeu pelas décadas de vinte e trinta. Na década de quarenta, sobretudo com a contribuição de Os Comediantes e do Teatro Brasileiro de Comédia, processou-se a fase de renovação do espetáculo, impondo-se a hegemonia do encenador. Julgada incompleta essa transformação, o Teatro de Arena postulou, em fins da década de cinqüenta, uma nova fase, a da hegemonia do autor brasileiro. As linhas se tornam menos nítidas, a seguir, e se pode mencionar por último a busca de uma nova relação palco-platéia. Procópio atravessou incólume todas essas fases, porque, quaisquer que sejam elas, não há teatro se o ator não se comunica para o público.

É verdade que, no ínicio da fase de renovação do espetáculo, Procópio se tornou alvo da crítica, por adotar padrões julgados insatisfátorios. O melhor exemplo talvez esteja na montagem de *Nina*, de Roussin, alterada por Procópio para *O Marido de Nina*. Em entrevista que me concedeu, para a revista *Teatro Brasileiro*, em 1956, Procópio assim justificava seu comportamento:

"Não tenho culpa de destacar-me no elenco. A culpa não é minha, mas dos autores que fazem sempre papéis salientes nas peças. Aliás, não há teatro de equipe. Teatro de equipe é *slogan* inventado pelos medíocres, que se querem comparar aos maiores. Quem vai a qualquer teatro, quer ver o ator que está anunciado. Isso acontece em todos os tempos. E é para os mais bem dotados que os autores escrevem. Seria coerente que Sarah Bernhardt, Duse, Zacconi, Jouvet ou Barrault cedessem seus papéis a atores secundários? A seleção é feita naturalmente. O teatro é comércio, como outro gualquer. Se anuncio sapato de pelica e vendo outro, inferior, o freguês protesta. Se anuncio Procópio e mostro outro ator, acontece o mesmo. Por isso sempre fracassaram as peças em que me eclipsei um pouco em função dos outros, em virtude do físico exigido pelo papel. *O Marido de Minha Noiva*, tradução minha, não ficou em cartaz porque eu entrava no segundo ato. Eu bem desejaria descansar. Não tenho culpa de ter-me esforçado mais, de ter acertado mais."

Se os sucessos de Procópio estão em grande parte ligados a chanchadas cujos títulos nem se recorda, a razão vem de uma preferência do público, e contrariá-la teria sido em muitos casos suicídio financei-

188 DEPOIS DO ESPETÁCULO

ro. Ainda assim, são numerosíssimos os títulos de glória de Procópio, com um repertório exigente. Citem-se alguns clássicos brasileiros: Antonio José (*Guerras do Alecrim e da Mangerona*), Martins Pena (*O Juiz de Paz na Roça, A Família e a Festa na Roça*), José de Alencar (*O Demônio Familiar*), Arthur Azevedo (*A Capital Federal, A Princesa dos Cajueiros, O Cordão, Pum, O Badejo, O Genro de Muitas Sogras*) e França Júnior (*As Doutoras*). De Molière, Procópio interpretou *O Avarento* (que Jouvet quis mostrar em Paris), *O Médico à Força, Georges Dandin, O Burguês Fidalgo* e *A Escola de Maridos.* Seu maior êxito foi *Deus lhe Pague*, de Joracy Camargo, que Procópio já representou 3.226 vezes.

Tendo interpretado mais de quatrocentos textos, Procópio se considera, a justo título, um recorde mundial de interpretações. Ninguém encenou maior número de obras nacionais e nem maior número de autores brasileiros do que ele. Da trintena de dramaturgos por ele estreados, citam-se Henrique Pongetti, Amaral Gurgel, Alfredo Mesquita, José Carlos Lisboa, Dias Gomes, Manuel de Nóbrega e Guilherme Figueiredo.

Mesmo quando interpreta chanchadas, Procópio se distingue pelas suas qualidades próprias de ator. Aliás, essas chanchadas, que em outros desempenhos não se sustentariam de pé, adquirem estatura artística, graças à criação de Procópio. Com incrível economia de meios, Procópio atinge em cheio a platéia. O tempo exato para a comédia, um malicioso revirar de olhos, a inflexão correta para obter o melhor efeito, na voz abaritonada, são suficientes para manter o público suspenso à sua respiração e ao seu desígnio. Que é o teatro senão esse admirável e misterioso poder do ator?

Todas as honras já foram tributadas a Procópio, de Cavaleiro da Ordem do Mérito e Oficial da Ordem do Rio Branco a Cidadão Paulistano e Estudante Perpétuo da Faculdade de Direito da USP, e enredo de Escola de Samba em Carnaval de São Paulo. Quando, em 1935, ele chegava à cidade, para realizar mais uma temporada, recebeu-o na Gare do Norte uma comissão, composta dos seguintes nomes: Maria Thereza Barros Camargo, Maria Thereza Nogueira, Julieta Reichert Becker, Renata Crespi da Silva Prado, Betita Guedes Penteado, Maria Isabel Silveira, Maria da Glória Capote Valente, Maria Augusta Costa Leite, Major Otelo Franco, Henrique Bayma, Paulo Duarte Cyrillo Júnior, Alfredo Ernesto Becker, Motta Filho, Tito Pacheco Filho, Mário de Andrade, Corrêa Júnior, Maximiliano Ximenes, Alberto Silveira Reis e Francisco Simões.

Amigo dos presidentes Getúlio Vargas e Castelo Branco, sua conduta nunca se pautou pela subserviência. No depoimento prestado ao Serviço Nacional de Teatro em 23 de outubro de 1974, Procópio lembra um episódio muito significativo. Certa vez, em Porto Alegre, pediu audiência ao general Flores da Cunha. Em palácio, lhe disseram:

"O general não recebe atores". Uma semana depois, Flores da Cunha foi assistir ao espetáculo de Procópio. Cientificado da presença do general, Procópio mandou devolver todos os ingressos: "Eu também não represento para governadores".

Referiu-me o advogado Marcello Nogueira de Lima, de Piracicaba, que em outubro de 1932, invadida São Paulo por tropas federais, Procópio, com o teatro lotado, dizia: "Chega de comer chuchu, fruta sem gosto, sem sabor e sem caráter..." A platéia prorrompeu em aplausos, paralisando Procópio durante mais de cinco minutos no palco. Logo depois soldados, com armas embaladas, cercavam o teatro, determinando a retirada dos espectadores e transformando a rua em concentração de tropas.

Toda São Paulo tomou conhecimento do fato e, no dia seguinte, esperava Procópio falar em chuchu (apelido dado a Getúlio Vargas), para ovacioná-lo. A Censura cortou o chuchu e colocou, no lugar, mamão. Os espectadores, atentos, não regatearam aplausos à nova palavra, num protesto alegre e irônico, mesmo presente a polícia. Até que o trecho foi interditado.

Talvez Procópio tenha podido criar tanto porque nunca se poupou nenhum tipo de experiência. Da média e pão com manteiga ao caviar e aos vinhos velhos, do quarto de pensão aos motoristas de libré, Procópio provou de tudo. A atribulada vida sentimental deu-lhe também um pouco de filhos por toda parte. Um generoso esbanjamento, que Procópio Ferreira capitalizou ao construir personagens no palco e a própria vida como obra de arte.

(1977)

34. Alfredo Mesquita

Alfredo Mesquita gostava de dizer que três homens eram responsáveis pela renovação do teatro brasileiro moderno: Ziembinsky, encenador; Franco Zampari, empresário; e Paschoal Carlos Magno, animador. Qualquer estudioso do nosso palco acrescentaria imediatamente o nome dele a essa tríade, como o grande educador de que necessitávamos, aquele que se preocupava com a base cultural de intérpretes, encenadores, dramaturgos, cenógrafos, figurinistas e críticos. Por isso ele criou, em 1948, a Escola de Arte Dramática de São Paulo.

O projeto de Alfredo tinha uma coerência, uma organicidade irrepreensíveis. Primeiro, ele procurou formar atores. Afinal, o ator é a base do contato com o público. Aos poucos acrescentaram-se à EAD os cursos de dramaturgia, cenografia, indumentária e crítica. Os estudos de direção ficaram para uma última fase. Alfredo acreditava que o encenador devesse passar por profundo conhecimento da interpretação e só mais tarde, muito culto, se especializaria – verdadeiro pós-graduado, de preferência no Exterior – na difícil arte da montagem. Não se pode esquecer que nos encontrávamos na distante década de cinqüenta, povoada de numerosos diretores europeus, antes que seus discípulos, vários nos meios brasileiros, se impusessem a ponto de ocupar os lugares que eles foram deixando vagos.

Para alunos e professores, a EAD de Alfredo Mesquita dispunha de um espírito que, se não é fácil traduzir em palavras, os que atuaram nela sentem como fundamental em suas vidas. Ser professor, ali, não representava um emprego, porque as exíguas e raras verbas concedidas pelo poder público não permitiam pagamento regular, quanto mais satisfatório. Alfredo precisava tirar dinheiro do seu bolso para o custeio de muitas despesas. E a Fundação Carolino da Motta e Silva, que prestava homenagem ao nome de um cunhado, se incumbia de fornecer a sopa diária dos alunos, freqüentemente partilhada pelos professores. Lecionar na EAD representava a possibilidade do exercício de uma vocação, sem os inconvenientes da atual estrutura do ensino.

Ao fundar a Escola de Arte Dramática, com quarenta anos de idade, Alfredo descobriu o sentido de sua existência. Antes ele fizera um pouco de tudo: literatura, teatro amador e – por que não lembrar? – boêmia de moço rico. Eu afirmaria mesmo que, apesar da seriedade do grupo de teatro experimental e das suas experiências dramatúrgicas e literárias, havia algo de diletante na aplicação do tempo. A EAD foi a ruptura consciente com o passado, a dedicação de todas as horas, o desejo de ser e de criar profissionais.

A escolha do período noturno para as aulas marcava já a opção pelo profissionalismo. Quem se dispunha a estudar das 19h30 até no mínimo 23 horas, para ficar durante o dia inteiro seguinte num emprego prosaico, e que desejava realizar-se no palco? A sopa era o alimento que se podia ingerir às pressas, antes da primeira aula. A EAD nunca se definiu como escola de grã-finos. Ao contrário, ela valorizou sempre o aluno de origem humilde que pretendia exprimir-se pela arte.

Na direção do estabelecimento, Alfredo utilizava uma democracia *sui generis*, de franca utilidade para todos. Tratando-se de escola particular, ela prescindia do horrível aparato burocrático, que ameaça permanentemente, por exemplo, engolir o ensino e a pesquisa na Universidade de São Paulo. Os professores eram poupados das intermináveis e estéreis reuniões. Em contrapartida seu juízo sobre o aproveitamento dos alunos e a orientação dos cursos não eram postos em dúvida. E as notas nos exames públicos de interpretação dependiam de diversos julgadores, evitando-se assim, quanto possível, o gosto subjetivo de um só indivíduo.

A importância pedagógica da EAD não se restringiu ao corpo discente. De certo modo, nós, professores, nela nos formamos também. Em teatro, nossa geração, em geral autodidata e sem métodos de ensino, experimentava intuitivamente o que lhe parecia mais adequado. O nível médio do curso de interpretação não era empecilho para que se aplicasse o rigor universitário. O ator precisa entrar a fundo na personagem, conhecer-lhe todos os desvãos e relacioná-la com o mundo à volta. Daí o caráter naturalmente monográfico do curso de História do Teatro, preferindo analisar bem algumas peças representativas, em vez do acúmulo inútil de informações, o corte vertical em poucos temas.

A intenção pedagógica estendia-se ao público. Precedendo de alguns meses a fundação do Teatro Brasileiro de Comédia, a EAD encontrava em São Paulo um terreno praticamente virgem. Não havia elencos estáveis e a maioria dos espetáculos era feita pelos conjuntos vindos do Rio, com um repertório destituído quase sempre de vôos artísticos. Numa escola, a importância estava em valorizar o caráter cultural do teatro, e Alfredo nunca o descurou.

Cabe ressaltar, nesse ponto, o perfeito equilíbrio da dramaturgia encenada pela EAD. Num momento em que as companhias profissionais não prestigiavam o autor brasileiro, Alfredo Mesquita decidiu participar das comemorações do IV Centenário de São Paulo, em 1954, com um festival Martins Pena. Constaram do repertório da escola, entre outros, os seguintes dramaturgos nacionais: Anchieta, José de Alencar, Machado de Assis, Nelson Rodrigues, Zora Braga, Lygia Fagundes Telles, Roberto Freire, Renata Pallottini, Jorge Andrade e João Bethencourt.

Os clássicos, essenciais num programa escolar, abrangeram numerosos nomes: Ésquilo, Aristófanes, um autor desconhecido da Idade Média, Gil Vicente, Molière, Shakespeare, Cervantes, Calderón de La Barca, Goldoni, Almeida Garrett, Musset e Kleist.

Contribuição das mais destacadas a EAD deu no campo da vanguarda, encenando pela primeira vez no Brasil, por iniciativa de Alfredo Mesquita, autores como Jarry, Kafka, Ghelderode, Brecht, Beckett, Ionesco, Prevert, Tardieu, Obaldia, Boris Vian, Brendan Behan, John Arden e Georges Schéadé.

Entre os autores representativos da dramaturgia moderna a EAD montou Tchecov, Pirandello, Feydeau, Lorca, O'Neill, Thornton Wilder, Crommelynck, Claudel, Fernando Pessoa, Courteline, Ugo Betti, Tennessee Williams, Camus, Albee, Pinter e Bernardo Santareno. Um acervo riquíssimo, de que poucas instituições teatrais podem orgulhar-se em todo o mundo.

Cabe ressaltar a visão nacional, nada provinciana, de Alfredo Mesquita. Não lhe bastava a platéia de São Paulo. Os outros Estados tinham ainda menor contato com um teatro sério e valia a pena abastecê-los, ainda mais que os alunos se beneficiavam com a representação para diferentes públicos. Sucederam-se, no correr dos anos, excursões a Recife, Curitiba, Porto Alegre, Belo Horizonte e cidades do interior. Conferências completavam o alcance didático das viagens.

De nada adiantaria esse acúmulo de realizações se a ele não correspondessem os frutos práticos de uma escola, isto é, o êxito dos alunos por ela preparados. Nenhum outro educandário especializado brasileiro forneceu tantos intérpretes para o palco, a televisão e o cinema. E os valores saídos da EAD impuseram-se também na dramaturgia, na cenografia, na indumentária, na crítica e no ensino. Dispensa-se a citação de nomes, por estarem todos muito associados ao pranto pela morte de Alfredo Mesquita.

Seria o caso de estranhar que, afastando-se voluntariamente de sua criação, há quase vinte anos, em 1968, Alfredo continue a encarná-la

194 DEPOIS DO ESPETÁCULO

no que ela significa de melhor. Duas razões maiores determinaram o corte do cordão umbilical com a escola: naquele ano ocorreu, no mundo inteiro, um movimento contestador, que não pouparia um curso de teatro, extremamente sensível aos estímulos da realidade à volta. E, ao transferir a EAD para a Universidade de São Paulo, onde figurou como instituto anexo à Escola de Comunicações Culturais, atual Escola de Comunicações e Artes, estava cumprida uma missão.

Por que Alfredo entregou a EAD à USP? De um certo ponto de vista, era uma inevitabilidade histórica. Não tinha sentido a universidade, cumprindo seu papel, instituir um novo organismo, quando a Escola de Arte Dramática estava impregnada de tradição e correspondia aos anseios do melhor ensino, mesmo sendo de grau médio. A princípio, ela abdicou dos cursos considerados legalmente de nível superior – cenografia, indumentária, dramaturgia e crítica. Depois, permitiu a incorporação do curso de formação do ator, encerrando sua trajetória privada.

Mas a verdade é que Alfredo não tinha mais condições de manter a EAD, a expensas próprias. Se, antes, as despesas com o sustento do curso eram pesadas, o golpe militar de 1964 tornou-as proibitivas. Não havia lugar para qualquer idealismo, prevalecendo o princípio do capitalismo selvagem, que reduziu à miséria a grande maioria da população. Alfredo assemelha-se, nessa época, a um D. Quixote teatral, que não sobreviveria às regras duras do convívio imposto. A necessidade de o novo regime político não se mostrar tão absurdo, no plano cultural, salvou pelo gongo a EAD.

Felizmente, os deuses do Olimpo velam pelo teatro, e o fio não foi interrompido. Os vários diretores que sucederam Alfredo Mesquita, à frente da escola, procuraram preservar sua lição, adaptando-a à áspera realidade universitária. E hoje, confiada ao ex-aluno Claudio Lucchesi, herdeiro de seu espírito, e às vésperas de inaugurar uma casa de espetáculos, no campus da universidade, ela revive seus melhores instantes.

No departamento de artes cênicas, a Escola de Comunicações e Artes desenvolve a melhor tradição da EAD. A par do ensino, propagou-se ali a pesquisa materializada em número expressivo de teses. Há, sem dúvida, considerável produção teórica, decorrente do trabalho pioneiro de Alfredo. Não sei se ele chegou a ler a tese de doutoramento de Armando Sérgio da Silva, intitulada *A Escola de Arte Dramática de São Paulo (1948 a 1968): Uma Oficina de Atores,* consagração inequívoca de seu trabalho.

Um depoimento pessoal, por mais objetivo que procure ser, acaba por afastar-se das observações concretas, para mergulhar em inevitável intimidade. Para mim, a amizade com Alfredo Mesquita foi definitiva na condução de minha vida. Encontrava-me em Paris, em pleno estudo, quando ele me convidou para lecionar na EAD, substituindo seu sobrinho Paulo Mendonça, que seria diretor da Unesco. Embora desfrutasse de uma boa situação no Rio de Janeiro, inclusive como crítico do *Diário Carioca*, não titubeei em transferir-me para São Paulo, pela certeza de que o ensino era minha natural vocação. Como jornalista, aceitei um modesto cargo de redator de *O Estado de S. Paulo*, prosseguindo durante alguns meses a atividade de comentarista na revista *Anhembi*, até que o temperamento autoritário do admirável intelectual Paulo Duarte me levou a demitir-me. Mas logo Décio de Almeida Prado me convocou para assumir a coluna de teatro do novo Suplemento Literário, onde creio que realizei (ao menos para mim) minha melhor produção ensaística, além de me ter tornado, desde o primeiro número, o crítico especializado do *Jornal da Tarde*. Está claro que, em todo esse itinerário, que sintetiza mais de trinta anos dedicados ao teatro, foi decisiva a confiança inicial de Alfredo Mesquita.

Agora que ele desaparece, ao lado do preito do admirador desejoso de prestar-lhe homenagem, impõe-se o sentimento mais forte da eterna gratidão.

(1986)

35. O Animador Paschoal Carlos Magno

Está aí, às nossas portas, em Santos, o II Festival Nacional de Teatros de Estudantes. É grande a relação de órgãos e entidades patrocinadores do certame. Todos sabem, entretanto, que seu realizador, a figura sem a qual mil estudantes, autoridades, jornalistas e gente de teatro não se reuniriam se chama Paschoal Carlos Magno. Temos certeza de que Santos, como Recife no ano passado (1958), durante duas semanas viverá à volta de teatro. Essa extraordinária promoção pública da arte cênica só é possível graças às grandes asas acolhedoras e generosas de Paschoal Carlos Magno.

Num momento como esse, tão significativo para o Estado de São Paulo e para o teatro brasileiro, cumpre-nos fazer um esforço de análise do diretor do Teatro do Estudante. Não é fácil: poderíamos enveredar pela louvação pura e simples, que Paschoal merece, mas sabemos que os adjetivos nem o impressionam mais, tantos são os que tem recebido. Preferimos oferecer dele um retrato sincero, delineado em vários anos de convívio, e cuja imagem final será de profunda admiração e amizade.

Paschoal Carlos Magno é, sem dúvida, a primeira figura do teatro brasileiro. Talvez os meios paulistas estranhem essa assertiva peremptória, porque a atividade teatral se desenvolveu aqui, nos últimos dez anos, à margem de sua ação direta. Mas nem essa ressalva procede inteiramente: quando Alfredo Mesquita fundou a Escola de Arte Dramática, foi Paschoal Carlos Magno quem veio inaugurá-la. O Teatro Brasileiro de Comédia era um fenômeno restrito a São Paulo, até que

198   DEPOIS DO ESPETÁCULO

Paschoal, fretando um avião com uma caravana carioca, permitiu que seus méritos repercutissem em todo o País. Existe em Araraquara um Teatro Experimental de Comédia, desconhecido ainda do público paulistano, e que já obteve êxito no Rio de Janeiro graças à iniciativa de Paschoal Carlos Magno. Também a São Paulo, como se vê, se estende sua atividade laboriosa. Contudo, ele é de fato um fenômeno brasileiro, levando sua palavra animadora aos mais longínquos recantos. De Porto Alegre a Belém, a maioria dos grupos amadores (e são eles que sustentam os movimentos cênicos locais) se formam sob sua égide. Paschoal viaja até Florianópolis ou Goiânia e com o prestígio de sua presença o teatro toma alento. Não há grupo de uma remota cidade do Interior que não o queira como patrono. Sua coluna no *Correio da Manhã* traz o Brasil inteiro informado sobre o que se passa no teatro. Todos os moços têm acolhida ali. Todos recebem mensagens de estímulo e confiança. Paschoal mantém viva a chama do teatro brasileiro.

Durante muito tempo, fizemos sérias restrições a Paschoal Carlos Magno, porque o julgávamos sob um prisma puramente estético. Paschoal – perdoem-nos a possível falta de ética no juízo de um confrade – é um mau crítico de teatro. Optamos por uma negativa, mais suave: ele não é crítico. Ou há muito deixou de o ser – preferiu abandonar essa atividade em função de outros valores. Seu julgamento chega a ser nocivo, porque ninguém, como ele, ampara com iguais qualificações o mérito e a mediocridade. Um jovem efebo saído das grotas de Mato Grosso pode parecer-lhe superior a Laurence Oliver. A montagem shakesperiana de um grupo amador dos cafundós tem para ele mais qualidades que a correspondente do *Old Vic*. Muito ator até hoje ostenta a cabeça virada pela pressa da consagração de Paschoal. Que se dirá de alguns dos maus dramaturgos brasileiros! Mas, na escolha desse caminho ele talvez tenha ido mais longe e visto mais alto, embora não lhe fizesse mal um pouco de equilíbrio. Sacrificou a objetividade crítica ao ideal da realização (entre nós, essas duas atitudes ainda se mostram antônimas). Pertence à categoria dos grandes animadores. Tornou-se o principal animador do movimento cênico brasileiro. A seção que assina em jornal é hoje o veículo dessa empresa árdua e grandiosa de construir o nosso teatro. Paschoal Carlos Magno o vem construindo.

Lembramo-nos de que, há perto de oito anos, ao fazer um balanço do teatro brasileiro moderno no suplemento comemorativo do qüinquagésimo aniversário do *Correio da Manhã*, citávamos o Teatro do Estudante entre outras iniciativas renovadoras do nosso palco, ao lado de Os Comediantes, sem uma menção particular ao trabalho de Paschoal. No dia seguinte, o sr. Paulo Bittencourt, diretor do matutino carioca, desgravava-o da quase omissão, afirmando que havia duas fases no teatro brasileiro, uma antes e outra depois de Paschoal Carlos Magno. Na época, imbuídos de idéias apenas estéticas, julgávamos a

O ANIMADOR PASCHOAL CARLOS MAGNO

nota do sr. Paulo Bittencourt uma intromissão indevida num campo que lhe era alheio. Não lhe reconhecíamos autoridade crítica para fazer um juízo tão temerário, que não correspondia sobretudo à fraquíssima temporada do Teatro do Estudante no Fênix do Rio, em 1948, com peças de Shakespeare.

Hoje, libertos do juízo artístico que enxerga somente a qualidade do espetáculo, estamos inclinados a adotar as palavras do sr. Paulo Bittencourt: Paschoal é um marco divisório no teatro brasileiro e a crescente voga do interesse pelo palco se deve em grande parte à sua missão apostolar. O animador dos grupos estudantis, numa atividade educativa de amplas ressonâncias, procura fazer que o teatro seja alimento na vida do povo. E como esse trabalho é formativo, vai ao núcleo preparador das novas gerações – à escola, ao colégio, à Universidade.

É certo que, em sua iniciativa pioneira, Paschoal Carlos Magno termina por situar-se no centro das atenções. Ninguém lhe desconhece a vaidade e muitos acham que o fim de sua empresa se reduz ao culto personalista. O anedotário teatral a respeito é vasto e, a lhe darmos crédito, a imagem do diretor do Teatro do Estudante sairia muito diminuída. É voz corrente, por exemplo, que, na temporada de *Hamlet* em seu conjunto, quando o nome de Sérgio Cardoso começou a impor-se por conta própria, ele não se interessou pela continuação do espetáculo em cartaz, já que havia outro astro prestes a ofuscá-lo. Todos sabemos que os indivíduos ilustres são criticados pelo que fizeram e pelo que deixaram de fazer e se nos referimos a esse episódio foi menos por estarmos convencidos do que para revelar um aspecto publicamente aceito da figura de Paschoal. Nem nos demos o trabalho de averiguar a procedência da acusação porque, nesses casos, a verdade é pirandelliana: cada um tem a sua e se passa do terreno objetivo para o da simples conjetura. Mas é fato que ele gosta de narrar seus feitos. E quando algum elemento que pertenceu ao Teatro do Estudante o critica ou tenta libertar-se de sua influência encontra nele um observador implacável das lacunas que tiver. Lembre-se, também, o desagradável episódio com o diretor Luciano Salce, que ousou (de fato em termos pouco amigos) responder a seu comentário sobre *A Dama das Camélias*. Paschoal transferiu-se no revide para o plano pessoal, com uma deselegância que, certamente, hoje o envergonhará. Mencionamos essas questões, porém, pela certeza da generosidade e do grande coração de Paschoal Carlos Magno. Ele se inclui entre os que não guardam rancor. Muitos que injustamente o atacaram, inclusive com alusões chulas, no teatro de revista, tiveram nele um dedicado protetor, ao precisarem de sua ajuda. O regaço de Paschoal é acolhedor e confortável. Assenta-lhe o título de pai de grande parte do teatro brasileiro, ou, se se quiser, o nome que afetuosamente lhe deram: tio Paschoal.

Em seu acervo, não são poucas as realizações que se contam, desde a fundação do Teatro do Estudante, já lá correm vinte anos. Lutou pela implantação dos moldes modernos de montagem, valorizando a presença do diretor, do cenógrafo e do figurinista. O Teatro Duse, construído em sua residência (maravilhoso solar, no alto de Santa Tereza, a cavaleiro da baía da Guanabara), talvez tenha sido sua obra mais meritória, no programa de apresentar numerosos artistas novos, desde os autores aos mais modestos obreiros do espetáculo. Todos os que se iniciavam como promessa encontraram ali oportunidade e incentivo. O Teatro do Estudante e o Teatro Duse foram o maior celeiro de nomes da nova geração, assinalando-se entre os que se iniciaram neles ou por eles passaram, como atores, dramaturgos, cenógrafos, diretores, Sérgio Cardoso, Cacilda Becker, Rachel de Queiroz, Antônio Callado, Paulo Francis, Francisco Pereira da Silva, Sandro Polloni, Geraldo Queiroz, Hermilo Borba Filho, Maria Fernanda, Ana Edler, Sérgio Britto, Fregolente, Tereza Rachel, Agildo Ribeiro, Ruy Cavalcanti, Paulo Pôrto, Consuelo Leandro, Nilson Pena, Sônia Oiticica, Oswaldo Sampaio, Aristóteles Soares, Beatriz Veiga, Roberto de Cleto, Miriam Pércia, Pernambuco de Oliveira, Miriam Carmem, Edson Silva, Milton Carneiro, Hamilton e muitos outros. Sabe-se que o exibicionismo é um dos defeitos graves dos intérpretes formados na escola do Teatro do Estudante. Mas a vida profissional os emenda (às vezes) e a carga publicitária com que foram lançados lhes dá impulso benéfico por muitos anos.

A personalidade de Paschoal apresenta outras facetas, tanta riqueza existe em sua ação incansável. Filho de modesto imigrante italiano (condição da qual, diga-se a bem do seu caráter, ele tanto se orgulha), Paschoal atingiu na vida o que para muitos é preocupação única: ministro na carreira diplomática, já foi vereador no Rio pela UDN e hoje colabora no gabinete da Presidência da República, sendo um dos responsáveis pela simpatia e liberdade democrática de muitos dos seus atos.

O Festival Nacional de Teatros de Estudantes possivelmente será a festa de arte mais bonita do Brasil. Mobiliza a população da cidade, faz os que nunca ouviram falar de espetáculos terem a sua casa invadida pela comunicabilidade contagiante do teatro. Em Recife, era comovedor andar pelas ruas sentindo a presença vigorosa do teatro, através das faixas e dos cartazes. A idéia de Paschoal no fundo deve ser a de revivescência das festas gregas e medievais consagradas ao espetáculo e em que, durante vários dias, o povo inteiro ficava à volta do palco. Santos, como Recife antes, dará ao teatro a aura de popularidade, durante algum tempo, ao menos só igualável entre nós pelo esporte.

Não importa que Paschoal talvez encontre, nessas realizações, o prazer hedonista do contato com a juventude. A alegria pela obra criada deve ser compensação do criador. Paschoal Carlos Magno tem a estatura dos grandes homens, que não se poupam, que não medem as conseqüências de seus atos em vista dos fins a alcançar. Relegando a saúde a plano inferior, a qualquer momento pode ser vítima da sua louca vitalidade. Esse, talvez, seja o ônus dos que constroem conscientemente a própria biografia, sem interesses subalternos e mesquinhos mas identificando-a à trajetória de afirmação de um povo. Paschoal Carlos Magna pode ficar tranqüilo: já é história.

(1959)

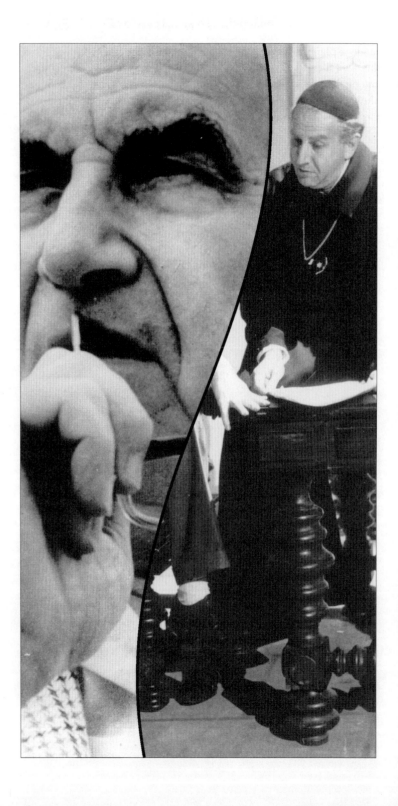

36. Ziembinski Atualiza o Teatro Brasileiro

Responsável pela atualização estética do teatro brasileiro, introdutor do conceito de encenação entre nós, mestre da geração de intérpretes que se iniciaram nos anos quarenta, mago da iluminação, o maior ator que já tivemos (juízo de Antunes Filho) e criador da "consciência do que é e como se faz teatro" (em sua própria avaliação) – estas são as principais facetas de Ziembinski, minuciosa e competentemente analisadas pelo crítico Yan Michalski (1932-1990), no livro póstumo *Ziembinski e o Teatro Brasileiro*[1].

Yan realizou a sua exaustiva pesquisa durante cinco anos, acompanhando a trajetória de Ziembinski desde o nascimento na Polônia, em 1908, até a morte, no Rio de Janeiro, em 1978. Norteou o trabalho o propósito de levantar toda a produção teatral, certamente a mais significativa do diretor, abstendo-se de examinar o que ele fez no cinema e na tevê, e mesmo a vida privada. Apesar das limitações que o ensaísta se impôs, a pesquisa reuniu mais de mil páginas.

Não chegou Yan a dar-lhe redação definitiva, em virtude da morte prematura. Certa vez, ele me disse que necessitava de um distanciamento da obra, para reduzi-la ao tamanho de um livro normal. Ainda assim, enviou-me as conclusões, de cerca de cem páginas, no desejo de ouvir a opinião de um colega de ofício. Gostei imenso da leitura e insisti para que ele apressasse a revisão. A edição final do texto aca-

---

1. São Paulo/Rio de Janeiro, Hucitec e Ministério da Cultura/Funarte, 1995.

bou sendo feita por Fernando Peixoto, que teve Johana Albuquerque como colaboradora, e o volume reduziu a pesquisa a 517 páginas impressas, das quais cerca de quarenta de expressiva iconografia. Sem o conhecimento do original completo, não se pode criticar com autoridade as opções dos editores. A favor deles, testemunho que as pouco mais de trinta páginas do último capítulo, "Um Ponto de Referência", coincidem perfeitamente com as lembranças que guardei das "conclusões" de Yan.

Para a renovação artística do nosso palco, Ziembinski teve a vantagem da primazia, foragido que era da Polônia quando da Segunda Grande Guerra, aportando ao Rio, depois de incontáveis peripécias, em 1941. Alguns precursores não foram suficientes para alterar a rotina do nosso profissionalismo, em que prevalecia a presença de um simples ensaiador, destinado a ressaltar a figura do astro, dominando os coadjuvantes, longe da preocupação de decorar o texto e atribuir ao espetáculo uma unidade estilística. Por isso Ziembinski se aplicou no grupo amador Os Comediantes, que não aceitava as premissas então em voga. Quando o empresário italiano Franco Zampari fundou, em 1948, o Teatro Brasileiro de Comédia, depois de destiná-lo aos amadores locais, pautou-se no exemplo do conjunto carioca e trouxe para São Paulo compatriotas seus, como Adolfo Celi, Ruggero Jacobbi, Luciano Salce e Flaminio Bollini Cerri, acrescentando aos seus nomes, na primeira fase, o de Ziembinski. É ponto pacífico para a crítica ter sido benéfica para todos a interação dos encenadores estrangeiros, aos quais se somaram, em datas diversas, Maurice Vaneau, Gianni Ratto (vindo inicialmente para o Teatro Maria Della Costa) e Alberto D'Aversa.

O mais experiente de todos, em seus países de origem, foi sem dúvida Ziembinski (Ratto era cenógrafo estável do Piccolo Teatro de Milão e Vaneau dirigiu no Teatro Nacional da Bélgica), e o crítico Stanislaw Grzelecki saudou-o, em 1939, na peça As Colegas, de Krzywoszewski, como "talvez o mais talentoso dos jovens diretores poloneses" (p. 32).

A notoriedade fulminante de Ziembinski, entre nós, ocorreu com a estréia de Vestido de Noiva, em 1943 – divisor de águas tanto para a modernização do espetáculo como da dramaturgia (de Nelson Rodrigues) e dos cenários (de Santa Rosa). Nos 37 anos de permanência no Brasil, Ziembinski dirigiu e/ou interpretou 94 peças, das quais ao menos dois terços, por algum motivo, se tornaram produções de mérito. Yan não se deixou tomar pela adesão irrestrita ao objeto da pesquisa – fenômeno freqüente entre os que se debruçam sobre um tema – e julgou de forma isenta o itinerário de Ziembinski, louvado na fortuna crítica, em depoimentos e também nas observações pessoais.

Pontos culminantes na carreira do diretor Ziembinski foram, depois de Vestido de Noiva, Desejo, de O'Neill; Anjo Negro, também de

ZIEMBINSKI ATUALIZA O TEATRO BRASILEIRO   205

Nelson Rodrigues; *Medéia*, de Eurípides (adaptação de Robinson Jeffers); *Uma Rua Chamada Pecado*, de Tennessee Williams; *Nossa Cidade*, de Thornton Wilder; *Dorotéia*, de Nelson Rodrigues; *Pega Fogo*, de Jules Renard; *Paiol Velho*, de Abílio Pereira de Almeida; *Volpone*, de Ben Jonson; *Maria Stuart*, de Schiller; *Leonor de Mendonça*, de Gonçalves Dias; *O Santo e a Porca*, de Ariano Suassuna; *Jornada de um Longo Dia para Dentro da Noite*, de O'Neill; e *Toda Nudez Será Castigada*, de Nelson Rodrigues.

Ninguém fugia à força carismática do ator Ziembinski (seus colegas estrangeiros não fizeram carreira nesse domínio). Pessoalmente, lembro-me da criação inesquecível de Efraim Cabot em *Desejo*, gravando-se na memória a patética cena da dança; de Jester Lester, em *Tobacco Road*, de Erskine Caldwell e Jack Kirland; do sr. Lepic, em *Pega Fogo*; do papel-título de *Volpone*; do Papaizão, em *Gata em Teto de Zinco Quente*, de Tennessee Williams; do Eurico Arabe, em *O Santo e a Porca*; de James Tyrone, em *Jornada de um Longo Dia*; de Max, em *A Volta ao Lar*; de Cotrone, em *Os Gigantes da Montanha*, de Pirandello; e de Zambor, em *Check-Up*, de Paulo Pontes. Presença poderosa e magnética, enchendo a cena também com a força da voz, não obstante o sotaque nunca perdido.

Com relação ao desempenho, cabe registrar um aspecto negativo de Ziembinski: às vezes lhe faltava autocrítica para perceber sua inadequação à personagem. Curiosamente, esse problema já havia sido detectado, quando ele tinha 23 anos, pelo seu colega Jerzy Walden, de Lodz, em testemunho de 1970, transcrito por Yan: "Antes de mais nada, o ator Ziembinski está convencido de que pode fazer qualquer papel. Toda vez que lhe cai nas mãos uma peça nova, descobre-se que o papel de maior efeito foi simplesmente criado para ele" (p. 24). A ausência de desconfiômetro levou-o a interpretar George Elliot em *Quarteto*, de Antônio Bivar, infelizmente seu último espetáculo, levado no Teatro Ipanema, em 1976: era constrangedora a tentativa do galã, aos 68 anos, de seduzir uma bela jovem.

Ao longo dos anos, não era justo mais afirmar que Ziembinski transformava os jovens intérpretes em imitadores seus. O livro de Yan esclarece, também, a questão polêmica do expressionismo no estilo das suas montagens. Aliás, com acerto, ele se apóia muito nos comentários de Décio de Almeida Prado, o crítico que melhor fixou as características de Ziembinski. A lentidão condenada em certos espetáculos desapareceu no ritmo impresso a comédias como *Assim Falou Freud*, de Cwojdzinski, e *Divórcio para Três*, de Sardou.

Yan, com objetividade intelectual irrepreensível, não esconde que Ziembinski, a partir de 1960, "perdeu a sintonia com o espírito de seu tempo" (p. 373). Adiante, acrescenta: "Por mais disposto que estivesse sempre a ajudar os colegas, Ziembinski no fundo pouco se interessava pelo que os outros faziam, ia relativamente pouco a teatro e pouco se empenhava em captar a essência de propostas artísticas diferentes das suas". É muito justa, embora triste, a constatação do crítico segundo a qual "a impressão que se tem é a de que ele (Ziembinski) tinha uma idéia bastante vaga do que acontecia no teatro brasileiro" (p. 381). De fato o homem de teatro não procurou renovar-se, e apesar do esforço sincero de Yan em reconhecer um desejo de atualização na montagem de *A Celestina*, de Fernando de Rojas, em 1969, Ziembinski não fez mais do que repetir-se.

Marginalizado por conta própria, mais do que por ação dos outros, embora, ao criar *Check-Up*, afirmasse em entrevista que "me despeço neste momento, e o que vou dizer não é mágoa nem queixa, mas o teatro já se despediu há bastante tempo de mim" (p. 349), Ziembinski permitiu que Yan chegasse a conclusão melancólica e correta: "Há, sem dúvida, algo de patético nesse itinerário de um artista que de revolucionário passa a conservador" (p. 373).

A televisão fez que Ziembinski desse a volta por cima. É preciso reconhecer que ela soube assimilar os ensinamentos do mestre e o recompensou com extrema popularidade e um cotidiano financeiramente digno. Culpa do teatro? Talvez das circunstâncias muito desfavoráveis em que ele é praticado no País. Mas, na História, ficará gravado para sempre que Ziembinski trouxe a modernidade para o teatro brasileiro. Reconhecimento para o qual o livro de Yan Michalski arrola razões irrefutáveis.

37. Ruggero Jacobbi

Em 1980, Ruggero Jacobbi era catedrático de Literatura Brasileira na Universidade Magistério de Roma. Diretor teatral e ensaísta, Ruggero Jacobbi escrevia tão bem em italiano como em português, língua em que publicou alguns trabalhos fundamentais para o teatro brasileiro. Seu último livro não foi exatamente sobre teatro, mas sim de poesias: chamava-se *E Onde e Quando e Como*.

Nascido em 1920, em Veneza, Jacobbi começou muito jovem a colaborar em revistas literárias, sendo visíveis as influências herméticas em seus *poemi senza data* (1955), cuja história ele evocou em *Campo Di Marte Trenta'nni Dopo* (1968), situada ao lado de outros estudos sobre o *Novencento* italiano: *Primo Novecento* (1965), *Secondo Novecento* (1965), *Poesia Futurista Italiana* (1967) e *Pizzuto* (1971).

Vindo ao Brasil em 1946, com a companhia teatral de Diana Torrieri, Jacobbi decidiu aqui permanecer, desencantado com as perspectivas européias após a Segunda Grande Guerra. No Rio, participou do Teatro dos Doze, ao lado de nomes expressivos do palco brasileiro, vindos na maioria do Teatro do Estudante do Brasil (criado por Paschoal Carlos Magno), como Sérgio Cardoso, Sérgio Britto, Zilá Maria e Luís Linhares.

O empresário Franco Zampari convidou-o para figurar no grupo de diretores do Teatro Brasileiro de Comédia, ao lado de Adolfo Celi, Luciano Salce e Ziembinski. Ali, entre outros espetáculos, ele encenou *O Mentiroso*, de Goldoni, que muita gente julga a montagem mais perfeita do elenco.

208 DEPOIS DO ESPETÁCULO

Depois de colaborar em outras iniciativas cênicas, ao lado de Madalena Nicol, Nicette Bruno e Sérgio Cardoso, Jacobbi transferiu-se para Porto Alegre, para dirigir o curso de Arte Dramática da Universidade do Rio Grande do Sul. Ali, ele viveu até 1960, quando decidiu retornar à Itália, passando logo a dirigir a Escola do Piccolo Teatro de Milão. No Brasil, Jacobbi publicou os livros *A Expressão Dramática* (1956), *Goethe Schiller Gonçalves Dias* (1958), e *O Espectador Apaixonado* (1961).

Jacobbi escreveu um excelente livro – *Teatro in Brasile* (Cappeli Editore, Bologna, 1961), em que os especialistas brasileiros vêem as melhores análises de Martins Pena e Gonçalves Dias, os dois nomes fundamentais da nossa dramaturgia do século XIX.

As ligações de Jacobbi com o Brasil não se esgotam aí. Empenhado na divulgação da literatura brasileira, ele publicou a antologia *Lirici Brasiliani* (1960) e diversas versões dos poemas de Murilo Mendes, nos volumes *Poesia* (1962, com Giuseppe Ungaretti e outros), *Le Metamoforsi* (1964) e *Poesia Libertá* (1971, prêmio Etna-Taormina). Em 1973, Longo Editore, de Ravenna, publicou a antologia *Poesia Brasiliana Del Novecento*, em que Jacobbi verteu para o italiano poemas de Manuel Bandeira, Mário de Andrade, Cassiano Ricardo, Jorge de Lima, Edgard Braga, Raul Bopp, Dante Millano, Murilo Mendes, Cecília Meirelles, Carlos Drummond de Andrade, Henriqueta Lisboa, Augusto Frederico Schmidt, até a geração de 45, além de fazer um substancioso estudo sobre as metamorfoses do modernismo. Em 1973, ele montou na Itália o *Pagador de Promessas*, de Dias Gomes, em sua própria tradução.

Jacobbi publicou ainda as peças *O Outro Lado do Rio* (1959), *Ifigênia* (1960), *Il Porto Degli Addii* (1965), *Il Cobra Alle Caviglie* (1969) e *Edipo Senza Sfinge* (1973). Em 1973, obteve o prêmio Silvio D'Amico, pelo seu volume *Teatro da Ieri a Domani*. E escreveu monografias sobre Faulkner, Hemingway e Ibsen. Verteu para o italiano Rimbaud, Maeterlinck, Garcia Lorca, Benavente, Molière e Lope de Vega, e traduziu para o português Alfieri, Goldoni, Pirandello, Betti e Gozzi.

Crítico teatral da importante revista *Il Dramma*, Jacobbi deixou a direção da famosa Academia de Arte Dramática Silvio D'Amico, de Roma, onde foi professor de História do Teatro, para dedicar-se inteiramente à cátedra de Literatura Brasileira, na Universidade Magistério Romana. E, ainda no mês de março, dedicou-se a um programa desenvolvido na Itália em favor da democratização brasileira. Era projeto de Ruggero Jacobbi, segundo os amigos, devotar os últimos anos de sua vida ao estreitamento das relações intelectuais com o Brasil.

Nos quatorze anos que viveu entre nós, Ruggero Jacobbi aprofundou, como poucos, o conhecimento do País. E teve oportunidade

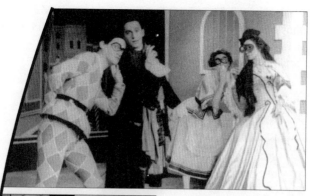

de realizar uma ensaística situada ao lado dos mais significativos trabalhos assinados por brasileiros, sobretudo no campo do teatro. No Exterior, talvez nenhum estrangeiro tenha contribuído, como ele, para a divulgação da melhor literatura brasileira.

(1981)

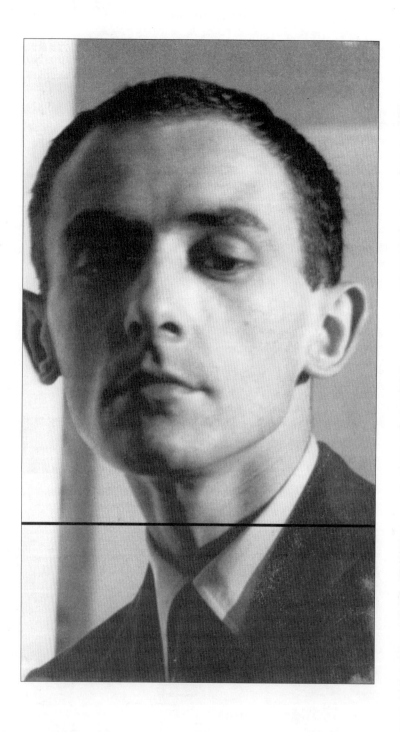

38. Bollini

Um telegrama chegado da Itália dava conta de que o diretor teatral Flamínio Bollini Cerri morreu em Roma. Seu nome, como o de
Adolfo Celi, o de Ruggero Jacobbi e o de Luciano Salce, está intimamente vinculado ao palco brasileiro: entre as suas encenações em São
Paulo, ao menos a de *Ralé*, de Górki, no Teatro Brasileiro de Comédia,
e a de *A Alma Boa de Setsuan*, de Brecht, noTeatro Maria Della Costa,
se tornaram antológicas.

Nasceu Bollini em Milão, no dia 29 de janeiro de 1924. Cursada a
Universidade, formou-se na Academia de Arte Dramática de Roma,
então dirigida pelo historiador e crítico Silvio D'Amico. Logo Bollini
foi assistente de Luchino Visconti e de Giorgio Strehler, dois monstros
sagrados do teatro italiano. Contam-se várias montagens suas na Itália,
desde os bancos acadêmicos: *Orestes*, de Alfieri, na Escola; *A Guerra
de Tróia Não se Fará*, de Giraudoux, no Piccolo Teatro de Milão; e
Troilo e Cressida, de Shakespeare, em Florença.

Expandia-se o Tbc, quando Celi, depois de chamar seu colega de
turma Luciano Salce, se lembrou de trazer para São Paulo o jovem
Bollini, muito recomendado por todos. E *Ralé*, de Górki, estréia de
Bollini na sala da rua Major Diogo, foi logo considerada um acontecimento, pela força dramática, pela precisão do ritmo, pela excelência
do espetáculo. Ainda no Tbc, Bollini dirigiu *Mortos Sem Sepultura*,
de Sartre, outro êxito de crítica e de público.

Problemas pessoais levaram Bollini a desligar-se do Tbc, depois
de haver também dirigido para a Cia. Cinematográfica Vera Cruz um

214 DEPOIS DO ESPETÁCULO

roteiro seu: *Na Senda do Crime*. No Rio, em 1955, ele encenou, para Os Artistas Unidos, com Henriette Morineau, *O Diálogo das Carmelitas*, de Bernanos. E, a partir do ano seguinte, ligou-se Bollini de novo a São Paulo, vindo a ser o diretor estável do Teatro Popular de Arte (Cia. Maria Della Costa).

Com o TMDC, Bollini montou *A Casa de Bernarda Alba*, de Garcia Lorca, e *A Rosa Tatuada*, de Tennessee Williams. Uma viagem à Europa levou-o a um encontro com a estética brechtiana, de que resultou, em 1958, a memorável encenação de *A Alma Boa de Setsuan*, a primeira vez que se viu uma obra de Brecht profisssionalmente, no Brasil, no melhor espírito preconizado pelo teórico e dramaturgo alemão. Para alcançar a popularidade autêntica de Brecht, nutrida no cabaré e na função circense, Bollini concebeu um espetáculo extremamente comunicativo, com desempenhos muito felizes de Maria Della Costa, Eugênio Kusnet, Oswaldo Louzada e muitos outros. Finalmente entendeu-se, em nosso palco, o "estranhamento" brechtiano.

Bollini pretendeu, durante anos, manter uma "ponte" entre o Brasil e a Itália. Seu propósito de não perder o contato com nosso País o levou até a transferir a residência de seus pais para São Paulo. Mas, assim como Celi, Ruggero e Salce voltaram a fixar-se na Itália, por numerosos motivos (deverão um dia ser examinados num estudo sério), Bollini passou a morar de novo em Milão, sua cidade natal. E o teatro foi trocado pela televisão, veículo em que ele se afirmou plenamente.

Neste ano, em que o teatro brasileiro perdeu o polonês Ziembinski, renovador do nosso palco moderno, a morte de Flaminio Bollini Cerri é mais um acontecimento doloroso, porque, se há muitos anos ele não atuava entre nós, sua contribuição deixou marca profunda.

(1978)

39. Victor Garcia

Ao tomar conhecimento da morte de Victor Garcia, não posso dizer que fiquei totalmente surpreendido. Nos *Rencontres Nord-Sud Culture*, de que participamos em junho de 1982 nas cidades de Béziers, Montpellier e Arles, eram visíveis seus sinais de autodestruição e incompatibilidade com o mundo. Recomendei a vários convidados que tivessem paciência, considerando sua especial sensibilidade. Intimamente, acreditava que o grande encenador, ao retornar a Paris logo precisaria internar-se numa clínica de repouso.

Que fora Victor fazer ali, afinal de contas? Dos debates ele esteve ausente. Vi-o aplaudindo em delírio o bailarino-ator japonês Kazuo Ohno. Poucas vezes comparecia às refeições em grupo. Nos deslocamentos, tomava-se de agressividade por um interlocutor, a quem ofendia de forma incômoda. O escritor argentino Juan José Saer, seu compatriota, desviava-se com bonomia das violentas setas de que era alvo. O romancista francês Raoul Mille não cultivava idêntico *fair-play* e quase partiu para as vias de fato. Para mim, signos evidentes, em Victor, de um processo de decomposição.

Ele aguardava, ansioso, a vinda de Michèle Kokosowski e de Chérif Kaznador, ligados ao seu projeto de montagem de *O Burlador de Sevilha*, de Tirso de Molina. O texto espanhol (são profundamente espanholas as raízes familiares e formativas do futuro artista) falava-lhe mais que *Don Juan*, de Molière, que julgo a melhor peça do repertório mundial. E, nesse caso, o encenador não respeitaria inteiramente o original, como fez nas montagens de *Cemitério de Automóveis*, de Arrabal (embora imbricando outras peças na que deu título ao espetáculo), ou *O Balcão*, de Genet. Durante os *Rencontres*, porém, desentendeu-se com o poeta argentino Mario Trejo, residente em Barcelona, convidado para redigir a forma final de *O Burlador*. Não sei em que havia ficado o projeto, nos entendimentos transferidos para Paris. Ao examinar as salas do *Théâtre Populaire de la Mediterranée*, no Sul da França, Victor desistiu de utilizá-las: embora levantadas milagrosamente em poucos meses, graças à criatividade de Jérome Savary e Christian Gay-Bellile, não se prestavam ao conceito de indissociar a arquitetura da concepção do espetáculo, presente em todas as invenções do encenador. Victor pensava partir para uma co-produção com a Itália. Eu confiava em que o trabalho lhe estimulasse o contato com a realidade, permitindo-lhe vencer, mais uma vez, a profunda crise interior. Mas temia que os patrocinadores do projeto acabassem por recusar o crédito a Victor, testemunhando seu lamentável estado de saúde. Qualquer que tenha sido o desfecho das negociações, o certo é que não se verá *O Burlador de Sevilha* imaginado por Victor Garcia.

Uma pena, ainda que, em menos de 48 anos de vida (nasceu em dezembro de 1934), e nunca realizando uma produção comercial, tenha deixado uma expressiva bagagem. Feita de vários Garcia Lorca, Valle-Inclán, Calderón, Gil Vicente, Jarry, Arrabal, Claudel, Genet. Uma galeria não muito extensa de dramaturgos, contudo pertencentes a um universo espiritual próximo, por várias afinidades. Jarry é o único a parecer estranho nessa lista. Todos, de uma forma ou de outra, propiciam a instauração de uma cerimônia teatral, único domínio no qual Victor Garcia sentia pulsar a arte do palco.

De seu marcante acervo, tive oportunidade de assistir a apenas quatro criações: *Cemitério de Automóveis*, *O Balcão*, *As Criadas* e *Yerma*. Muito diferentes entre si, sugerindo que, em Victor, cada obra de arte representava uma individualidade absoluta. Vários pontos comuns permitiam identificar-se a autoria da encenação – comprovava-se a assinatura de Garcia e de ninguém mais.

Para se montar, entre nós, *Cemitério de Automóveis*, a atriz-empresária Ruth Escobar construiu, em 1968, o Teatro Treze de Maio, que propunha um novo espaço cênico, semelhante ao do espetáculo primitivo de Dijon (1966) e não ao de Paris (também 1968). De um lado menor do retângulo, ficavam, superpostas, as carcaças dos velhos automóveis, enquanto os espectadores se dispunham à volta de uma rampa central. As roupas tratadas em couro ou a quase nudez compunham um quadro estranho. Momento de suprema beleza visual, sintetizando simbolicamente o significado de *Primeira Comunhão*, incluída em *Cemitério* junto com *A Oração* e *Os Dois Carrascos*: enquanto a Avó solene e majestosa dava conselhos, a Neta, respondendo apenas um "sim, mamãe", era paramentada em círculos concêntricos de dife-

218 DEPOIS DO ESPETÁCULO

rentes diâmetros, até transformar-se em verdadeiro bolo de noiva. Era a primeira vez que se construía, à nossa frente, metáfora tão poderosa.

O desempenho liberto da dicção realista, o desenvolvimento antipsicológico dos conflitos, a violência física e as evoluções acrobáticas punham diante de nós um universo inédito, cujos paralelos teóricos parecem irmanar-se ao ritual artaudiano ou mesmo grotowskiano. Victor recusou a filiação, afirmando para Odette Aslan, no primeiro volume de *Les voies de la création théâtrale*, que bebeu "diretamente nas fontes do folclore indígena e das tradições brasileiras, como Artaud pôde reencontrar os ritos astecas em seu tempo". Mero charme de artista que preferia dizer-se saído do nada, ou de suas raízes latino-americanas, e não de uma influência diretamente européia?

A verdade é que, antes de partir para a França, em 1962, Victor residiu por muito tempo no Brasil, em contato com uma argentina que se fixara no Rio: Polona Sforza. Traduzo *Mettre en scène au présent*, em que Raymonde Temkine narra o episódio: "É uma mulher admirável, ligada a Anna Freud, Martha Graham. Ela é também arquiteta. Inicia na dança moderna Victor, que permanece com ela sete meses; ela desenvolve seu gosto pela mímica. Garcia, que tem por ela grande reconhecimento, diz que juntos, num período de enorme criatividade, fizeram coisas maravilhosas. Ela o chamava 'o monge'. Eles viajaram. Ele voltou a Buenos Aires, retornou ao Rio". Até que se rendeu ao apelo da Europa.

Choque Inesquecível

Todo o mundo se lembra de *O Balcão*, talvez o mais importante espetáculo de Victor, e que só o público de São Paulo teve o privilégio de conhecer (exibiu-se no Exterior um filme extraído da montagem, que levou o professor iraniano Karim Modjtehedy a exclamar: "A Capela Sistina do teatro", qualificativo subscrito por Raymonde Temkine). Estreada a 29 de dezembro de 1969, depois de longos e penosos meses de trabalho, a peça de Genet produziu um choque inesquecível.

A concepção de Victor Garcia, desenvolvida no cenário de Wladimir Pereira Cardoso, modificava radicalmente o Teatro Ruth Escobar. Aboliu-se a separação convencional entre palco e platéia, escavando-se o palco para que, do porão até os urdimentos, se erguesse um vasto funil, em cujos passadiços se acomodava o público, em bancos dispostos numa seqüência em espiral. O espectador acompanhava, assim, a ação do bordel de luxo como um verdadeiro *voyeur*. É evidente que Ruth Escobar teve de destruir seu teatro, reconstruindo-o, depois, nos moldes convencionais, para a montagem seguinte.

VICTOR GARCIA

Iluminava-se o ambiente por meio de um espelho parabólico, escavado no concreto do porão, cinco metros abaixo do palco. Desenhou-se uma concha elipsoidal com plástico espelhado, desempenhando funções semelhantes à de um farol de automóvel. Um módulo subia e descia: era de ferro vazado, com acrílico. Passavam-se aí muitas cenas, mas os atores distribuíam-se por todo o teatro, inclusive nos passadiços para o público. Do urdimento, descia uma rampa, em espiral, com nove metros de altura, sendo utilizada em alguns quadros (do espelho parabólico aos urdimentos havia vinte metros de altura). Além disso, foram instalados cinco elevadores individuais e dois guindastes suspendiam duas gaiolas, para o diálogo de Irma e Carmen. Os atores também usavam plataformas, verdadeiros trampolins. Uma cama ginecológica entrava no módulo sem necessidade de que ninguém a empurrasse. Uma parte da estrutura metálica (86 toneladas de ferro), de seccionamento treliçado, abria-se para a entrada dos revolucionários. Entre numerosos outros momentos de um ritual magnífico, sobressaía a linda metáfora da cena final: os homens quase nus, amontoados no subsolo do inferno, escalando as paredes do bordel para obter a liberdade.

Victor havia encenado *As Criadas* para a grande atriz espanhola Nuria Espert, ocorrendo a estréia madrilenha, depois de problemas censórios, em 21 de fevereiro de 1969. Esse espetáculo foi a Paris, ao Festival de Xiraz (no Irã), a Viena e a Londres, e ganhou o grande prêmio do Festival Internacional de Belgrado. Não tive a sorte de vê-lo, mas assisti em Lisboa, no início de 1973, à réplica portuguesa que dele Victor fez. Não será pouco repetir o que escrevi, na ocasião: tendo aplaudido numerosas encenações em dez capitais, de Roma a Berlim, de Praga a Paris, de Londres a Nova Iorque, foi sem sombra de dúvida a de *As Criadas* a que mais me impressionou.

Dessa vez, dadas as características da obra de Genet, o espaço não podia abrir-se a malabarismos plásticos de criatividade semelhante à de *Cemitério* ou *O Balcão*. Ainda assim, como documenta Carmen Compte a propósito da criação de Nuria, no quarto volume de *Les voies de la création théâtrale*, os jogos de espelho e uma rampa engrandeciam as imagens das três atrizes, além dos coturnos e das capas excepcionais. Diferentemente das outras montagens de Victor, o desempenho passava ao primeiro plano, sobretudo pela soberba interpretação da grande atriz Eunice Munhoz.

Não demorou muito para eu conhecer Nuria Espert, não em *As Criadas*, mas em *Yerma*, que abriu o I Festival Internacional de Teatro de São Paulo, promovido por Ruth Escobar em 1974. Aplaudi a excepcional mulher do teatro espanhol e o achado do espetáculo – os cenários de Victor e Fabian Puig Server. Uma estrutura metálica pentagonal, inclinada, prendia por cordas, no centro, uma vasta lona, lugar das ações principais. Os atores ora pisavam a lona, ora dialoga-

220 DEPOIS DO ESPETÁCULO

vam debaixo dela, suspensa por fios vindos dos urdimentos. O que havia de comum com as outras montagens de Victor: o gosto pelos engenhos mecânicos e a plasticidade visual do artista requintado, feita ainda do admirável gosto dos figurinos. A marca nova estava na simplicidade e na extrema eficácia da invenção. Um erotismo estuante enriquecia as marcações e os gestos e atitudes dos atores, como a sublinhar o absurdo da secura na relação do casal protagonista. A inadequação do Municipal não obscurecia a nitidez do invento.

Victor ainda preparou, com 25 atores brasileiros, a colagem de *Autos Sacramentais*, de Calderón, para estrear em agosto de 1974, no Festival de Xiraz. O lançamento foi prejudicado: não funcionou o cenário, que era um grande diafragma de alumínio e cristal, e a Censura proibiu a nudez do elenco. O espetáculo tornou-se histórico, porém, na Itália: a magistratura liberou o nu, não o considerando, em si, motivo de interdição. Obviamente, os *Autos* não puderam ser representados, naquela época, no Brasil.

O teatro tem consciência de que perdeu em Victor Garcia um grande artista – um poeta de cruel modernidade, que incorporou o pesadelo da máquina à sua imaginação sem limites.

(1982)

40. Confissões de Cacilda Becker

Perguntamos a Cacilda Becker se estava disposta a conceder-nos uma entrevista fora dos moldes comuns, nos quais a personalidade é transmitida em função das conveniências públicas. Nossa primeira atriz não se fez rogada e respondeu que era o momento de abrir-se numa grande confissão – impelia-a a idéia da responsabilidade com os outros e consigo mesma. A história do teatro brasileiro um dia será narrada em toda a sua verdade e, por isso, cabia-lhe a tarefa de esclarecer o próprio papel, informar sobre a experiência humana que trouxe para o palco e sobre os dados objetivos da vida profissional que ela sempre soube viver com tanta intensidade e paixão.

Em seu camarim no Teatro Leopoldo Fróes, de São Paulo, onde o Teatro Cacilda Becker realizava uma temporada desde os primeiros dias de janeiro de 1959, a atriz falou demoradamente – em duas vezes, pois havia muito a contar. Limitamo-nos a reproduzir suas palavras, sem mesmo intercalar os poucos pedidos de esclarecimento que nos pareceram necessários durante a confissão, porque o relato se basta em seu teor inteiriço, como autobiografia há muito meditada. A própria Cacilda passou a denominar confessionário o divã em que se reclinava para permitir-se maior concentração. E anotamos.

Contou Cacilda Becker:

"Minha mãe era professora em Pirassununga, moça típica do interior. Apareceu por lá Edmundo Ramamés Yáconis, homem da cidade. Não tinha profissão definida e ninguém sabe o que foi fazer em Pirassununga. Casaram-se e do casamento nasceram três filhas. Quando eu tinha sete anos, deu-se a separação e fomos viver, com mamãe, na casa dos avós. Conheci pouco papai, que se tornou personagem em minha vida. Desde essa época quase nunca mais o vi. Ele e mamãe eram muito diferentes. Como faltava a estabilidade financeira, não se prendiam a nenhum lugar. Nasci em Pirassununga, numa casa pequena, atrás da Escola Normal. Outra irmã nasceu numa fazenda e Cleyde (a atriz Cleyde Yáconis) na casa do vovô, também em Pirassununga. Crescemos em lugares diferentes, o que explica, talvez, meu gosto de viajar. Essa é, aliás, uma característica da família Becker, e eu já a pressinto em meu filho.

Meus avós maternos são alemães, minha avó paterna italiana e meu avô paterno grego. Nosso jeito é primitivo – vivemos do instinto, agarramo-nos às coisas, ao jardim. Temos apenas a vício de viajar.

O primeiro período de minha vida, até os nove anos, nós o passamos em Pirassununga. Moramos em diversas casas, ora melhores, ora piores, ora com os avós. Na casa destes havia um pomar maravilhoso e minha avó era uma mulher do tipo antigo, com sua despensa cheia de sacos de açúcar e potes de melado, que eram a nossa delícia, apesar de sua severidade. Mamãe lecionou numa fazenda e morávamos numa casa que havia sido prisão de escravos. Brincávamos onde fora a senzala, em meio a cobras, mato e entre caboclos primitivos. A vida era inteiramente rude. Tomávamos banho no rio e pouco estudávamos. Apesar de mamãe ser professora, eu vivia solta, como bicho. Já estava no quarto ano primário e como lá só se lecionava até o terceiro ano, pouca aplicação podia encontrar. Andava de foice, como um moleque. Aí na fazenda – nunca hei de me esquecer – numa noite de muita chuva (a chuva sempre foi importantíssima em minha vida), dei-me conta de que estava perdendo tempo, sem estudar, sem saber o que me tornaria. Minha mãe é de caráter dócil, submisso, com relação ao caminho que devo seguir. Por outro lado, sente amor violento, de onça, em relação aos filhos. Cresceu, em mim, a necessidade de substituir meu pai em casa. Com oito anos de idade, ninguém sabe se é homem ou mulher. Comecei a agir como um pai. E obriguei minha mãe a deixar a fazenda e ir para a cidade, onde eu pudesse estudar. Fomos para Santos – o dia da chegada foi um dos mais felizes da minha vida. Achei a cidade enorme. Havia morado antes em São Paulo, quando pequena, (na rua Caconde), mas não guardei essa impressão de grandeza. Em São Paulo, aliás, atravessamos um dos períodos mais difíceis de nossa vida. Até passamos fome. Fui obrigada um dia a roubar um pé de verdura, para o almoço. Machuquei o pé e tive tétano. Roubar, acho que não foi importante: a fome é que me dói até hoje.

A vida em Santos foi terrivelmente difícil, durante oito anos. Passamos todas as necessidades possíveis e imagináveis. Não tenho nenhuma saudade da adolescência. Vivemos todas as misérias, sofremos todas as injustiças e éramos impotentes para defender-nos. No colégio

– o único que havia, além dos religiosos – o preço cobrado era muito alto e eu tinha de dar recitais de dança para pagar as taxas. Muitas vezes fomos convidadas a retirar-nos da classe por falta de pagamento. Nunca pude ter livros, cadernos ou uniforme. O caminho do colégio era feito na maior parte das vezes a pé, e ele era longo. Todo esse tempo atarrachamos uma máscara de que vivíamos assim porque gostávamos, porque preferíamos, na ilusão de que a humilhação que nos impunham era menor. Não tenho mágoa contra ninguém, mas sei que sofremos muitas injustiças – de ordem moral, principalmente. Injustiças que as pessoas que vivem ao redor da gente praticam levianamente e fazem parte apenas de seu passatempo.

Tornamo-nos, assim, pessoas diferentes e nos habituamos a abrir mão de pequenas vaidades materiais. A necessidade de conforto passou ao plano secundário – adquirimos a noção de valores novos, diversos dos da maioria das pessoas entre as quais vivíamos. Hoje, quando olho para trás, verifico que deveríamos ser diferentes até no físico. Em nossa casa de adolescentes, porém, havia por certo alguma força, alguma marca. É engraçado, não sei como explicar: passamos a inspirar admiração aos outros e assim começaram a aparecer bons amigos, desinteressados, dedicados e fiéis.

Nossa casa em Santos era um chalé de madeira, todo esburacado no teto e no chão. Constituía um perigo terrível mudar uma cadeira de lugar, pois tapávamos os buracos do soalho com tapetes de estopa, bordados à mão e cobríamos a casa toda com um pé de maracujá. É verdade que a casa ficou linda, e os amigos tocavam piano – amigos que eram poetas, escritores, artistas. Começamos a viver uma vida em que a geografia era ignorada e aos quinze anos me falavam em Nietzsche (eu não entendia nada, mas me divertia muito). Entre esses amigos estavam Flávio de Carvalho, Miroel Silveira, Edgard Cavalheiro, Rolmes Barbosa, Paulo Silveira, Oswaldo Motta, Dinah Silveira de Queiroz, Helena Silveira, Lavínia Viotti, Guiomar Fagundes, Valdomiro Silveira, Quirino da Silva e outros. Não era vida boêmia, mas tentativa de fazer algo. Eu devo a esses amigos o mundo maravilhoso para o qual fugimos. O sofrimento então diminuiu. Eles começaram a educar-nos e nos deram muita coisa. Até o dia em que eu consegui o diploma de professora normalista. Saldei o compromisso com as pessoas normais, mas em troca, nada mais tinha em comum com elas. Todas me haviam alijado de seu grupo. Eu era uma moça com a qual as outras moças não deviam ter relações de amizade. As famílias burguesas fechavam-me as portas, mas, com o tempo, adquiri profundo desprezo por elas. E hoje, por mais amadurecida que eu esteja, por mais isenção de ânimo que eu procure, ainda me sobra desprezo pela burguesia, pela mediocridade da burguesia.

Não posso ver pobre na rua, doente ou criança sem sentir uma violenta participação, sofrendo por eles. Tenho profunda piedade dos animais, que são tão impotentes quanto os pobres. E se na minha vida atual existe um complexo, é o de ainda não ter podido dizer ou não ser capaz de dizer tudo quanto penso sobre a inconsciência e a leviandade com que certas pessoas, em grande número, vivem a vida inteira. Precisamos acordar e tomar um pouco mais de conta dos outros. E isso eu gostaria de exprimir no teatro.

Talvez, ao tornar-me mulher, não tenha me formado melhor do que as pessoas que tripudiaram sobre a nossa fragilidade de meninas. E isso pode ser um remorso na minha vida. Mas o mundo continua cheio de crianças desgraçadas que, muito antes do que deviam, conhecem a humilhação. Se assim não fosse, estariam preparadas para se tornarem adultos melhores. Acho perigoso o sofrimento prematuro e eu poderia ser diferente, com outra vida. Mas me considero a melhor filha que se possa ser. A melhor irmã que se possa ser. E também a mãe mais amorosa que se possa ser. Apenas, diante de meu filho como diante da vida, ajo um pouco como homem. Não quero dizer propriamente pai.

Sinto-me preparada para educar meu filho, que tudo espera da vida.

Ao teatro, tenho a convicção de que dou uma grande, uma completa experiência humana. Como ser social, porém, sou inegavelmente agressiva, despida de uma hipocrisia que tornaria minha vida e a dos outros algo mais fácil. Faço amigos com dificuldade e raramente. Mesmo os sentimentos têm sido extremamente difíceis, porque não aceito, não posso aceitar os tipos de relações ou de compromissos amorosos e sentimentais mascarados, em que a mulher tem o papel convencional – como dizer (não quero ofender e magoar ninguém, mas é verdade) – em que se conferem ao homem direitos e responsabilidades totais e à mulher... bem, a mulher permanece secundária. Só participo das relações com base em profunda sinceridade e honestidade. Não quero dizer com isso que não seja às vezes hipócrita, como é costume. Apenas, no meu caso, essa hipocrisia não resiste muito e a minha reação a ela é violenta e desastrosa – quando a máscara me cansa tiro-a e pratico absurdos.

Tenho um caráter voluntarioso, temerário, perigoso mesmo, porque me faltam as meias medidas. Vou da extrema generosidade ao mais absoluto egoísmo. Resta-me a esperança de que com o tempo (que já não é muito grande para esse fim) eu aprenda a viver, adquira sabedoria.

Esse passado não me impediu de adorar a vida. De alguns anos para cá – dois, precisamente – todos os dias, quando acordo e abro os olhos, meu pensamento se volta infalivelmente para a morte.

Digo apenas: graças a Deus, tenho mais um dia para viver. Fico feliz quando olho as pessoas e penso: mais um dia que elas têm também para viver. Mas não sinto medo da morte. Quando ela vier, tenho certeza de que morrerei bem. Sei que terei vivido a vida integralmente.

CONFISSÕES DE CACILDA BECKER

Rezo todas as noites, antes de dormir. Peço a Deus que não me falte uma consciência alerta e que não perca um instante, porque a vida é pequena.

Passo meu tempo dentro deste teatro. Estou me emprestando permanentemente às personagens, às obras que represento. Por isso, para as horas que me sobram, gosto de me sentir bem, ver bem as pessoas. Até que ponto eu penetro dentro de uma personagem e ela dentro de mim, não é fácil dizer. Em poucos momentos eu e a personagem nos tornamos uma coisa só – artisticamente – e daí uma permanente insatisfação. Persigo essa fusão com a personagem, uma quase osmose, e quando ela não vem sinto-me frustrada. Sei que, na maior parte das vezes, sou apenas intérprete. Mas há uma diferença grande entre ser intérprete e ser a personagem, não perdendo completamente a noção da própria personalidade, mas continuando a gente mesma, e sendo também o que escreveu o autor.

Acho que só atingi completamente esse estado de graça em *Pega Fogo*, na *Antígona* de Anouilh e em algumas cenas de outras peças. Penetra-se a personagem em toda a sua intimidade, no presente, no passado e no futuro, e não apenas naquela fração de vida que é o tempo do espetáculo. Sou capaz, por exemplo, de representar por minha conta o *Pega Fogo* adulto, além do que está na peça de Jules Renard. A isso eu chamo criação. Não quero ser sempre mero instrumento do autor, mas a própria obra, vivendo também momentos de plenitude.

Por isso eu me considero uma artista. É certo que fui para o teatro com o objetivo de ganhar dinheiro, necessário à manutenção. Não faço dele um refúgio para minhas dores. Conscientemente, empresto-lhe minha experiência humana e, quanto maior for ela, maior será minha contribuição.

O teatro não resolve minha vida particular de jeito nenhum. Preciso de bom ordenado, que permita dar casa e conforto ao meu filho. Quando ele engorda um quilo fico tão feliz como quando vejo uma platéia lotada. Minha vida de mulher é independente da vida de atriz. Lá fora procedo como qualquer criatura: se Cuca (é esse o apelido do filho de Cacilda, pelo qual ela o chama) se resfria, não durmo à noite. Só uma coisa interfere na carreira artística: o estado de saúde, o bem-estar físico. O ator tem que separar sua vida íntima da vida do palco.

Quando me iniciei no teatro, trazia, apesar do sofrimento, uma total, uma absoluta inocência. A inocência tem-me pregado grandes logros. Tem-me feito cometer erros tremendos. É incrível, não é?, mas é verdade. Comecei a trabalhar no teatro para ganhar dinheiro com que ajudaria minhas irmãs a acabar os estudos e minha mãe a viver. Da minha entrada no teatro guardo poucas lembranças. Não havia nenhuma crítica e nenhuma consciência, nem da vida teatral nem da que estava levando fora de casa. Durante oito anos, minha vida dependeu

226   DEPOIS DO ESPETÁCULO

de circunstâncias. Fiz muitos inimigos, que para mim eram gratuitos. Mas eles deveriam ter suas razões, pela vida inconseqüente que eu levava. Cabia-me uma responsabilidade, para a qual eu não estava preparada. Nesse clima, realizou-se meu casamento, que falhou. Deveria culpar a vida? Não sou pessoa que faça isso. Na primeira mocidade não se escolhe. A responsabilidade do fracasso deve ser dividida. Tenho desse casamento, graças a Deus, um filho. Apesar de todas as outras experiências para encontrar uma razão absoluta de vida, à medida que o menino cresce, verifico que, por lei natural, ele me sucede. Vivo em razão do meu filho. Quer quisesse ou não, passei a ser secundária. O filho tem todas as forças, todas as cartas na mão. Nenhuma obrigação ele me deve e eu lhe devo todas. Não quer dizer que eu não tenha direitos, mas eles vêm depois. Estou comprometida com ele. E desde o dia em que tomei consciência dessa realidade, deixei de ser inconseqüente. Pago duramente os atos errados e sei que preciso regrar minha vida prática. Qualquer ato inconseqüente poderia ser desastroso. Tenho noção de minha responsabilidade com o teatro e com todos. Peço apenas que Deus me ajude a dar conta dos compromissos. Sou um instrumento da minha própria arte, sou o meu próprio violino. Não tenho memórias, mas sensações. Padeço de uma sensação permanente de insegurança, sinto medo da vida. Creio que hoje sou um instrumento de certo modo afinado.

Aos dezoito anos começou minha vida teatral. Como professora, não era suficiente o que eu ganhava. Dirigia, em Santos, um colégio judaico. Logo que entrei para o teatro, o pequeno ordenado era entregue a mamãe. Foi em 1940 e 1941, até começo de 1942. Alugava um quarto no Rio, mas a comida era um problema. Passava fome. Não tinha consciência do que estava fazendo e a realidade não me satisfazia. Até então, havia dançado muito. Estava acostumada ao gesto. A palavra ainda não adquirira significado. No colégio, não consegui nunca dizer um soneto. Minha dificuldade era a de enfrentar a palavra. Não me parecia problema o domínio corporal. A palavra e a voz foram uma conquista árdua em meu caminho. Aliás, não tenho grande voz nem treino de seu uso.

Foi em Campos que ocorreu o primeiro contato consciente com o teatro. Percebi como me expressar com a palavra. Naquela época, os atores não recebiam o texto completo. Só a deixa. Não era possível fazer do texto um todo homogêneo. Assim aconteceu na Companhia Raul Roulien, na qual me iniciei. Em 1944, trabalhando com Bibi Ferreira, não era diferente a situação. Foi só quando entrei para Os Comediantes, em 1946, que recebi a primeira peça completa na minha vida. Era *Vestido de Noiva*, de Nelson Rodrigues. O diretor Ziembinski explicava o texto integral. Era esse o caminho lógico. Antes, havia tomado contato com o público, aprendido a chegar até ele, mas sem um entendimento preciso do teatro. Antes de Os Comediantes, participei do Teatro Universitário, com Décio de Almeida Prado. Não cheguei a adquirir aí consciência do problema porque não me interessava pelos textos de Gil Vicente e Martins Pena. Só mais tarde compreendi o valor dessa experiência. Com Os Comediantes, passei um ano de vida material difícil e praticamente sem receber nada, por causa da crise que se atravessava.

Depois da falência de Os Comediantes, voltei para São Paulo, tendo sido convidada por Alfredo Mesquita e Décio de Almeida Prado para lecionar na Escola de Arte Dramática. Lá, preparei com os alunos *Escola de Maridos*, de Molière, *Week-End*, de Noel Coward, e *O Irmão das Almas*, de Martins Pena. O trabalho foi insano e muito importante para mim. Nesse tempo, Abílio Pereira de Almeida procurou-me, convidando-me para substituir Nydia Licia.

Entrei assim no Teatro Brasileiro de Comédia no dia 11 de outubro de 1948. (Cacilda disse a data como quem repete automaticamente um texto decorado.) Surpreendeu-me verificar que tinha consciência do trabalho teatral. Via a personagem com inteira coerência e já havia adquirido técnica suficiente para assimilar o papel.

Inicialmente, servia-me do instinto, mas como tudo estava no começo, sobrava-me tempo para construir em paz. Todas as minhas forças, boas e más, eu as coloquei a serviço do teatro. Conquistei a confiança de Franco Zampari, de Adolfo Celi, dos colegas e todos me deram muita força.

Fui acusada mais tarde de perseguir colegas, de impedir a carreira de muitos, de ser estrela, e hoje tenho certeza de que, conscientemente, não pratiquei nenhum ato condenável. Todas as sugestões que partiam de mim, opiniões ou mesmo qualquer ação se destinavam a defender o grupo, fechando-o sobre si mesmo para que pudesse produzir mais. Movia-nos uma mentalidade única, despida do espírito de competição. Sem ser vaidosa, sei que puxava o espetáculo, pelo desempenho dos principais papéis que me eram confiados. Sempre impedi a infiltração de elementos secundários, mas não daqueles que podiam colaborar para a melhoria do teatro – Sérgio Cardoso, Nydia Licia, Maria Della Costa e outros. Com a entrada de Tônia Carreiro, Flamínio Bollini Cerri e outros, formaram-se dois grupos. Gianni Ratto trouxe também elementos que haviam deixado o Teatro Maria Della Costa. Eu sabia que tantos atores novos e os trazidos po Maurice Vaneau criariam no teatro atmosfera de antagonismo, e ele não estava maduro economicamente e equilibrado artisticamente para suportar conflitos.

Nesse ambiente, eu já era suspeita. Não lidava mais com principiantes. Minha atuação poderia parecer inspirada na rivalidade ou na inveja. As conseqüências desse clima seriam totalmente prejudiciais para o Tbc. Faltava-me a possibilidade de atuar, mas, também, comecei a me sentir desligada do elenco.

Restava-me o direito de escolher peças, fazer imposições relativas à minha carreira. E era desagradável pedir papéis. Verifiquei então que começava a sobrar. Nos meus últimos quatro anos de TBC, encenava-se uma peça por ano para mim, mas nenhuma era do meu gosto. Se cogitavam de dar-me um papel de protagonista, respondo que *Gata em Teto de Zinco Quente* comportava dois e, em *Maria Stuart*, uma atriz preferiria a personagem de Elizabeth. Não era possível também que eu me interessasse por *Adorável Júlia*, de Sauvajon.

Fiquei assim desencantada como atriz e meu amor pelo TBC foi ferido. Apesar disso, em 1957 propus à direção do teatro que organizasse um grupo com os atores que de certo modo estavam encostados, e nós viajaríamos juntos. Teríamos vinte por cento do lucro da bilheteria, ficando a empresa com os oitenta por cento restantes e o encargo dos salários. Vaneau considerou absurda a proposta – a ele caberia idêntico direito, que aliás foi reconhecido. Verifiquei finalmente que nada mais tinha a ver com o TBC.

Saí do Teatro Brasileiro de Comédia, com o meu grupo. Afirmamos, então, que pretendíamos fazer teatro de nível melhor de repertório e mais seguro no desempenho. Até o momento, parece que não demos demonstração absoluta do que planejamos. Mas, nos primeiros passos, mantivemos certo equilíbrio de vida e de repertório que nos faz acreditar na possibilidade de execução de um programa sem concessões ao gosto popular, correspondente à preferência por *Adorável Júlia* e outras peças sem categoria

E só com profunda amargura e consciência de estarmos abdicando do bom teatro que mudaremos nossa orientação. O teatro brasileiro caminha agora para uma definição do inevitável, em que as companhias terão que escolher entre um repertório comercial, em que tudo seja permitido, sem serem por isso criticadas, ou um repertório em que fique patente uma posição diante da cultura e da sociedade. É possível que nossos destinos venham a constranger-nos a realizar um teatro comercial, mas isso seria a frustração de nossas melhores promessas.

Por pensar assim é que o Teatro de Arena de São Paulo me parece importantíssimo no panorama teatral brasileiro. Os meninos do Teatro de Arena fizeram um Seminário de Dramaturgia, discutem, brigam e lançam seus autores, formando uma literatura teatral. É certo que para eles esse caminho é mais fácil do que para nós. Suas despesas são menores. As companhias que contam com atores formados têm que arcar com as responsabilidades de família, o que torna difícil a situação. Do nosso ponto de vista, *Os Perigos da Pureza* (nova montagem do TBC) estaria fora de cogitação, se a um texto sem grandes qualidades artísticas não emprestássemos um desempenho de primeira qualidade, um conhecimento de estilo e uma montagem cuidada.

Buscamos essa peça inglesa de Hugh Mills como recurso de última hora dentro do repertório, pois temos a convicção de que o único caminho certo para o nosso teatro é o do autor brasileiro. Por isso, a par de nossa atividade profissional, mantemos outra, da maior importância: a orientação de elementos que desejam escrever. Walter Jorge Durst prepara uma peça, orientado por Ziembinski. Nelson Rodrigues escreveu a nosso pedido *Boca de Ouro*. Henrique Pongetti prometeu-nos um original. Acabo de receber *O Piano*, de Aníbal Machado. Há um número enorme de autores desconhecidos que nos trazem peças, que são lidas e comentadas, com sugestões para serem melhoradas. Em 1960, depois da excursão a Portugal, tentaremos encenar apenas autores brasileiros. Não nos lançamos ainda nesse caminho por causa da ignorância do público em face dos problemas reais do nosso teatro. Era preciso que os espectadores se convencessem da importância do autor nacional, porque não viriam ao teatro apenas para se divertir – viriam para ajudar, mesmo criticando, a criação da literatura dramática brasileira.

Não se pode, por exemplo, interpretar o repertório norte-americano como nos Estados Unidos, nem o francês como em Paris. Porém, nenhuma companhia estrangeira está capacitada a apresentar Ariano Suassuna como fazemos aqui. Precisamos trabalhar para que o povo brasileiro se torne culto e, dentro de dez a quinze anos, assuma a inteira responsabilidade do papel que desempenha na vida teatral.

Estou certa de que serei grande atriz aos cinqüenta, cinqüenta anos. (Agora, tenho 37.) Meu sucesso significa pouco para mim, porque ainda não existe um autêntico teatro brasileiro. A publicidade de que estou cercada não tem importância: a única alegria que poderei ter na velhice é a de verificar que concorri para construir um teatro, ainda em preparação. Sei que estou formada como atriz. Devo-o a uma grande experiência e a uma boa técnica. Sinto necessidade de textos em que eu possa realizar-me e, como é difícil encontrá-los, não sei qual será meu destino de atriz. Do repertório universal, resta-me a vontade de interpretar *Santa Joana*, de Shaw, um Molière, um Shakespeare. Mas, até hoje, em meu teatro, não foi escolhido um texto com o objetivo de me ser doado um papel. O único grande texto que tive nas mãos foi *Longa Jornada de um Dia para Dentro da Noite*, de O'Neill. Acho que a personagem de Mary Tyrone é a mais difícil de meu repertório e poderia servir de medida para uma atriz.

Durante um ano a vivi, e ela continua trancada na garganta. Num dia, dominava o papel, em outro não o conseguia. Numa apresentação da peça em Santos, achei que pela primeira vez a tinha feito como o autor pediu. Mas não estou certa. Talvez me faltem os 54 anos da personagem. Talvez me falte o que a faz patética. Não adianta técnica, o esforço não resolve. Como existe essa dificuldade básica, Mary Tyrone deixou de servir de medida para mim. Consigo (penso) transmitir o efeito da morfina mas não o drama inteiro provocado pela idade da personagem. Forjo o papel, quando ele fica fora do meu alcance.

Já atingi um estádio teatral que não é comum. Quando o diretor diz o que pretende, dispenso-o de traçar-me todo o caminho. Disponho de técnica para encontrá-lo por minha conta.

É sabido que tenho voz muito pequena e alguns apontam em mim um defeito de respiração e de pronúncia. Refuto o primeiro porque ele só aparece quando estou depauperada (não se trata de característica da atriz, mas da mulher que às vezes chega a pesar quarenta quilos). Quanto à pronúncia, a minha é de fato particular, involuntariamente. Vigiando muito, o defeito se torna menor. Acentuo a última sílaba de cada palavra. Mas essa é uma característica pessoal, desde criança. Só há dois anos a percebi. Suponho tê-la superado bastante. Falo muito depressa, talvez. Por isso, preocupo-me em articular bem, o que produz o efeito estranhável.

Mas não me sei ver muito. Tento. Esta confissão é o desejo de me tornar mais clara para mim mesma, trazendo para a consciência muita coisa que se acha no íntimo."

(1959)

41. A Falta que Faz Cacilda

Morta há vinte anos (no dia 14 de junho de 1969), a atriz Cacilda Becker poderia ser apenas uma lembrança daqueles que a admiraram como a primeira dama do teatro brasileiro. Nenhum registro da arte do desempenho, no palco, tem a capacidade de restituir a emoção de um grande momento interpretativo, em que ela foi pródiga. Mas Cacilda conserva estranho dom de permanência.

Nos escaninhos da memória, ganham relevo, entre os numerosos papéis a que ela deu vida, na curta existência de 48 anos (a data de seu nascimento é 6 de abril de 1921), aqueles que revelavam secreta cumplicidade com a miséria humana. Dói ainda nos que a viram a mágoa do menino Pega Fogo, rejeitado pela mãe. Ou a perplexidade de Estragon na espera de Godot, que nunca vem, deixando sem explicação o sentido da passagem terrena. Essa preferência, de outro lado, é injusta, porque Cacilda tinha um tempo perfeito para a comédia, transmitiu vigor indiscutível à velha senhora de Dürrenmatt e sublinhou o patético da morfinômana na longa jornada noite adentro de O'Neill. Uma galeria riquíssima de personagens, numa São Paulo que deixava o amadorismo, para ingressar em fértil fase profissional, sob a égide do Teatro Brasileiro de Comédia, do qual um dos desdobramentos foi o próprio Teatro Cacilda Becker.

Quem quiser aprofundar o estilo interpretativo da mulher de teatro (que se distinguiu ainda no cinema e na tevê) tem à disposição o livro *Uma Atriz: Cacilda Becker*, que Nanci Fernandes e Maria Thereza Vargas organizaram, com excelentes estudos e depoimentos (São Pau-

234 DEPOIS DO ESPETÁCULO

lo, Perspectiva e Secretaria de Estado da Cultura, 1983). Faz falta a identificação absoluta de Cacilda com as personagens, fruto de intimidade quase irracional com sua vivência espontânea. Não é nesse campo, contudo, que se torna mais sentida a ausência da atriz.

Magra, frágil, aparentemente indefesa em face do mundo, ela guardava energia incomum. Aos poucos, impôs sua liderança incontestável nos meios de teatro. A princípio, para ser reconhecida como primeira atriz do TBC, na aberta acolhida do público e da crítica. Depois, passou a ser respeitada pelos governantes, verdadeiro porta-voz dos reclamos do palco.

O governador Carvalho Pinto concedeu para a atividade cênica, em documento por ela lido, verba extrordinária duas vezes e meia maior que o orçamento regulamentar. Ao presidir a Comissão Estadual do Teatro, ela conseguiu do então governador Abreu Sodré que se multiplicasse por quatro, de um exercício para o seguinte, a dotação destinada ao órgão. E, nesse período, por motivos éticos, Cacilda não atuou no palco.

Nos conturbados tempos da ditadura, em que os artistas foram alvo especial da repressão, Cacilda assumiu o papel de anjo protetor. Católica, não temia que suas posições fossem mal interpretadas pelos donos do poder. Ajudava os perseguidos, propiciava um esconderijo necessário, combatia a censura, tentava dialogar com a força bruta, para que seus golpes fossem menos desastrosos.

Quando os esbirros, em mais um ato arbitrário, proibiram a montagem da *Primeira Feira Paulista de Opinião*, Cacilda chegou à frente de todos, para declarar que o teatro se considerava em desobediência civil. Às vésperas da decretação do malfadado Ato Institucional n.º 5, de 13 de dezembro de 1968, esse era um testemunho de coragem surpreendente. Cabe perguntar se o obscurantismo que se abateu sobre o país não precipitou o surgimento do aneurisma cerebral, de que ela veio a falecer.

A suposta democracia brasileira substituiu a repressão política pela econômica. Não por culpa dos dirigentes de artes cênicas, que conhecem o problema e lutam para minorar os males, o teatro padece como nunca o desamparo do Estado. Uma certeza vem à mente dos que acompanharam a breve e luminosa trajetória de Cacilda Becker: se ela estivesse viva, não seria assim.

(1989)

42. Dercy Gonçalves

Não me lembro de haver ouvido e visto o público rir tanto como em *Dercy de Cabo a Rabo*. A adesão do espectador me parece transcender os meros aspectos do poder comunicativo da comediante Dercy Gonçalves, para se enraizar no fenômeno amplo do inconsciente coletivo. A análise escapa dos critérios puramente artísticos, adquirindo inteira ressonância no domínio da psicologia social.

Num nível inferior, Dercy conquista a platéia por meio do palavrão. Toda vez que ela recorre a seu vasto vocabulário especializado, o riso inunda o teatro. Será a nostalgia do mundo infantil, quando todo menino se julga homem pelo uso da liberdade coprológica? E as mulheres, mediadas pela atriz, se aliviam da longa repressão? A verdade é que o palavrão é aplaudido, como ária de ópera.

Em outro nível, Dercy vale-se de seu invejável talento improvisador, que já levou a crítica a filiá-la à admirável tradição da *Commedia dell'Arte* italiana. A atriz procede por associações surrealistas, atravessando a cada momento a fronteira do absurdo. Um estímulo suscita-lhe múltiplas variações, esgotando a capacidade cômica. Sem produzir, no entanto, o cansaço.

Durante muito tempo a crítica se queixou de que Dercy não respeitava o texto, sobrepondo-se a ele. A postura tinha dois efeitos negativos maiores: a comediante nunca se dissolvia na personagem, mas era a personagem que se amoldava a ela; e o resto do elenco tornava-se bem o resto, constituindo-se, na melhor das hipóteses, em coro passivo.

236 DEPOIS DO ESPETÁCULO

A experiência levou Dercy a superar o problema. Ela própria tornou-se o texto de seus espetáculos, primeiro escrito por outros, e depois de sua autoria. A cena esvaziou-se de coadjuvantes. Como Dercy gosta de variar as lantejoulas que evocam o brilho da antiga revista, nos intervalos vem ao palco o ator Luís Carlos Braga, além de se projetarem *slides* relativos à vida e aos espetáculos da atriz.

O texto de Dercy Gonçalves, embora repita situações de montagens anteriores, é bem mais interessante. A atriz proclama, alto e bom som, ter 75 anos e uma permanente juventude, por gostar de si mesma. Se a acusam de arteriosclerose, ela capitaliza a suposta doença, para externar tudo que lhe passa pela cabeça. Inimputável, não mede conveniências. Não é sua função o equilíbrio, que ademais não tem graça. Recusam-lhe subsídios e prêmios, boicotaram-na na televisão, a censura a persegue? Os pretextos se convertem em material para comicidade. Será cultura depois de morta, os produtores de vídeo padecem de mediocridade, ludibriem-se os repressores.

Ao entrar em questões pessoais, Dercy comete injustiças, provavelmente semelhantes às que se fazem contra ela. Nada disso tem importância. O ressentimento, por felicidade, não é o forte do espetáculo. A imagem dominante prende-se à dessacralização de toda a biografia da atriz. Ela caçoa de si mesma, com o talento dos verdadeiros humoristas. Consideravam-na prostituta antes que ela soubesse onde ficava seu aparelho genital. A palavra pesada deu-lhe franquia para transpor a vida.

Imperceptivelmente, começa-se a sentir por que Dercy sintoniza tanto com o público. Ela assume a própria marginalidade, erigindo-a em troféu. O povo brasileiro, também, por circunstâncias históricas, políticas e econômicas, acabou sendo marginalizado, ainda que ostente o emblema da completa soberania. Dercy perseguida, incompreendida, marginalizada, mas dando a volta por cima, no deboche e no sarcasmo, confunde-se com a efígie não expressa que parcela ponderável da população tem a seu próprio respeito. O riso provoca a catarse.

E, de maior marginal do teatro brasileiro, não é preciso mais do que um passo para convertê-la em maior comediante. Consciência que tem Dercy Gonçalves, e título que de direito lhe pertence, por ser o palco, há mais de cinco décadas, o lugar em que, rindo, se aprende com ela uma profunda lição de brasilidade.

(1983)

43. Bibi Ferreira

Nem sempre foram as mais amistosas minhas relações com Bibi Ferreira. No início da década de cinqüenta, no Rio, eu fazia restrições a uma de suas temporadas. Numa edição do *Diário Carioca*, trocaram o cabeçalho de minha matéria com a do saudoso cronista Sérgio Porto (o extraordinário Stanislau Ponte Preta, cujo Febeapá nos aliviou de tantas depressões provocadas pela ditadura), e pela primeira vez apareci fazendo humor, a propósito do palhaço Bibi.

A grande atriz não deve ter lido o comentário e alguém provavelmente nos intrigou. Vi, surpreso, uma entrevista de Bibi, revidando meu suposto achincalhe. Por mais que admiremos os palhaços, a palavra tem conotação pejorativa, de acordo com a circunstância. O próprio Sérgio Porto desfez o equívoco e o episódio morreu aí. Um crítico sabe que é passível de crítica – não guarda rancor. O tempo se encarrega de aparar as arestas, porque pertencemos todos a uma mesma família, quando nutrimos verdadeira paixão pelo teatro.

E Bibi, que já era ótima atriz, cresceu no correr dos anos. Para repetir um lugar-comum, pode-se dizer que ela trazia o palco no sangue. Da família de sua mãe, de gloriosas tradições circenses, herdara a magia do picadeiro, que até hoje me desperta deslumbramento infantil. Procópio Ferreira, o pai, transmitiu-lhe a intimidade com a cena, o domínio natural do público, o magnetismo que leva o espectador a fixar-se nela, pelo poder da energia oculta.

A trajetória teatral de Bibi não foi tranqüila. Várias vezes tememos perdê-la, tragada pelo êxito na televisão. São poucos os animado-

240 DEPOIS DO ESPETÁCULO

res de programas com real personalidade, e a de Bibi a manteria inde-finidamente no vídeo. Por felicidade, os talentos autênticos sentem nostalgia do palco. Toda vez que se apresentou uma oportunidade in-teressante, Bibi não a perdeu. Antes de Piaf, o público se lembra da magnífica aparição da atriz em *Gota d'Água*, de Paulo Pontes e Chico Buarque.

O desempenho de Bibi costuma ser uma síntese de muitas quali-dades. Ela teve formação de bailarina, o que lhe dá segurança especial nos movimentos. Dona de bonita e poderosa voz, poderia exercer no canto uma segunda profissão. Só esses dois atributos lhe conferem aptidão espontânea para os musicais, gênero em que os nossos atores não se mostram muito familiarizados. Temperamento dramático, in-quieto, revelando profunda convivência com o efêmero, Bibi sabe co-municar a sabedoria superior da tragédia.

A versatilidade forja a imagem da atriz completa. Poucos intér-pretes brasileiros são capazes de mover-se com semelhante à vontade em tantos campos. Uma experiência, que pareceria concessão em de-terminado instante, é recuperada mais tarde como lastro de uma fisionomia. A atriz Bibi Ferreira capitalizou no palco a soma inacre-ditável da vida inteira.

E é essa síntese de sofrimento, angústia, solidão, brincadeira, ter-nura, molecagem que torna tão pungente a criação de Piaf. Quando fui assistir ao espetáculo, há mais de um ano, no Rio de Janeiro, falaram-me que Bibi era dublada, nas canções, pela voz original da compositora francesa. Quase desisti. Entre incrédulo e curioso, decidi enfrentar o absurdo. Imediatamente percebi o engano da informação. As lindas composições chegavam à platéia na voz inconfundível de Bibi. Por certo os que acreditaram na dublagem não sabiam que a atriz cantava tão bem e tinha uma pronúncia perfeita do francês.

Piaf é sem dúvida o ápice da carreira de Bibi. Todas as virtudes, acumuladas ao longo dos anos, filtram-se nesse desempenho em que a personagem fornece a sua matéria-prima para a atriz e a atriz empresta o seu instrumento sensível à personagem, em simbiose completa. Im-pregna a platéia o sentimento pleno de testemunhar uma perturbadora e rica lição de humanidade.

(1984)

44. Maria Della Costa

Quem acompanha apenas as últimas temporadas, em que suas aparições são esporádicas, não pode saber que Maria Della Costa é uma das mais importantes presenças do moderno palco brasileiro. A ela se deve, junto com seu marido Sandro Polloni, muito do que se realizou de melhor na renovação estética do nosso teatro.

Maria começou como manequim, depois de cursar um colégio de freiras, em Porto Alegre. Nos fins de ano, havia uma festa de Santa Terezinha, em que ela não tomava parte, porque achavam que não tinha jeito. Devia ser freira, quando a mãe adoeceu e Maria foi obrigada a abandonar o estudo. Nessa época, teve a sorte de aparecer numa capa da *Revista do Globo*. Fernando de Barros esteve na cidade, para fazer demonstrações com maquiagem, e a animou a ir para o Rio, como manequim. A mãe aceitou a idéia, as duas brigaram com a família e saíram para a aventura, com a roupa do corpo. Maria foi contratada como modelo do Cassino Copacabana, em 1944, ganhando oitocentos cruzeiros, quando em Porto Alegre recebia duzentos. Tingiu o cabelo e procurou perder a aparência de provinciana, para enfrentar a vida noturna do Rio. Teve, felizmente, um grande sucesso, já no primeiro ano de trabalho. Aos dezesseis anos, casou com Fernando de Barros. Até aquela ocasião, segundo confessou, sentia ter sido empurrada pelo destino.

No contato com a vida, tomou um grande choque. Raciocinou que a beleza vai embora e a mocidade também, e quis preparar-se para o futuro. Pensou no teatro. Achava que não tinha capacidade, mas se

242 DEPOIS DO ESPETÁCULO

firmou no propósito de vencer. Bibi Ferreira convidou-a para fazer uma "ponta", em *A Moreninha*, de Macedo. Era o que ela queria. Tinha que dizer só três palavras, e no palco as esqueceu. A crítica observou que lhe faltava talento, apesar da boa figura. Mas Maria sempre foi dura. Pensou: "Vou mostrar que ainda farei alguma coisa na vida". Resolveu juntar dinheiro para estudar teatro. Depois de um ano, no Copacabana, ganhava oito mil cruzeiros, desfilando como manequim e até posando para fotografias de propaganda de pasta de dente. Foi para Lisboa. Era um mundo novo, outra vez. Passou lá um ano, em 1945. Estudou com Maria Matos, Alves da Cunha, Amélia Rey Colaço. O curso era de três anos, mas, ao fim do primeiro, as saudades a trouxeram de volta ao Brasil, para passar as férias. Os Comediantes estavam fazendo muito sucesso com *Desejo*, de O'Neill. Miroel Silveira convidou-a para interpretar *A Rainha Morta*, de Montherlant. Maria aceitou e se saiu bem, apesar do fracasso financeiro do espetáculo. Trabalhou aí ao lado de Ziembinski e Sandro. Ela diz que data de Os Comediantes sua vida de teatro. Desistiu de voltar a Lisboa e ficou dois anos com o grupo, responsável pela renovação estética do nosso palco. Os Comediantes tiveram êxito artístico, inclusive na vinda ao Municipal de São Paulo, onde Maria interpretou o papel de Alaíde em *Vestido de Noiva*, de Nelson Rodrigues, e *A Rainha Morta*, mas foram à falência. Experimentaram o sistema da cooperativa, e novo malogro. *Terras do Sem Fim*, de Jorge Amado, foi a última tentativa de Os Comediantes.

Sandro reuniu, então, alguns elementos, e fundou o Teatro Popular de Arte. Essa foi a fase significativa de *Anjo Negro*, de Nelson Rodrigues, *Estrada do Tabaco*, de Erskine Caldwell, *A Prostituta Respeitosa*, de Sartre, *Tereza Raquin*, de Zola, e *Lua de Sangue* (*Woyzeck*), de Büchner. Para lutar contra a ordem de despejo, o elenco trancou-se no Teatro Fênix do Rio, dormindo lá. O TPA veio depois a São Paulo, inaugurando o Grande Auditório do Cultura Artística. Maria e Sandro encabeçaram excursões ao Norte e ao Sul, fizeram um pouco de cinema e *Ralé*, de Górki, no Teatro Brasileiro de Comédia. A falta de pouso aumentou a idéia de construir um teatro.

O casal esteve no Banco Nacional Imobiliário, para tratar da compra de um apartamento, e o dr. Otávio Frias acenou com a possibilidade de construção de um teatro. De início, Maria pensou que era mais uma promessa que não se cumpriria. Dois meses depois, o dr. Frias falou do terreno da rua Paim, e foi fechado o contrato. Enquanto se esperava a construção, o casal viajou pela Europa, indo também à União Soviética. Em Milão, Ivo Chiesa disse que Gianni Ratto queria vir para o Brasil, onde outros conterrâneos seus haviam feito a legenda do TBC. Ratto foi contratado como diretor artístico do novo Teatro Maria Della Costa. Esperou-se ainda um ano, cheio de lutas, e, para inauguração da casa de espetáculos, em setembro de 1954, entre quarenta peças foi escolhida *O Canto da Cotovia* (*L'alouette*), de Jean Anouilh.

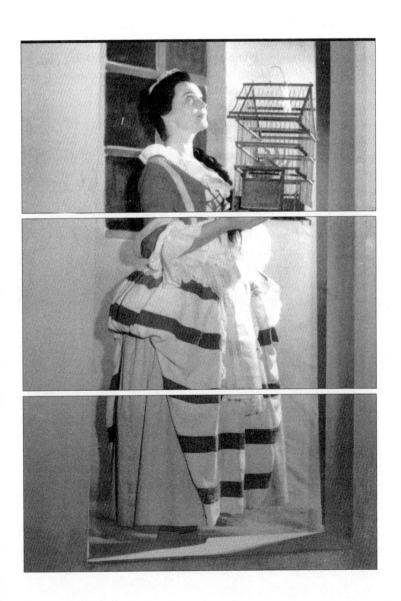

244   DEPOIS DO ESPETÁCULO

Sucederam-se no cartaz do TMDC muitas estréias expressivas: *Uma Pulga Atrás da Orelha*, de Feydeau; *A Moratória*, de Jorge Andrade (com Fernanda Montenegro protagonista); *Mirandolina*, de Goldoni; *A Ilha dos Papagaios*, de Sérgio Tófano (quando Ratto se desligou do elenco); *A Casa de Bernarda Alba*, de Lorca; *A Rosa Tatuada*, de Tennessee Williams; e, em 1958, depois de triunfal excursão a Portugal, *A Alma Boa de Setsuan*, a primeira grande montagem de Brecht no Brasil, assinada por Flaminio Bollini Cerri.

Vieram a seguir *Gimba*, de Gianfrancesco Guarnieri (levado também no Festival das Nações de Paris e na Itália); *Armadilha para um Homem Só*, de Robert Thomas; *O Marido Vai à Caça*, de Feydeau; *Pindura Saia*, de Graça Melo; *Depois da Queda*, de Arthur Miller; *Homens de Papel*, de Plínio Marcos; *Abre a Janela e Deixa Entrar o Ar Puro e o Sol da Manhã*, de Antônio Bivar; *As Alegres Comadres de Windsor*, de Shakespeare; *Bodas de Sangue*, de Lorca; *Tome Conta de Amélie*, de Feydeau; *Moral em Concordata*, de Abílio Pereira de Almeida; *Golpe Sujo*, de Mário Frati; *Motel Paradiso*, de Juca de Oliveira; e *Típico Romântico*, de Otávio Frias Filho.

Para Maria Della Costa, todas as personagens são válidas, na vida de uma atriz. Mas ela prefere as humanas, simples, com um pouco de cheiro de terra. Como a Joana d'Arc, de *O Canto da Cotovia*; a Chentê, prostituta que se desdobrava no duro primo Chui-tá, de *A Alma Boa de Setsuan;* a mulata do morro de *Gimba*; e Maggie, a Marilyn Monroe, de *Depois da Queda*, a que imprimiu a marca da bondade e do sofrimento, provocando a plena adesão do público.

De camponesa, no Rio Grande do Sul, Maria Della Costa transformou-se na personalidade vitoriosa de hoje. A mãe lhe dizia, em verdadeira premonição, que ela havia nascido com uma rosa na testa.

(1993)

45. Sérgio Cardoso

Desde 1948, quando o Teatro do Estudante do Brasil apresentou *Hamlet*, de Shakespeare, não houve até hoje mais estrepitosa revelação de ator que a de Sérgio Cardoso. A lembrança do espetáculo, talvez embelezada pelo prestígio do tempo, não registra a atuação de um estreante: era já um ator completo, maduro, impressionando por uma presença cênica nunca superada.

Sérgio representou, para a geração que principiava a freqüentar o teatro, o que foi João Caetano no século XIX. Dono de belíssima voz, que projetava com senso incomum de dramaticidade, ele encarnava a personagem às últimas conseqüências. Dúvida, sofrimento, revolta, asco, paixão, profundidade, desespero entremeavam-se num desempenho visceral, que mantinha eletrizada a platéia. Esse Hamlet talvez padecesse de excessiva irrequietude, numa extroversão que fugia ao modelo britânico. Era a força da juventude e um inconsciente ardor tropical, que valorizaríamos sobremodo, na assunção não-européia do País, praticada na década de sessenta.

Mal lançado ao palco, Sérgio era o protótipo do ator: temperamental, exuberante, interpretando como se um deus baixasse nele todo os dias. O curso de Direito logo se tornou excrescência, para quem não podia prescindir mais do mundo imaginário das personagens. Ao lado de Ruggero Jacobbi, Sérgio Britto e outros atores egressos do Teatro do Estudante, Sérgio se profissionalizou no Teatro dos Doze. Êxito artístico indiscutível, mas prejuízo financeiro. O novo grupo depressa se dissolveu.

Em 1948, também, o mecenas italiano Franco Zampari fundou, em São Paulo, o Teatro Brasileiro de Comédia. A princípio sede de elencos amadores locais, a casa de espetáculos se profissionalizou, e quis o concurso dos melhores jovens. Em novembro de 1949, Sérgio foi contratado pela Sociedade Brasileira de Comédia, mantenedora do TBC, e, sob a direção de Ruggero, criou *O Mentiroso*, de Goldoni, considerado um dos marcos do elenco.

Junto de Cacilda Becker e Paulo Autran, Sérgio foi uma das figuras fundamentais da primeira fase profissional do TBC. Vários desempenhos seus ficaram ali memoráveis. No Teatro das Segundas-Feiras, de cujo primeiro programa participou, fez *O Homem da Flor na Boca*, de Pirandello. E na temporada de 1951 distinguiu-se como o pai de *Seis Personagens à Procura de um Autor*, a obra-prima pirandelliana, que viveu ao lado de Cacilda (enteada) e Paulo (diretor). Seu prestígio estava de tal forma consolidado que parte da imprensa carioca não se conformou que, em vez de *Seis Personagens* o TBC levasse ao Rio *A Dama das Camélias*, de Dumas Filho. Lembro-me de outro momento feliz de Sérgio, na sala da rua Major Diogo: o apaixonado Alcoforado, de *Leonor de Mendonça*, o clássico romântico de Gonçalves Dias.

Sérgio e sua mulher, a atriz Nydia Licia, desligaram-se do TBC, para atuar na Cia. Dramática Nacional, pertencente ao Serviço Nacional de Teatro. Ali, entre outras criações, Sérgio obteve êxito invulgar no papel de Esopo, de *A Raposa* e *as Uvas*, peça de Guilherme Figueiredo. Desenvolveu-se nele, a par da montagem de clássicos, o gosto pelo repertório brasileiro, que sempre procurou prestigiar, antes que o Teatro de Arena o impusesse, ao oferecer *Eles Não Usam Black-Tie* na temporada de 1958.

Em 1954, depois de incansável busca, Sérgio e Nydia anunciaram o aluguel do antigo Cine-Teatro Espéria, na rua Conselheiro Ramalho, reaberto em 1956 como Teatro Bela Vista. Não podendo esperar a reforma, Sérgio lançou, no Leopoldo Fróes, *Lampeão*, de Rachel de Queiroz. Valorizava, mais uma vez, o autor brasileiro, e dava largas ao seu excepcional talento para a composição: depois do aleijão físico de Esopo, a meticulosa máscara do cangaceiro, nele transubstanciado.

O novo *Hamlet*, com o qual Sérgio inaugurou o Bela Vista, foi por ele também dirigido (a primitiva encenação tinha a assinatura de Hoffman Harnisch). O herói shakespeariano era agora mais sóbrio, adulto, pautado pela escola européia. Não se pode esquecer que nosso teatro sofrera, nos anos anteriores, a grande influência dos diretores italianos, e Sérgio domou os seus extravasamentos. O ideal estético do palco brasileiro eram, então, John Gielgud e Laurence Olivier.

As melhores realizações de Sérgio, no TBV, foram *Henrique IV*, de Pirandello, que Ruggero Jacobbi dirigiu, e *Chá e Simpatia*, de Robert Anderson, que ele próprio encenou. *Vestido de Noiva*, de Nelson Rodrigues, apesar da nova solução cênica adotada, não constituiu

um achado equivalente ao de Ziembinski. Sérgio ainda experimentou a sua versatilidade em *Sexy*, musical de Vicente Catalano.

Desligado da Cia. Nydia Licia-Sérgio Cardoso, o ator voltou ao palco, em São Paulo, em 1962, protagonizando *Calígula*, de Camus, num elenco estudantil. E o quarto centenário do nascimento de Shakespeare lhe inspirou, em 1964, um recital com textos do bardo. Como sempre, alguns heróis lhe propiciavam encarnações antológicas.

Pode-se afirmar que, até a morte prematura em 1972, durante oito anos Sérgio foi tragado pela televisão. De quando em quando, ele falava em volta, e pouco antes de falecer pretendia excursionar pelo País com *Sérgio Cardoso em Prosa e Verso*, que não chegou a consumar-se. Embora desaparecido jovem, aos 47 anos, sua imagem estava perfeitamente definida. Monstro sagrado, autêntica *bête de théâtre*, força indomável da natureza, em tudo idêntico aos grandes atores que marcaram com o seu nome a história do teatro.

(1982)

46. Paulo Autran

Na diversidade de estilos e expressões do nosso tempo, não é fácil encontrar um ator ou atriz que reúna o maior número de características dominantes, como, há algumas décadas, o cetro da arte do desempenho passava das mãos de Leopoldo Fróes para as de Procópio Ferreira. Ao pensar-se num nome que, por talento, visão da atividade teatral, físico privilegiado, solidez ao construir a carreira, dignifica o trabalho que abraçou, ocorre de imediato, porém, o de Paulo Autran.

Estreando profissionalmente em 1949, com *Um Deus Dormiu Lá em Casa*, de Guilherme Figueiredo, o que já lhe valeu reconhecimento público, Paulo associou-se logo à renovação empreendida pelo Teatro Brasileiro de Comédia. Ali, formado no espírito de equipe e afeito ao ecletismo de repertório, ele se temperou na interpretação de clássicos e modernos, tragédias e comédias, dramas psicológicos e pesquisas de vanguarda.

Ao sair do TBC para criar sua própria companhia, ao lado de Tônia Carrero e Adolfo Celi, Paulo Autran desfrutava, há muito, o prestígio de primeiro ator incontestável. Por isso foi-lhe possível, lançando o conjunto, enfrentar o exigente papel de Othello, da obra shakespeariana. Na mesma trilha do elenco da rua Major Diogo, a Cia. Tônia-Celi-Autran alternou grandes textos e produções ligeiras, de certo modo valorizadas pelo cuidado da montagem. Paulo exercitou-se na função de protagonista absoluto dos mais diversos gêneros, tarefa a que muito poucos intérpretes podem aventurar-se.

250 DEPOIS DO ESPETÁCULO

A vinculação ao Tbc e ao seu grupo, estruturado em moldes semelhantes, daria cunho esteticista à trajetória de Paulo, à margem dos dois movimentos que marcaram especialmente os anos sessenta – o Teatro de Arena e o Teatro Oficina. O artista, entretanto, não se prendeu ao passado, por inadaptação à procura de novas linguagens. À ditadura imposta ao País em 1964, deu resposta pessoal e firme, de homem engajado na realidade presente. Emprestou a sua estatura de ator ao espetáculo *Liberdade, Liberdade*, de Millôr Fernandes e Flávio Rangel, e exibiu às capitais de praticamente o Brasil inteiro várias encenações de mérito e alcance social.

Paulo só não se deixou seduzir por modismos discutíveis. Domando como poucos a palavra, veículo de poderio insuperável, recusou o irracionalismo da pura expressão corporal, que em certo momento ameaçava mergulhar o palco na afasia. O ator mostrou-se fiel, permanentemente, ao seu aprendizado, sem descartar as conquistas sucessivas da comunicação.

Daí a riqueza imensa das personagens que encarnou. Ninguém, entre nós, ostenta o porte de Paulo Autran para viver os heróis trágicos, de Édipo a Coriolano. Quentin, o intelectual moderno de *Depois da Queda*, de Arthur Miller, encontrou nele o intérprete perfeito, sensível e determinado. A inteligência levou-o a superar a falta de hábito no canto, obtendo resultado equivalente ao do Rex Harrison em *Minha Querida Lady*, comédia musical adaptada do *Pigmalião*, de Bernard Shaw. A sutileza psicológica transparece na captação de um dramaturgo de nossos dias – Harold Pinter, de *Traições*. Outro êxito de Paulo, ao lado de Tônia Carreiro, foi *L'Amante Anglaise*, de Marguerite Duras, em que o casal provou ser capaz de dar vida a um catálogo telefônico.

O teatro brasileiro atingiu a maioridade que não permite identificá-lo a uma só pessoa, à maneira do que acontecia no passado. A multiplicidade contemporânea aponta para realizações diferenciadas, que vão do desempenho à dramaturgia, da encenação ao empresariado. Se me pedisssem, contudo, para designar um artista que simbolizasse as virtudes do nosso palco, eu não hesitaria em escolher o grande ator Paulo Autran.

47. Fernanda Montenegro

Fernanda Montenegro é, há algum tempo, a primeira atriz absoluta do teatro brasileiro. A unanimidade incontestável não vcio apenas da monótona repetição de um juízo crítico: mais significativo do que ele, o reinado de Fernanda tem como súditos espontâneos seus próprios colegas de palco. Sem desmerecer a importância de várias profissionais que se têm imposto junto ao público, todos os atores e atrizes dirão que Fernanda Montenegro é a maior atriz brasileira.

Para merecer esse conceito, Fernanda reuniu muitos atributos: noção incrível de ritmo interpretativo, capacidade de transfigurar-se na personagem, economia e elegância de meios para atingir os efeitos, magnetismo que atrai para ela o interesse permanente da platéia, energia e vibração que não deixam cair a intensidade do desempenho, voz de bonito timbre e afeita a todas as inflexões, máscara expressiva em que ressaltam os olhos vivos e ágeis, a força no drama e o humor na comédia – uma natureza de nervos à flor da pele, vibráteis aos mais sutis estímulos.

Sua escola foi a dos bons atores de sua geração, que não chegaram a passar por um estabelecimento especializado (a EAD de São Paulo foi fundada em 1948). Fernanda começou com Henriette Morineau, outra força da natureza, que certamente lhe transmitiu um grande amor pela profissão e o domínio dos recursos técnicos, sobretudo no uso da palavra.

A década de cinqüenta decorreu sob os auspícios do Teatro Brasileiro de Comédia, que preconizava a idéia de teatro de equipe, sob o

254   DEPOIS DO ESPETÁCULO

comando de um encenador, e de ecletismo de repertório, para atender aos diferentes gostos do público. Vinda do Rio de Janeiro, Fernanda participou, como jovem atriz de talento, do elenco do Teatro Popular de Arte (Cia. Maria Della Costa), que adotava a mesma estética do TBC. Já na sala da rua Paim, Fernanda foi, em 1955, a protagonista de *A Moratória*, de Jorge Andrade. Passar dali para a casa de espetáculos da rua Major Diogo foi um passo normal, principalmente porque o TBC ainda era considerado o primeiro conjunto do País. Das personagens secundárias ao papel principal de *Vestir os Nus*, de Pirandello, Fernanda sempre se conduzia de forma irrepreensível.

Desdobraram-se do TBC, na década de cinqüenta, vários elencos: Cia. Nydia Lícia-Sérgio Cardoso, Teatro Popular de Arte (embora formado antes dele), Teatro Cacilda Becker, Cia. Tônia-Celi-Autran e, finalmente, o Teatro dos Sete, em que, ao lado de Fernanda, se encontravam seu marido Fernando Torres, o diretor e cenógrafo Gianni Ratto e ainda os atores Sérgio Britto e Ítalo Rossi. Pela origem e pela organização, o Teatro dos Sete, que foi ter sede no Rio, pautava-se pelos princípios do TBC.

Fernanda viveu, com o Teatro dos Sete, uma fase brilhante de sua carreira. Em 1959, o grupo encenava, no Municipal do Rio, um dos mais perfeitos espetáculos do moderno teatro brasileiro: *O Mambembe*, do nosso comediógrafo (hoje clássico) Arthur Azevedo. Em 1961, Fernanda vivia, no Ginástico, Selminha, de *Beijo no Asfalto*, que Nelson Rodrigues escreveu a pedido dela. Era impressionante de vigor a cena em que a heroína defendia a virilidade do marido.

Desfeito o Teatro dos Sete – como de resto os outros elencos estáveis da década de cinqüenta –, Fernanda, depois de associar-se a Beatriz e a Maurício Segall no Teatro São Pedro, retornou ao Rio e, para continuar atuando sem injunções que poderiam não ser agradáveis, se fez empresária dos próprios espetáculos, realizados com Fernando Torres. Alternaram-se no repertório, como natural num sistema de produção do gênero, textos exigentes e peças comerciais. Nessa linha, o casal acompanhava a longa tradição dos palcos britânico, francês e norte-americano. Não importa somente a qualidade literária: fenômeno definido pela presença física do ator, o teatro é uma criação dele – e um grande ator realiza um melhor espetáculo com uma obra medíocre do que um grande texto desempenhado por um ator fraco. Fernanda insuflou humanidade superior a várias peças que pouco significariam, sem o sopro dela.

No momento, Fernanda registra um de seus maiores êxitos artísticos e comerciais, com *É...*, de Millor Fernandes. A tranqüila maturidade da atriz está patente em todo o espetáculo e dá a ela uma dimensão que pode passar despercebida aos que teimam em não reconhecer as virtudes do texto. Entre as cenas antológicas de Fernanda, ficam especialmente retidas aquela em que a atriz discorre sobre o ritual de pôr a mesa e sobretudo a narrativa sobre a experiência frustrada com um adolescente. São momentos que atribuem particular transcendência à criação do ator.

Figura exemplar de teatro, monstro sagrado no melhor sentido que tem a expressão, animal de palco, Fernanda Montenegro prova, com a sua simples existência, que o efêmero do desempenho se iguala à perenidade de qualquer outra arte.

(1979)

48. Luís de Lima

Depois de assistir aos espetáculos-solos de Marcel Marceau, na temporada de 1951, no Teatro Municipal do Rio de Janeiro, com sua famosa criação da personagem Bip, corri a ver a companhia de mímica por ele encabeçada, quando, no ano seguinte, fui estudar em Paris. O programa ostentava, com enorme prestígio, o nome de Luís de Lima, que aguçou minha curiosidade. Seria ele português ou brasileiro? No camarim, fomos apresentados, e fiquei sabendo que ele nasceu em Lisboa.

Estreitaram-se nossas relações, mas nada indicava que Luís, residindo permanentemente na França, mudaria seu domicílio para o Brasil. Ainda no início de 1953, fui espectador do *23.º Gala* da União dos Artistas, no *Cirque d'Hiver* de Paris, no qual, entre outras atrações, Jean-Louis Barrault assumiu o papel de domador de circo, e a loura e angélica Michèle Morgan, intérprete cinematográfica de *Sinfonia Pastoral*, extraída do livro de Gide, executava, devidamente maquiada de preto, um frenético número de dança africana, ao som de tambores. Nessa festa, Luís de Lima era premiado como uma das revelações de ator, pelo desempenho do filme *Salário do Medo*, de Clouzot; de *Le Journaliste Parisien*, em que ocupou a *Maison de Lettres* de Paris e representou oficialmente a França, no Festival de Salzburgo, na Áustria, com sua companhia *La Jambe et la Roue* (tendo ainda sua direção, cenografia e indumentária); de *Les mamelles de Tirésias*, de Guillaume Apollinaire; de *Le Page de l'Infante*, em *Le Cid*, de Corneille, quando foi também diretor de cena adjunto do Teatro Nacional Popular, sob a direção de Jean Vilar, e com Gérard Philippe, na excursão à Alemanha; e de *O Poeta Oficial*, em *Jacob et l'Ange* (*Jacob e o Anjo*), do dramaturgo português José Régio, estreado mundialmente, no *Studio des Champs Elysées* de Paris.

Alfredo Mesquita, diretor da Escola de Arte Dramática de São Paulo, desejando trazer da França um professor de Interpretação, pediu a uma comissão de três membros que escolhesse um candidato para ocupar o posto. Figurei nela, como brasileiro, ao lado de Jean Vilar, o grande diretor do Teatro Nacional Popular francês, e do crítico, dramaturgo e filósofo Gabriel Marcel. Entrevistados individualmente vários nomes, fixamo-nos no de Luís de Lima que, a par do talento artístico, tinha a virtude de falar português, simplificando o problema de comunicação com os alunos.

Ao tornar-me, no final de 1953, colega de Luís de Lima no corpo docente da EAD, pude apreciar a dedicação que ele voltava ao ensino, rigoroso no preparo técnico dos jovens, e o respeito que sua autoridade lhes provocava. Não demorou para surgirem os frutos: *O Escriturário*, mimodrama de sua autoria, que também dirigiu e interpretou (papel do Tabelião), com base na novela de Herman Melville, introduzindo a mímica moderna como espetáculo no Brasil, recebeu o Prêmio Saci, concedido pelo jornal *O Estado de S. Paulo*; e *A Descoberta do Novo Mundo*, de Morvan Lebesque, inspirado em Lope de Vega, que traduziu (de parceria com Gilda de Mello e Souza), dirigiu (conquistando o Prêmio Governador do Estado de São Paulo, pelo trabalho pioneiro de "teatro total") e interpretou (personagem de Cristóvão Colombo, na versão carioca do Teatro da Fonte, no Teatro Municipal, depois de temporada ao ar livre).

Não é de estranhar o êxito de Luís, no magistério, dada sua sólida formação profissional. Em Lisboa, ele estudou no Conservatório Nacional de Teatro, na Sociedade Coral Duarte Lobo, no Curso e Prática de Cenotécnica (no Teatro Nacional de Ópera São Carlos), no *Institut Français* em Portugal e no *Instituto di Cultura Italiana*. Em Paris, como bolsista do Governo francês, no *Conservatoire National d'Art Dramatique* (onde foi aluno de Louis Jouvet, Pierre Renoir e Henri Rollan), no curso de Estética da Sorbonne, no *Institut d'Etudes Politiques* (*Sciences Politiques*), na Escola de Mímica de Etienne Decroux e no Curso de René Simon. Tamanho preparo o situa como verdadeiro intelectual, um dos mais cultos homens do nosso teatro, amadurecido ao longo de diversificada carreira.

Desligando-se da Escola de Arte Dramática de São Paulo, Luís fixou residência no Rio, onde nasceu a maioria de suas criações significativas. Deve ser-lhe creditada a primeira divulgação de Ionesco e do teatro do absurdo nos palcos brasileiros. Ele traduziu, adaptou e dirigiu *A Lição* e *A Cantora Careca*, interpretando também o Professor, na primeira, e Mr. Martin, na segunda, em 1957, noTeatro Mesbla

LUÍS DE LIMA   259

do Rio, em 1958, no Teatro de Bolso de Ipanema, e, em 1958/59, no Teatro Maria Della Costa de São Paulo. A Associação Brasileira de Críticos Teatrais conferiu-lhe a Medalha de Ouro de melhor ator, enquanto a Associação Paulista de Críticos Teatrais laureou a tradução ionesquiana. Outro encontro com o autor romeno, nas mesmas funções de tradutor, diretor e intérprete: *A Agonia do Rei* (papel do protagonista, Rei Bérenger I), no Teatro Gláucio Gill. Prosseguiu Luís a incursão no teatro do absurdo com a tradução de *A Última Gravação* (*Krapp's Last Tape*), de Samuel Beckett, em que viveu a personagem Krapp.

As comemorações do IV Centenário do Rio de Janeiro e do V Centenário de Gil Vicente, fundador do teatro português, em 1965, levaram Luís a produzir e a dirigir o *Auto da Visitação* (em que interpretou o Vaqueiro) e *Mestre Gil Quinhentão* (em que fez todos os principais papéis masculinos), roteiro em parceria com Domingos Mascarenhas, baseado em peças de Gil Vicente, Martins Pena, Antônio José, o Judeu, Ariano Suassuna e Bertolt Brecht.

Seria ocioso enumerar todos os desempenhos de Luís nos palcos brasileiros. Bastam alguns para atestar a diversidade de seus múltiplos *emplois*. Assinalem-se Walter Franz, em *O Preço*, de Arthur Miller, que também teve tradução, direção e produção com sua assinatura, viajando pelo Brasil, ao fim de longa permanência no Teatro Princesa Isabel do Rio, em 1968, e nova montagem no TMDC de São Paulo, em 1970 (a tradução foi de novo contemplada pela APCT e o Prêmio IBEU coroou a direção); Helmer, de *Casa de Bonecas*, de Ibsen; Sorine, de *A Gaivota*, de Tchecov; D. Florindo Boccanegra, um dos patrões de Arlequim, em *Vivaldino, Criado de Dois Patrões*, de Millôr Fernandes; Bassov, de *Os Veranistas*, de Górki; Sargento, de *Os Polícias*, de Mrozek, que traduziu (em parceria com o crítico Yan Michalski), adaptou, dirigiu e cenografou; Pedro, de *A Senhora de Tacna*, de Vargas Llosa; Aristarko Dominik, em *O Suicídio*, de Nikolai Erdman; D. Perlimplim, papel-título de Garcia Lorca; Comendador, em *O Oráculo*, de Artur Azevedo, e Escritor, em *A Dama da Lavanda*, de Tennesseee Williams, reunidos no espetáculo *A Irresistível Aventura*; e Fernando Pessoa, em *Viver Pessoa*. Da farsa à vanguarda e ao drama, em tudo Luís de Lima comprovou o seu domínio.

Em Portugal, somaram-se aos desempenhos levados do Brasil os de Arlequim, em *Arlequim, Servidor de Dois Amos*, de Goldoni, que traduziu, adaptou, dirigiu e cenografou; e o Primeiro Ator, em *Liberdade, Liberdade*, de Flávio Rangel e Millôr Fernandes, que adaptou em parceria e dirigiu.

Como encenador, além dos espetáculos mencionados, Luís de Lima realizou *Oito Mulheres*, de Robert Thomas, que também traduziu; *As Tias*, de Aguinaldo Silva e Doc Comparato; *O Peru*, de Feydeau, em tradução sua, para o Teatro de Amadores de Pernambuco, no Recife; *Os Meninos da Rua Paulo*, que adaptou do texto de Ferenc Molnar;

260   DEPOIS DO ESPETÁCULO

O Atelier de Mme. Rabat (*Tailleur pour Dames*), de Feydeau; *Machado em Cena – Um Sarau Carioca; Agrados, Agressões* (*Treats*), de Christopher Hampton; *Camilo Revisitado* ou *Romances de Perdição*; e *Da Belle Époque ao Modernismo*.

Em Portugal, Luís assinou as encenações de *Tartufo*, de Molière, em tradução de Guilherme Figueiredo; *O Professor Taranne*, de Adamov; *Conversação-Sinfonieta*, de Jean Tardieu, e *A Rabeca*, de Prista Monteiro; *A Ilha dos Escravos*, de Marivaux, em sua tradução e adaptação; *Mestre Gil*, colagem de textos vicentinos, que obteve menção honrosa no Festival Internacional de Nancy; e *Os Filhos do Sol*, de Górki, no Teatro Nacional.

Luís introduziu o teatro brasileiro no Canadá dirigindo sua versão francesa de *A Aurora de Minha Vida*, de Naum Alves de Souza. Encenou sua adaptação de *A Metamorfose*, de Kafka, em Paris. E foi assistente de direção do grande homem de teatro Roger Blim em *Le Repoussoir*, de Rafael Alberti, no parisiense *Théâtre Babylone*.

Entre outras traduções/adaptações de Luís citam-se, ainda, peças de Beaumarchais, Molière, Goldoni, Ghelderode, Ramuz, Brecht, Tchecov, Dostoievski, Strindberg, Gogol, Picasso, Beckett, Arrabal, Vauthier, Adamov, Tardieu, Billetdoux e Ionesco. A escolha dos textos atesta sempre o empenho cultural de Luís de Lima.

Do português para o francês ele verteu *Jacob e o Anjo*, de José Régio; o *Auto da Compadecida*, de Ariano Suassuna; *Fala Baixo, Senão Eu Grito*, de Leilah Assunção; e *As Tias*, de Aguinaldo Silva e Doc Comparato.

O magistério de Arte Dramática Luís exerceu em cursos oficiais e particulares no Brasil, em Portugal, na França, na Espanha e no Canadá. Estreou como *moniteur* de mímica, contratado pelo Governo francês, para ministrar aulas aos participantes do Festival Internacional da Juventude Européia, em Loreley, na então Alemanha Federal. Lecionou Mímica em cursos oficiais e particulares no Brasil, em Portugal, na França, na Alemanha, na Áustria e na Espanha. E História do Teatro na Pontifícia Universidade Católica do Rio, na Universidade de São Paulo e nas Universidades de Coimbra e de Lisboa.

O mímico Luís de Lima criou o Alfaiate em *O Capote*, mimodrama de Marcel Marceau (baseado em Gogol), no Champs Elysées de Paris; o Escudeiro de Galvan, em *Mariana et Galvan*, mimodrama de Marceau, com texto de Alexandre Arnoux; o Oficial de Justiça e o Promotor Público, em *Pierrot de Montmartre*, pantomima de Marceau; o Primeiro Ciclista, em *Les Six Jours*, pantomina de Marceau, nos Teatros Sarah Bernhardt e ABC de Paris, e em excursão pela Europa Ocidental, Marrocos, Tunísia e Estados Unidos; Ulis, sua criação de uma personagem de pantomina francesa, na tradição dos Funâmbulos e com base na técnica de Decroux, no Festival Internacional da Juventude Européia, no Brasil e em *tournée* internacional; e Recruta, na pantomima *Les Petits Soldats*, de Etienne Decroux, no *Théâtre Palais de la Chimie*, em Paris, e em excursão pela Holanda, com a Cia. de Mímica de Decroux. No Rio, ao seu mimodrama *O Escriturário*, que havia criado na Escola de Arte Dramática de São Paulo, Luís acrescentou outros trabalhos, lançando, em 1956, a primeira companhia brasileira de mímica, no Teatro Maison de France.

Seguiram-se, em mímica, outros desempenhos de Luís: o Galo de Anunciação, no Presépio ao ar livre, no Morro de Santo Antônio, no Rio; o Velho Diretor dos Espetáculos de Feira, em *Petruchka*, balé de Stravinski, na TV Tupi de São Paulo; Don Quixote, em cenas adaptadas de Cervantes, em excursões; e Arlequim, na pantomima *O Alegre Noivado*, sua criação e direção, evocando a tradição das "máscaras" da *Commedia dell'Arte*, no Teatro Municipal de São Paulo. Em Portugal, Luís interpretou a Personagem A e a Personagem B, de *Ato Sem Palavras II*, de Samuel Beckett, além de outras mímicas realizadas no Brasil e na França.

Luís de Lima estendeu seu domínio do palco ao cinema, à televisão e ao rádio, nos países em que sempre atuou, assinalando-se também na direção e como cronista/locutor, experiência que desenvolveu ainda na BBC de Londres, em emissões na língua portuguesa. O sólido preparo de intelectual lhe permitiu fazer numerosas conferências. E podem ser lidas suas colaborações em enciclopédias e as múltiplas traduções de textos teatrais e literários.

Além das distinções já mencionadas, Luís fez jus ao prêmio de Melhor Professor do Ano, por sua atividade pedagógica no Festival de Teatro do Recife, em 1958; ao título de Carioca Honorário, por serviços prestados à cultura do Rio de Janeiro (*O Globo*, em 1979); ao Golfinho de Ouro, pelo conjunto de criações e serviços prestados à cultura no Brasil (Secretaria de Estado da Cultura do Rio, em 1982); à comenda da Ordem Nacional do Mérito de Portugal, em 1988; e às insígnias de *Chevalier de l'Ordre des Arts et des Lettres* do Governo francês, em 1989.

As diversificadas realizações de Luís de Lima não o caracterizam como temperamento dispersivo. Ao contrário, todas se somam, se imbricam, formando uma personalidade multifacetada, de evidente riqueza. O artista, que se desdobra em várias especialidades, apóia-se no intelectual rigoroso, distante do improvisador despreparado.

De um ponto de vista marcadamente brasileiro, cabe insistir no pioneirismo de Luís de Lima ao adotar no ensino e no espetáculo a linguagem da mímica, antecipando a importância só anos mais tarde dada à expressão corporal. Se a arte do silêncio consegue dispensar a palavra, adquire um valor imenso ao associar-se a ela, conferindo ao ator um domínio absoluto sobre todos os seus meios de expressão. O ator seguro de seu gesto e de sua postura convence muito mais no desempenho.

Paris do início dos anos cinqüenta, além da tradição da *Comédie Française* e do teatro de *boulevard*, se dividia entre a tentativa de popularização do TNP de Jean Vilar e o experimentalismo das pequenas salas de vanguarda da *Rive Gauche*. Essa última corrente, alcunhada por Martin Esslin de "teatro do absurdo", impôs, entre outros, os nomes de Eugène Ionesco e Samuel Beckett, e foi Luís quem teve a primazia de incorporá-la aos nossos cartazes. Deve-se a ele não ter ficado, de imediato, à margem de um dos movimentos mais significativos do século XX. Anti-realista por excelência, o absurdo casava-se perfeitamente à formação e ao gosto de Luís de Lima.

Sem seu empenho cultural, provavelmente o palco brasileiro teria retardado muito o conhecimento de boa parte do repertório clássico e moderno, por ele traduzido. A familiaridade com a cena ajudou-o, por certo, a realizar em português um diálogo preciso e fluente, que passa a fazer parte do nosso acervo literário. Pode-se concluir, portanto, que Luís de Lima se inscreve na melhor linhagem dos portugueses que vieram colaborar com o Brasil.

49. Ruth Escobar

O currículo de Ruth Escobar reúne um número quase inacreditável de atividades. Nascida em 1935 na cidade do Porto, em Portugal, e tendo emigrado para o Brasil em 1951, com apenas dezesseis anos, logo se tornou conhecida por reportagens retumbantes e, em 1959, deu início à sua saga no palco, dirigindo e sendo um dos intérpretes do *Festival Branco e Preto*, espetáculo com textos poéticos de numerosos autores nacionais e estrangeiros, no Teatro Novos Comediantes (depois Teatro Oficina) de São Paulo.

Ao longo das últimas décadas, desde a estréia de *Mãe Coragem*, de Brecht, no Grande Auditório do Cultura Artística, em 1960, Ruth Escobar produziu dezenas de espetáculos, em que atuou também como atriz, e diversificou de forma surpreendente seu trabalho cultural, realizando a partir de 1974 oito festivais internacionais de artes cênicas e distinguindo-se em múltiplas iniciativas: construiu em 1964 o Teatro Ruth Escobar (que dispõe de três salas, na rua dos Ingleses, em São Paulo), foi co-fundadora do Comitê Brasileiro de Anistia (1978), criou a Frente de Mulheres Feministas do Estado de São Paulo (1980), elegeu-se deputada estadual por São Paulo (1982), presidiu o Festival das Mulheres nas Artes (1982), organizou o Seminário Internacional de Legislação Cultural (1985), reelegeu-se deputada, como a candidata mais votada na Capital; de São Paulo (1986), publicou o livro autobiográfico *Maria Ruth* (1987), e fez jus a várias condecorações, entre as quais a Medalha Anchieta da Câmara Municipal de São Paulo, a Ordem Rio Branco da Presidência da República, o Mérito da Ordem de Oficial da Presidência de Portugal e o título de Oficial Maior do Infante Dom Henrique, e a Legião de Honra do Governo Francês.

Entre tantos desdobramentos de uma personalidade rica e permanentemente insatisfeita, preferirei ater-me à contribuição teatral de Ruth Escobar, uma das mais significativas ao palco brasileiro, pelas profundas repercussões que provocou. A trajetória do nosso teatro conheceu, a partir dos anos quarenta do século XX, alguns pontos marcantes: a substituição do estrelado de um ator pelo teatro de equipe, sob o comando de um encenador, a exemplo do grupo amador carioca Os Comediantes e do Teatro Brasileiro de Comédia de São Paulo (e dos diversos elencos em que ele se desdobrou, como a Cia. Nydia Lícia-Sérgio Cardoso, a Cia. Tônia-Celi-Autran, o Teatro Cacilda Becker e o Teatro dos Sete); a afirmação do autor brasileiro, com o Teatro de Arena de São Paulo e o Grupo Opinião do Rio; a aventura estética de Stanislavski e Grotovski, passando por Brecht e o tropicalismo, com o Teatro Oficina de São Paulo; e a exploração do espaço cênico, propiciada pela atriz-produtora Ruth Escobar ao encenador argentino Victor Garcia, com *Cemitério de Automóveis*, de Arrabal (1966) e sobretudo *O Balcão*, de Genet (1969); e depois a Celso Nunes, com *A Viagem*, adaptação de *Os Lusíadas*, de Camões, realizada por Carlos Queiroz Telles.

Mesmo dispondo de seu teatro, Ruth Escobar alugou um imóvel, na rua Treze de Maio, para a montagem de *Cemitério de Automóveis*, que reclamava um espaço diferente da tradicional cena italiana. Victor Garcia reproduziu a encenação primitiva de Dijon (1966) e não a de Paris (1968), e de um lado menor do retângulo superpunham-se as carcaças de velhos automóveis, ocupando os espectadores as cadeiras à volta de uma rampa central. Embora o título se refira apenas a um texto de Arrabal, o espetáculo se compunha ainda de três outros: *A Oração, Os Dois Carrascos* e *Primeira Comunhão*. O público paulistano deparava-se com um desempenho distante da técnica realista, os conflitos desenvolviam-se fora dos parâmetros psicológicos, e os atores esmeraram-se em posturas acrobáticas, a sugerir o ritual artaudiano ou o mais próximo grotovskiano. Victor, porém, não reconhecia esse parentesco, e afirmou para Odette Aslan, no primeiro volume de *Les Voies de la Création Théâtrale*, que bebeu "diretamente nas fontes do folclore indígena e das tradições brasileiras, como Artaud pôde reencontrar os ritos astecas em seu tempo".

No conjunto, as roupas tratadas em couro ou a quase nudez produziam uma beleza plástica impressionante. O momento mais alto era o de *Primeira Comunhão*, sintetizado simbolicamente num achado poético inesquecível. A Neta, nua, respondia apenas "sim, mamãe" aos conselhos da Avó solene e majestosa, enquanto era paramentada em círculos concêntricos de diferentes diâmetros, até transformar-se em verdadeiro bolo de noiva. Acredito ter sido essa a primeira vez que nosso palco viveu uma metáfora tão perfeita.

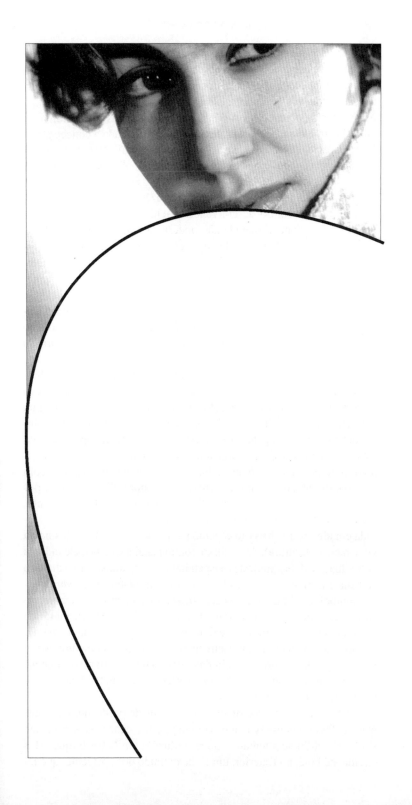

Ao passar a *O Balcão*, não posso omitir registros pessoais, que atestam a quase loucura do empreendimento. A Sala Gil Vicente do Teatro Ruth Escobar ficou totalmente vazia e escavou-se o palco, para que, do porão aos urdimentos, se erguesse um enorme funil, em cujos passadiços se acomodava o público, em bancos dispostos numa seqüência em espiral. Estava praticamente concretizada a concepção de Victor Garcia, desenvolvida no cenário de Wladimir Pereira Cardoso, quando o encenador, após longos meses de trabalho, não suportou as dificuldades financeiras e os sacrifícios de toda ordem, e comunicou a Ruth que retornaria à França. Os ânimos azedaram-se e Ruth apelou para mim, no sentido de convencer Victor a concluir os ensaios. Procurei-o e ponderei que ele não poderia, a uma semana da estréia, abdicar do esforço hercúleo de tanto tempo e de uma realização prestes a tornar-se, por certo, a mais importante de sua vida artística. Ofereci-me como mediador, para dirimir eventuais conflitos, e Victor pareceu pacificado, aceitando ir até o fim. No dia 29 de dezembro de 1969, ainda nos últimos dias do ano, porque um adiamento provocaria a impossibilidade de a Comissão Estadual de Teatro manter o subsídio ao espetáculo – o que o inviabilizaria –, *O Balcão* iniciativa sua carreira de triunfo.

Não era gratuita a fascinante arquitetura concebida para a obra-prima de Genet. Ela foi pensada para o espectador acompanhar a ação do bordel de luxo como verdadeiro *voyeur*. Iluminava-se o ambiente por meio de um espelho parabólico, aberto no concreto do porão, cinco metros abaixo do palco. Desenhou-se uma concha elipsoidal com plástico espelhado, desempenhando funções semelhantes à de um farol de autómovel. Um módulo subia e descia: era de ferro vazado, com acrílico. Aconteciam aí muitas cenas, mas os atores distribuíam-se por todo o teatro, inclusive nos passadiços para o público. Do urdimento, descia uma rampa, em espiral, com nove metros de altura, sendo utilizada em alguns quadros (do espelho parabólico aos urdimentos havia vinte metros de altura). Além disso, foram instalados cinco elevadores individuais, e dois guindastes suspendiam duas gaiolas, para o diálogo de Irma e Carmen. Os atores também usavam plataformas, verdadeiros trampolins. Uma cama ginecológica entrava no módulo sem necessidade de que a empurrassem. Uma parte da estrutura metálica (86 toneladas de ferro), de seccionamento treliçado, abria-se, para a entrada dos revolucionários. Entre numerosos outros momentos de um ritual magnífico, sobressaía a linda metáfora da cena final: os homens quase nus, amontoados no subsolo do inferno, escalando as paredes do bordel para obter a liberdade.

Pelos custos paradoxalmente proibitivos da produção, num país que não fosse subdesenvolvido, a montagem permaneceu restrita a São Paulo. Frustrou-se a tentativa de reproduzi-la em Nova Iorque. Mas circula até hoje, no Exterior, um filme extraído do espetáculo, que le-

RUTH ESCOBAR

vou o professor iraniano Karim Modjtehedy a exclamar: "A Capela Sistina do Teatro".

A aventura seguinte de Ruth Escobar teve peripécias diferentes, ainda que muito próximas das vicissitudes de *O Balcão: Missa Leiga*, de Chico de Assis, dirigida por Ademar Guerra. O espaço cogitado para apresentá-la, obviamente, foi a Igreja da Consolação. Uma campanha da ultradireita obtusa empurrou-a para uma fábrica abandonada no bairro do Paraíso, onde começou seu êxito extraordinário de público, prosseguindo no Teatro Leopoldo Fróes e depois na Sala Galpão do Teatro Ruth Escobar, para excursionar por último a Portugal (Lisboa e Porto) e à África (Luanda).

A atriz-empresária retornou à preocupação de explorar o espaço cênico ao produzir, em 1972, *A Viagem*, em que o autor Carlos Queiroz Telles adaptou inteligentemente *Os Lusíadas*, de Camões. O espetáculo participou das comemorações do Sesquicentenário de Independência do Brasil, sendo incluído no programa oficial da visita do Presidente do Conselho de Ministros de Portugal.

Sob a direção de Celso Nunes e com cenário de Hélio Eichbauer, mais de cem artistas e técnicos participaram da montagem, na Sala Gil Vicente do Teatro Ruth Escobar. Celebrando o poema épico o itinerário de Vasco da Gama e seus homens de Lisboa à Índia, em 1498, o adaptador sintetizou a viagem em três tempos fundamentais: 1.º o porão, correspondente à Idade Média, aproveitando os versos anteriores ao embarque; 2.º a viagem propriamente dita, incluindo a presença dos deuses do Olimpo, considerados pelo poeta elementos reais; e 3.º o final, que apresenta a visão do universo camoniano, nos seus aspectos social, político e religioso.

Uma escadaria permitia ao público transitar no tempo, do porão à sala. O espaço do Olimpo se resolvia sempre na vertical. Na área da platéia tradicional, o cenógrafo introduziu um módulo, pendente do teto, que simbolizava a caravela. Cordas, velas, escadas completavam a imagem do barco. Passarelas nas paredes laterais e em meio ao público sugeriam as terras em que os navegantes aportavam, durante o deslocamento. E até um condutor de ar do edifício foi incorporado, como um dragão, ao ambiente da Índia. O clima de magia instalou-se todo o tempo.

Autos Sacramentais, de Calderón de la Barca, teve carreira internacional, sem nunca poder ser conhecido no Brasil. Mais uma vez o encenador Victor Garcia projetou um mecanismo sofisticado, com o qual se encerraria o 8.º Festival Internacional de Shiraz-Persépolis, no Irã, em 1974. Testada no Brasil, a máquina de duas toneladas e meia, depois de seccionada para a viagem, não funcionou, e os atores, que deveriam representar nus, acabaram por utilizar macacões, em virtude de deliberação da Censura.

Na Itália, a montagem tornou-se responsável por uma decisão judicial histórica. Dadas as suas características, os fascistas tentaram proibi-la na Bienal de Veneza. O presidente da República nomeou, então, uma comissão de sete juízes, unidos ao procurador geral da República e ao presidente do Tribunal de Justiça de Veneza, para sentenciar a respeito da impugnação. Considerando que o nu teatral não é, em si, obsceno ou pornográfico, a Justiça firmou jurisprudência, autorizando a estréia dos *Autos Sacramentais*. Com a sua correta obstinação, Ruth Escobar conseguiu mudar os critérios censórios italianos. E o espetáculo cumpriu carreira ainda em Portugal, liberalizando os rígidos ditames da Censura salazarista, e em Londres, onde pela primeira vez uma companhia profissional brasileira atuava na sua própria língua.

Torre de Babel, de Arrabal, retoma em 1977, cinco anos depois de *A Viagem*, a produção da atriz-empresária em teatro. O espetáculo tinha a singularidade de devolver Ruth ao trabalho de atriz, que fora a sua motivação básica para participar da aventura do palco. E pode-se afirmar que, pela primeira vez, ela se realizou plenamente ao viver Latídia, com absoluto domínio e lúcido entendimento da personagem. A paixão iluminava seu desempenho, dando-lhe autenticidade e grandeza. A montagem reuniu como encenadores o dramaturgo Arrabal e Luiz Carlos Ripper.

A Revista do Henfil, de autoria do cartunista e de Oswaldo Mendes, mobilizou grande parte do País, desde a estréia paulista de 1978, em torno da campanha pela anistia política. Enfrentando percalços de toda ordem, além de valorizar um gênero considerado decadente, o espetáculo pôde ser visto em numerosos teatros de vários Estados e em presídios, sindicatos e favelas.

Na mesma linha de empenho político, Ruth Escobar produziu e interpretou, no ano seguinte, *Fábrica de Chocolate*, de Mário Prata – inteligente mergulho no universo da tortura, sob o prisma do torturador. Prática melancolicamente difundida, nos anos da ditadura militar, a tortura não foi objeto de nenhum panfleto, na peça: o dramaturgo fixou-a em clima normal do cotidiano, o que potencializava sua crueldade. Poucas vezes o arbítrio do sistema recebeu condenação tão peremptória, que não poupou os diversos segmentos do poder com ele solidários. A registrar, ainda, que Ruth Escobar, precisa, despojada, científica, viveu a melhor criação de sua carreira de intérprete.

A série de oito festivais internacionais, a partir de 1974, não se limitou a divulgar o que havia, no mundo, do melhor teatro. O quinto certame dedicou-se à celebração do ator; o sétimo, à presença do sagrado nas artes; e o oitavo escolheu o tema da diáspora cigana. O mais importante, porém, a meu ver, foi a oportunidade que o público e os profissionais brasileiros tiveram, de testemunhar algumas das experiências pioneiras do teatro contemporâneo, incorporando-as ao seu fazer artístico.

Desse ponto de vista, o maior acontecimento verificou-se no primeiro certame. Chamou-se *The Life and Times of Dave Clark*, de Robert Wilson. Não obstante a expressa recomendação da American National Theatre Academy, que atestou a excelência do espetáculo, as obtusas Censura e autoridades municipais quiseram interditá-lo, sob o pretexto de que o título original continha o nome de Joseph Stalin, em lugar de Dave Clark. Felizmente, o então prefeito Miguel Colasuonno, atendendo a apelo da imprensa especializada, liberou o Teatro Municipal de São Paulo para a temporada de uma semana.

No dia 9 de abril de 1974 apresentaram-se os atos um, dois e três; no dia 10, os atos três e cinco; no dia 11, os atos dois, quatro e seis; e no dia 13, sábado, realizou-se o espetáculo completo, com doze horas de duração, a partir das dezenove horas. A fascinante montagem sacudiu o público e praticamente todas as personalidades teatrais que acorreram a ela e a receberam como marca indelével em suas vidas. O palco parecia de novo um instrumento apto para sintetizar a *ópera mundi*. Sem a "loucura" de Ruth Escobar, por certo o público brasileiro nunca teria tido a possibilidade de assistir ao espetáculo, que modificou a visão de teatro de muita gente.

50. O Pioneiro Santa Rosa

Morreu Santa Rosa. Repetimos, numerosas vezes, esta frase na tentativa de nos acostumarmos à sua verdade. Não, não um necrológio com a afirmação de que Santa Rosa é o maior cenógrafo brasileiro (como conjugar agora o verbo?), nem o elogio de sua lucidez artística, ou a palavra de saudade do amigo que nos propiciou o contato com tantos e fundamentais valores do teatro. É preciso fugir ao sentimentalismo de sua perda. Nós, seus amigos, deveríamos dá-lo a conhecer, completar ou reconstituir uma imagem que o desaparecimento súbito deixou fugidia. Se refletíssemos mais, teríamos sabido há tempo que a vida não permitiria o esbanjamento que Santa Rosa fazia dela. Aquela generosidade de ser, aquela fruição do tempo tinha que estalar de repente, porque a vida é também um exercício de avareza. Chegamos a ter raiva mesquinha de sua morte. Mas se nós, seus amigos, não escrevêssemos sobre ele, quem o faria? Transformemos Santa Rosa em matéria de uma nota. Monstruosa deformação profissional: uma boa nota, se possível.

Ainda não tínhamos mentado Santa Rosa. E agora que procuramos compor uma figura precisa, ela vai se avolumando, adquirindo contornos mais ricos, perdendo a famliaridade do companheiro, a cujo mérito estamos habituados e por isso esquecemos – para tornar-se História. Santa Rosa foi, no teatro, um pioneiro.

No momento em que procurávamos libertar-nos de um passado pobre, Santa era um dos fundadores do grupo de Os Comediantes, ao qual devemos a renovação do espetáculo brasileiro. Pela primeira vez,

O PIONEIRO SANTA ROSA 271

com *Vestido de Noiva* e *A Rainha Morta*, o nosso cenário adquiria um cunho moderno, aparentava-se às outras manifestações que também tinham sacudido a academismo. Considerando que o teatro não teve, no passado, o desenvolvimento das outras artes, podemos afirmar que Santa Rosa foi o fundador da cenografia no Brasil. Assim como outros nomes modernos o fizeram nos respectivos setores, Santa Rosa universalizou a nossa decoração teatral.

Para o público, um dos aspectos que mais chamam a atenção, nos espetáculos nacionais, é a qualidade da cenografia. Num critério absoluto, ela se acha mesmo à frente dos outros elementos da montagem. Não há dúvida de que essa realidade foi possível porque Santa Rosa abriu caminho para os seus colegas de profissão. Até as companhias que conservam a antiga rotina de repertório e de desempenho procuram vestir melhor o palco.

Essa função pioneira Santa Rosa pôde preencher porque não era mero artífice, técnico da cenografia, mas artista fincado em sólida erudição. Pintor, crítico de arte, ilustrador de livros, apaixonado de música, professor, teórico de teatro – todas essas facetas Santa Rosa reuniu, informado pelas mais autênticas conquistas modernas. Relendo *Teatro – Realidade Mágica* e *Roteiro de Arte* (ensaios publicados nos cadernos de cultura do Ministério da Educação), podemos certificar-nos de como Santa Rosa nunca se desviou de uma visão clara dos problemas estéticos.

O *décor* para ele não se superpôs às outras artes do espetáculo. Escreveu que é necessário dar ao cenário "o papel que exatamente tem: de complemento do espetáculo. A justeza de suas linhas, o discreto sublinhar da ação bastam-lhe para exercer com nobreza a sua função. A sua importância é bem maior quando não é ostentatória, quando apenas sugere em linhas simples o ambiente no qual se desenrolam os sentimentos das personagens". Nesse espírito, Santa Rosa realizou as suas melhores decorações.

É digno de elogio como, vindo da pintura, nunca dominou com os meios desta a concepção cenográfica. Combatendo, ao contrário, as freqüentes contrafações do *métier*, alertou que "o cenógrafo, artista de definida qualidade artesanal, se vê ameaçado por pintores que elevam sobre a cena, apenas, quadros de cavalete, em vez de uma obra arquitetônica e colorística". Seus trabalhos têm o toque da poesia, porque, "evadida do preconceito do verso, a poesia penetrou no âmbito de todas as Artes, tornou-se o seu sangue e do seu refluxo palpitam as obras: estátuas, quadros, gesto ou poema". Acrescentaremos: e cenários.

Santa Rosa foi um dos artistas mais conscientes do Brasil. É espantosa a modéstia com que, depois de realizar a renovação dos Comediantes, ainda achava que estávamos no princípio de tudo. Embora reconhecendo as importantes aparições cênicas dos últimos anos, perguntava: "que houve de concreto, de fundamental na parte orgânica do

272 DEPOIS DO ESPETÁCULO

teatro, que contribuição estrutural foi dada, senão o vago clarão de uma *féerie* evanescente?" Com honestidade intelectual, ponderou que "foi preciso o influxo de nomes estrangeiros para que se compreendesse o papel importante do *régisseur* exercido até então pelo ensaidor", e referiu-se à "desorganização" da dramaturgia, pois "mesmo para a forma primitiva, menos exigente, faltavam os princípios essenciais da Escola". Passando ao exame do ator brasileiro, e como sentia nele a falta de experiência e de cultura, afiançava Santa Rosa que os grandes textos ainda não estão a convidá-lo. Cansado dos vôos curtos do instinto, desservido pela ausência de técnica, em qualquer dos campos teatrais, proclamava a necessidade da "Escola, sempre a Escola".

E conhecemos os resultados animadores da primeira exposição do ateliê de Cenografia que orientou, no Serviço Nacional de Teatro. As injunções não lhe permitiram prosseguir a obra, mas estava proposta uma questão fundamental para a melhoria do nível do nosso teatro. Ainda como pedagogo, que era uma das facetas mais positivas de sua contribuição, dirigiu o Conservatório Dramático Nacional, infelizmente sem proveito efetivo, já que o terreno burocrático aniquila mais do que favorece qualquer aspiração séria. O professor Santa Rosa teve oportunidade de aplicar-se no círculo de discípulos não oficiais, que com ele aprenderam não apenas cenografia mas a pensar um teatro elevado. Nesse sentido, desempenhou papel semelhante ao de Mário de Andrade, no campo da literatura.

Temperamento contraditório, dividiu-se Santa Rosa entre a busca racional da disciplina e uma dispersão inevitável, que muitas vezes prejudicou o acabamento de suas obras. A pressa levou-o a soluções fáceis, em alguns cenários, bem como certos trabalhos não puderam ser apreciados, pela falha execução. Quando se fizer o inventário de seus projetos originais, ver-se-á como têm mais valor do que as pálidas imagens que ofereceram, no palco.

Inquieto, insatisfeito, Santa Rosa estava profundamente imerso nos problemas do teatro brasileiro, que pretendia resolver, "partindo de um sentimento nacional". Afirmava que "o autor brasileiro, como boa parte do público brasileiro, se sente amesquinhado diante do tema nacional, mesmo o mais isento do tom regional, preferindo, à guisa de demonstração de gosto e cultura, o sucedâneo subfrancês". E lamentava que "o nosso teatro, dominado pela indústria da tradução, retarda o seu aparecimento junto à literatura dramática de todos os países". Nos últimos meses, exacerbando esse sentimento nacional, ligado à melancólica verificação de que o povo se acha alheio à arte, Santa Rosa chegava a propor uma solução inteiramente brasileira para a nosso teatro.

É antiga a lei humana que embeleza os mortos. No caso de Santa Rosa, ela só faz desatá-lo do efêmero invólucro terreno. Perdeu o teatro brasileiro uma de suas personalidades mais autorizadas e puras.

(1956)

51. Um Construtor do Teatro Brasileiro: Aldo Calvo

Aldo Calvo já era artista realizado na Itália, quando o sombrio após-guerra europeu o fez, como a vários outros compatriotas, iludir-se com a promessa da América futura. Estabelecido em São Paulo, ele logo participou de um projeto que parecia ser de grandeza infalível.

Os trabalhos no Teatro Alla Scala de Milão e no Maggio Fiorentino lhe deram autoridade para colaborar nos rumos do palco paulistano. O industrial Franco Zampari havia criado, em 1948, o espaço do Teatro Brasileiro de Comédia, para que os grupos amadores locais pudessem apresentar-se. Viu-se, de imediato, que a sobrevivência da iniciativa dependia da profissionalização. Calvo sugeriu a Zampari que chamasse da Argentina o jovem encenador italiano Adolfo Celi. E, com a chegada dele, processou-se a renovação estética do teatro brasileiro, em termos profissionais, iniciada no campo amador pelo conjunto de Os Comediantes.

Diversos espetáculos do TBC, além da própria sala, tiveram a marca de Aldo Calvo. Foi até objeto de crítica o tule francês utilizado por Cacilda Becker num figurino de *A Dama das Camélias*, signo de orientação quase perdulária. Em certo momento, Celi desligou-se da direção artística do elenco, formando nova companhia, ao lado de Tônia Carrero e Paulo Autran, que estreou com visual de Calvo, no Rio de Janeiro, em *Othello*, de Shakespeare.

Um dia Calvo me perguntou se eu não achava que a Bienal de São Paulo, fundada por seu amigo Ciccillo Matarazzo, ganharia em incluir em seu programa uma exposição de artes plásticas de teatro. Se eu

274 DEPOIS DO ESPETÁCULO

estivesse de acordo, iríamos propor seu concurso no certame vitorioso. Dirigimo-nos a Ciccillo, que entendeu a importância do acontecimento, ressalvando que não poderia assumir novos ônus financeiros. Sem despesas, a Bienal adotaria o teatro.

Redigimos o regulamento, bastante ambicioso, compreendendo a mostra quatro áreas distintas: cenografia, indumentária, arquitetura e técnica teatrais. Até nós mesmos nos surpreendemos com o êxito da convocação: numerosos países enviaram salas magníficas, levando a sério o improviso de um convite um tanto vago. Entre dezenas de contribuições inestimáveis, eu lembraria as retrospectivas de Oskar Schlemmer e Josef Svoboda (cuja obra foi internacionalmente valorizada a partir da acolhida em São Paulo), a presença de Felix Labisse e o programa dedicado a Eugene O'Neill, além dos múltiplos trabalhos de brasileiros.

Os tchecoslovacos sentiram-se de tal forma gratificados em São Paulo que decidiram criar a Quadrienal de Praga, nascida da nossa experiência. Para que não houvesse disputa negativa entre os dois países, redigi o convênio que transformava a Bienal de São Paulo em Quadrienal, a alternar com a de Praga. O intercâmbio seria benéfico a ambas, e os artistas brasileiros tiveram lugar de honra nas exposições tchecoslovacas, reconhecidos com prêmios internacionais.

A idéia inicial de Calvo continuaria em realização fecunda, se políticas discutíveis não cancelassem o setor de teatro no quadro do certame. No Brasil, há o vezo melancólico de suprimir iniciativas meritórias, se elas nasceram de administração anterior. Por isso, durante muitos anos, o público se viu privado da Bienal ou Quadrienal das Artes Plásticas de Teatro. Quem faz essa observação sente-se feliz porque a diretoria da Fundação resolveu ressuscitar o certame cênico.

E sente-se mais feliz ainda pela homenagem justamente prestada a Aldo Calvo. Nestas várias décadas, ele não permaneceu inativo. Se seu nome não aparece associado a espetáculos teatrais, continua vinculado, de maneiras várias, à atividade cênica. A ópera, no Teatro Municipal de São Paulo, tem contado com seu talento indiscutível.

Mas a marca mais pessoal de Aldo Calvo, nos últimos anos, se liga à construção e à reforma de casas de espetáculos. Não estarei fazendo nenhuma revelação indiscreta se afirmar que, muitas vezes, com seu seguro conhecimento técnico das exigências das montagens, ele vem consertando erros de gente não especializada. Em vários casos, arquitetos inteligentes recorrem a ele, para dar garantia profissional a seus projetos. Com a colaboração de Calvo, Fábio Penteado concebeu o Teatro Municipal de Campinas, premiado na Quadrienal de Praga. Empenhou-se Calvo, depois, em dar realidade a um projeto de Jorge Wilheim, para que São Paulo contasse com uma sala de três mil lugares.

Não creio que haja no mundo alguém que tenha feito tantos projetos técnicos de casas de espetáculos como Aldo Calvo. Sua assinatura valoriza as melhores soluções arquitetônicas do País, em que freqüentemente ele precisou adaptar arranjos insatisfatórios. Artista prático, realista, ele se amolda às exigências específicas de cada proposta.

Pelas incontáveis contribuições de Aldo Calvo a tantas iniciativas importantes, eu não tenho dúvida em considerá-lo um dos mais sólidos construtores do teatro moderno brasileiro.

52. Svoboda e Hamlet

Impressiona o visitante da sala de Josef Svoboda, no pavilhão tchecoslovaco da III Bienal de Artes Plásticas de Teatro, a enorme variedade dos cenários. Do premiado estrangeiro de sua categoria cabe afirmar que se despersonaliza realmente, em função do objetivo de captar e transmitir as características da obra encenada. Importa-lhe surpreender a atmosfera própria de cada texto, não superpondo a sua personalidade ao efeito de conjunto, que é o objetivo do espetáculo. Sob a veste dessa permanente adaptação às exigências da obra, contudo, vê-se uma inegável unidade: os princípios que norteiam a cenografia de Svoboda estão nítidos em todos os trabalhos. Essa é a marca do artista.

Nos diversos pronunciamentos sobre os conceitos que o orientam, o chefe de Cenografia do Teatro Nacional de Praga ressaltou sempre o elemento cinético e a luz na decoração. Como o homem se coloca no centro do teatro e a presença física define o espetáculo, é necessário que o ambiente à volta do intérprete se organize de forma a possibilitar-lhe os mais amplos movimentos. Um cenário estático não acompanharia o itinerário interior percorrido pelo herói. Daí a mutação do ambiente a cada novo reclamo da personagem. Como modificar as cenas, sem o desagradável atravancamento da ação? Por meio dos efeitos de luz, cuja maleabilidade e riqueza substituem e compensam o uso das cores. A cenografia de Svoboda tinha de ser, assim, espacial e arquitetônica, e não pictórica. Poucos acessórios deixam quase inteiramente aberto o espaço cênico, para que sobressaia nele a figura do ator. A cenografia nunca sufoca o comediante. A luz, empregada fartamente, define a natureza do quadro, participando da composição plástica.

Um cenógrafo que compreende tão bem a função da sua arte, integrando-a organicamente na montagem, não poderia ter preconceitos quanto ao emprego de recursos. Qualquer meio é válido, desde que beneficie o espetáculo. Svoboda recorre, por isso, às projeções cinematográficas, a fim de exprimir toda a gama da *Lanterna Mágica*. As artes não são incomunicáveis, se coexistem dentro de sua contribuição específica e visando a um impacto total sobre o espectador.

As fontes de Svoboda são encontradas em Adolphe Appia e Gordon Craig, para citar apenas dois nomes fundamentais na evolução do espetáculo moderno. O cenário de *Dalibor*, de Smetana, aparenta-se às pesquisas dos Festivais de Bayreuth, empreendidas por Wieland e Wolfgang Wagner. Vale menos a pena, porém, estabelecer a filiação ou as similitudes, porque Svoboda participa de um movimento geral da cenografia contemporânea, com ramificações em praticamente todos os países. Um estudo mais interessante seria o das soluções pessoais que deu a diferentes problemas cenográficos, propostos por obras tão diversas, como as que se encontram na Bienal de Teatro.

Se *Tosca*, por exemplo, admite maior número de elementos projetados, *Ondine* sugere numa escadaria que se perde no alto e em longas alamedas o clima poético, enquanto *Intoleranza 61* reflete o torturado mundo atual. O caminho de Svoboda, também, foi o de uma progressiva simplificação. Um trabalho mais antigo, como *Contos de Hoffmann*, de Offenbach, está sobrecarregado de acessórios, ao passo que as criações mais recentes se valem apenas do essencial. O cenário de *Viagens do Senhor Broncek*, de Janacek, é um espiral de plástico, montado num palco giratório. Duas superfícies circulares suspensas recebem projeções várias, modificando-se os ambientes. Na plataforma do espiral, que permite, girando, a formação de numerosos ambientes, criados por elementos simples (como um banco), a luz isola e compõe tantas cenas quantas se quiser.

Percebe-se, através de todas as maquetas e *slides* (em número de sessenta), que os cenários de Svoboda propiciam a fluência da obra, moldando-se ao imperativo da ação com extrema ductilidade. Em nenhum momento a decoração parece demasiada ou irresolvida plasticamente, e todavia, apesar da simplicidade, sempre serve de apoio ao ator.

São numerosos os cenários de grande mérito apresentados por Svoboda, mas talvez no de *Hamlet* se possa verificar melhor a depuração a que chegou. Forma o cenário apenas uma dezena de ordens de trainéis retangulares, em vertical, dispostos simetricamente nas partes laterais do palco e com a superfície maior voltada para o público. Esses trainéis são acionados mecanicamente, em trilhos, podendo

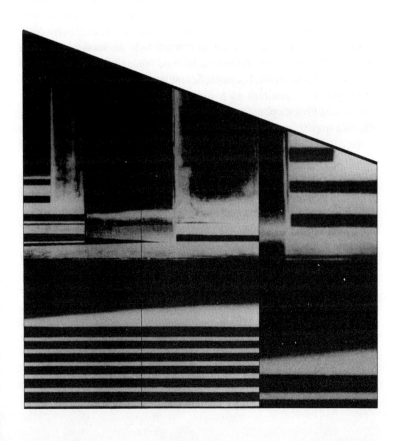

deslocar-se em paralelas por toda a largura do palco. Construídos com matéria plástica especial, refletem como se deseja a luz, criando, em conseqüência da variada combinação, os mais diversos ambientes.

A nudez dos elementos cênicos sugere, antes de mais nada, a austeridade trágica, na qual Hamlet está sempre às voltas com a imensidão vazia, ou, por outra forma, com o seu próprio destino. Nenhum acessório (a não ser as cadeiras dos soberanos) distrai a vista da estrita inter-relação das personagens ou destas com as forças sobrenaturais, que determinam o jogo trágico. Esvai-se a possível monotonia do quadro despido, porém, por meio das sucessivas mutações, que acompanham as rubricas da peça. A cada interior ou espaço requerido corresponde uma combinação dos trainéis, cujo deslocamento possibilita a completa continuidade do desempenho, sem as prejudiciais cortinas intermediárias.

Desejou Svoboda conceber, no conjunto, um espaço espiritual, abstrato. Papel básico incumbe à luz, que estabelece a intimidade, a grandeza, a magia e o mais que se deseje. Às vezes, a iluminação, vinda de trás e formando uma aura em torno do intérprete, sublinha os valores espirituais. Quando Hamlet dialoga com o fantasma paterno, uma luz direta sobre um trainel central desenha a atmosfera fantástica. O espetáculo, encenado em 1959, requereu cerca de oitenta refletores, sendo de 125 quilowatts os mais fortes, sem auxílio de qualquer cor. A volta a vários ambientes, tratando-se sobretudo de versão um pouco reduzida, limitou a cinqüenta o número de mudanças de luz.

A planta das múltiplas mutações indica o movimento dos trainéis, para que se enquadrem as numerosas cenas. O primeiro desenho refere-se à estreita plataforma junto às ameias, no castelo de Elsenor. Os dois trainéis conjugados, no centro, quase no proscênio, limitam o espaço da representação. No segundo movimento, as cadeiras reais, ao fundo do palco, afastados lateralmente todos os trainéis, abrem o espaço para a reunião na sala do Conselho. A terceira combinação reduz a área do desempenho, apenas aprofundando-o até a metade do palco, à esquerda, para que se sugira o aposento em casa de Polônio. O quarto desenho retorna à forma do primeiro, isto é, à plataforma junto às ameias. É nessa mesma cena que Hamlet se dirige ao Fantasma, postando-se o herói diante de um trainel, iluminado ao alto (quinto desenho). A sexta combinação mostra um aposento em casa de Polônio, com arranjo semelhante ao do mesmo ambiente criado na terceira mudança. O sétimo desenho é o do salão de audiências, no castelo, vendo-se ao fundo uma galeria. A cena seguinte se passa nessa galeria, na qual Hamlet interpreta primeiro o famoso monólogo "Ser ou não ser" e dialoga a seguir com Ofélia. Através da perspectiva, quis o cenógrafo sugerir o espaço infinito, ainda aberto para o futuro.

Por não ser necessário acompanhar todas as evoluções da peça, já que o leitor pode segui-las com o texto (tendo em conta que não se

SVOBODA E *HAMLET* 281

trata da montagem integral), vamos limitar-nos, doravante, às mudanças mais diferenciadas. A perspectiva criada num desenho indica a planície, junto a um porto da Dinamarca, onde surge o príncipe Fortimbrás com suas tropas em marcha. A sala seguinte é do castelo de Elsenor, na qual Ofélia faz a célebre cena da loucura. O ambiente se modifica no outro quadro, para que ela dê expansão ao desvario. Fecha-se a área da representação, em novo desenho, para o diálogo do Rei e de Laertes. No espaço aberto no próximo quadro passa-se a cena do cemitério, até a entrada do cortejo fúnebre. Os dois últimos desenhos são variações do salão de banquetes e festas do castelo, antes do duelo de Hamlet e Laertes, e preparado depois para ele. As rubricas da peça indicam, a certa altura, que "entram servidores, para dispor assentos e almofadas para a assistência". Essas são as alterações cenográficas finais, até que baixe o pano. É fácil concluir que, aproveitando no palco um mínimo de acessórios e compondo o espaço com o simples movimento dos trainéis, enriquecidos pela luz, Josef Svoboda resolveu muito bem o problema cenográfico do espetáculo.

Os degraus da escadaria armada no proscênio, anteriores às ordens dos trainés, emprestam majestade ao ambiente, e afastam as personagens para um plano superior de prestígio, com relação ao público, já reconhecido na teoria raciniana como indispensável ao efeito da tragédia.

Ainda nos resta perguntar se a solução de Svoboda para a cenografia de *Hamlet* se restringe ao achado, interessante e útil num caso específico mas incapaz de servir a outras experiências. A rigor, cada obra postula um problema próprio de decoração, e se um cenário lhe for inteiramente adequado, por certo não poderá ser para outra. Se se encerrasse na tragédia de Shakespeare o alcance da invenção de Svoboda, não seria ela, por isso, menos meritória. Sentimos, entretanto, que a simplificação funcional que a sustenta pode aplicar-se a outras montagens, sem abdicarem necessariamente da originalidade. Ao menos o exame da obra do artista tchecoslovaco pode ser fecundo na sugestão de caminhos aos pesquisadores da cenografia moderna.

(1961)

53. A Cenografia de Vychodil

A Tchecoslováquia envia às Bienais das Artes Plásticas de Teatro, desde 1959, representações que impressionam os especialistas e o público pelo alto nível artístico e pela modernidade das pesquisas e dos resultados. No primeiro certame em que se exibiu, a Tchecoslováquia apresentou uma retrospectiva de sua produção cenográfica e de indumentária a partir de 1914, dando particular relevo a Frantisek Troster, mestre da nova geração. Na exposição seguinte foi ressaltada a obra de Josef Svoboda, cenógrafo-chete do Teatro Nacional de Praga e que se distinguiu pela audácia das concepções, trazendo para o palco uma vitalidade cinética e uma grande riqueza de efeitos plásticos e luminosos. Jiri Trnka assinalou-se, a seguir, pela imaginação do vestuário para bonecos. Na Bienal de 1965, a Tchecoslováquia obtém novo êxito com os trabalhos de Ladislav Vychodil (n. 1920), principal cenógrafo do Teatro Nacional de Bratislava e professor de Cenografia na Academia de Artes Musicais.

Vychodil sente que o cinema e a televisão se encontram no centro da vida artística moderna, da qual o teatro não participa com a mesma intensidade. Discorda ele dos artistas que desejam romper as fronteiras do palco, incorporando à cena os recursos do filme. Concentram-se seus esforços na criação de um ambiente para o ator vivo, que deve ser a base do fenômeno dramático. Se as cores fortes valorizam a presença do intérprete, o cenário procura não perturbar seu contato com o público, recolhendo-se a um colorido neutro que, por outro lado, não recusa inscrever o homem dentro de uma certa monumentalidade.

A CENOGRAFIA DE VYCHODIL 283

A Doença Branca, de Karel Capek, mostra as conseqüências da irradiação atômica, advertindo os espectadores sobre os perigos da guerra nuclear. Vychodil sintetizou no palco o problema do espetáculo, construindo uma rotunda de dezoito metros de diâmetro, na qual se colaram pedaços de jornal do mundo inteiro. A armação metálica de tubos finos teve a envolvê-la um pano esticado, que não perde a transparência, para valorizar os efeitos de luz. Esse elemento fixo enquadra a cena numa visualização permanente do tema, variando os móveis, ora o escritório de um militar, ora um hospital.

O cenário de *Atlântida* foi concebido com o objetivo de sugerir um mundo paradisíaco, imerso em beleza estética. O poeta tcheco Vitezlav Nezval escreveu a alegoria de uma Atlântida que se destruiu por utilizar a energia atômica, na guerra contra a Grécia. Antes dessa loucura suicida, tanto o palácio do Governo como o jardim, com fonte e flores, irradiavam um encantamento poético, símbolo óbvio de uma vida perfeita. A harmonia do cenário serve para contrastar, no final, com o horror da destruição, estimulando na platéia o gosto pela paz.

Vychodil revela uma preocupação de síntese que desenvolve as pesquisas simbolistas de Gordon Graig. Não se importa ele de concentrar a escrita do seu cenário num signo simples, que resume os problemas fundamentais do texto. Para as buscas mais profundas há sempre uma expressão genérica traduzível em termos claros e didáticos, de poder comunicativo imediato. O cenário de *Panorama Visto da Ponte*, por exemplo, se enriquece plasticamente com uma estrutura de barbantes, reflexo do emaranhado psicológico das personagens de Arthur Miller. Os locais de ação dividem-se pelo amplo espaço unificador, animando-se pelos efeitos de luz. À esquerda vê-se a cabina telefônica na qual Eddie Carbone delata seu antagonista. O gabinete do advogado situa-se à direita. Separam-se em campos distintos a entrada e o interior da casa, que se enquadram no vasto panorama da ponte. Um painel de três metros de largura por dezesseis metros de altura oferece, à esquerda, em fotografia original, uma imagem do Brooklyn. A transparência do material fixo utilizado permite que, por meio de projeções e jogos luminosos, se modifique o ambiente, ressaltando-se ora o interior da casa, ora a rua. O cenário ganha, assim, admirável flexibilidade.

Elementos cênicos sintéticos jogam, em *A Tragédia Otimista*, com um fundo transparente, modificável pela projeção de fotografias. Vêem-se ou a ponte do capitão ou outras peças, por exemplo, num navio de guerra. A bandeira, acionada por um dispositivo à direita, indica a marcha da batalha: na vitória ela fica ao alto, com igualdade de forças ao meio e na derrota ao rés do chão. Painéis separados alargam, de acordo com as combinações, o espaço para a peça de Visnevski.

284 DEPOIS DO ESPETÁCULO

Mostrando que não se prende a idéias preconcebidas, Vychodil faz questão de assinalar a versatilidade de seus motivos inspiradores. O cenário de *Como Quiseres* foi ditado por meras conjeturas estéticas, afastando-se do propósito de levantar problemas sociais. Motivou-o apenas a harmonia artística, alcançada pela combinação de panos, que jogam com um chão de material sintético. Descem do teto os vários elementos caracterizadores do ambiente: a imagem de um jardim, o aposento da condessa, um navio para configurar o porto. A comédia de Shakespeare completa o clima de leveza e brilho com as mutações de luzes vermelha, azul e amarela.

O cenógrafo tchecoslovaco trabalhou em *A Ladra de Londres*, pela primeira vez, com o diretor Alfred Radok, autor da famosa *Lanterna Mágica*, já mostrada na Bienal de Teatro. Para as diferentes combinações foi utilizado um processo associativo surrealista, que se coaduna com o feitio de Georges Neveux. Vychodil reconhece mesmo a influência de Salvador Dalí nas soluções cênicas. A própria arquitetura do palco, abolindo-se os bastidores, enquadra a ação. Retratos espalhados por toda parte sugerem o espírito de 1900. Basta mostrar o reverso dos rostos para aparecerem números, que identificam as casas de uma rua. Um armário transforma-se em fachada. Além da facilidade para as mudanças, o sistema assegura a eficácia do estilo surrealista.

A Revolução Francesa é vista de vários ângulos em *Les loups* e *Le jeu de l'amour et de la mort*, de Romain Rolland. Na cenografia, Vychodil simplificou as idéias dominantes, ressaltando o impacto principal de cada peça. Em *Os Lobos*, dois espaços distintos, separados por um fundo transparente, colocam as contraditórias realidades da guerra: na parte anterior, passam-se os episódios do julgamento, em meio a cartazes e colagens, numa documentação viva dos aspectos intelectuais da luta revolucionária. O ideal que presidiu o movimento de libertação do povo exprime-se nesse ambiente austero, carregado dos anseios de justiça e igualdade. Ao fundo, visualiza-se a guerra verdadeira, na dureza dos carros de combate e dos canhões. Essa a revolução ao natural, despida das motivações superiores e sacrificando igualmente todos os participantes.

O cenário de *Le jeu de l'amour et de la mort*, feito para o diretor Alfred Radok, fecha-se numa arena, decorada com os objetos que os revolucionários tiraram dos palácios. Processa-se no centro o julgamento, que é mais uma visão do povo que dos próprios julgados. Madeira natural compõe a parede dessa arena e os objetos exemplificadores da vida aristocrática são peças de museu.

A austeridade do mundo de *Galileu Galilei*, de Brecht, contém-se numa estrutura neutra, em que os pedaços quadrados de material sintético se justapõem como grades. Essa é a prisão de que procura libertar-se o sábio, contrariando as idéias científicas e religiosas de sua época. Enquanto ele combate a mentira, permanece iluminado o portal

A CENOGRAFIA DE VYCHODIL 285

que delimita o espaço cênico. Quando Galileu, interpelado, renega a sua verdade, essas luzes apagam-se, para indicar num signo evidente o mundo de trevas que se instaura.

Aí estão alguns exemplos da rica cenografia de Vychodil, que há uma década se impõe como de mestre, em seu país. A função ancilar que preenche para com o ator não lhe rouba a autonomia como arte integral, suficientemente corajosa para acolher a grandiosidade. Não se apagando mas aceitando o desafio de povoar o espaço em que se movem os atores com traços firmes e poderosos, ela contribui para a harmonia superior do espetáculo. E confirma, depois das mostras de outros artistas, o extraordinário gabarito da produção teatral na Tchecoslováquia.

(1965)

54. Flávio Império: Uma Solução para cada Cenografia

Creio que não nos damos conta, senão raramente, de que a cenografia é um dos pontos altos do teatro brasileiro moderno. Considerada às vezes, por absurda avaliação estética, um acessório, no conjunto do espetáculo, essa arte só se distingue em exposições especializadas ou quando uma solução muito engenhosa determina o êxito da montagem.

Basta, porém, evocar as linhas depuradas e funcionais do dispositivo cênico de Santa Rosa em *Vestido de Noiva* para se concluir que ele é fundamental na eficácia do texto de Nelson Rodrigues e na direção de Ziembinski. No Rio de Janeiro e em São Paulo, ao longo das últimas décadas, afirmaram-se, entre outros, os nomes de João Maria dos Santos, Pernambuco de Oliveira, Fernando Pamplona, Anísio Medeiros, José Dias, Marcos Flacksman, Hélio Eichbauer, Darcy Penteado, Flávio Phebo, Wladimir Pereira Cardoso, Maria Bonomi, José de Anchieta, Naum Alves de Souza, Irineu Chamiso Jr., J. C. Serroni e Daniela Thomas, além dos mestres italianos Aldo Calvo, Gianni Ratto e Tullio Costa. Em trinta anos de produção contínua, de 1956 a 1985, teve presença marcante Flávio Império.

Se a cenografia foi devedora, durante muito tempo, da ilusão espacial propiciada pela pintura, as teorias de Gordon Craig e Adolphe Appia trouxeram para o primeiro plano os elemento construídos, segundo um conceito arquitetônico. Talvez por ser arquiteto e também professor de Arquitetura, Flávio Império inscreveu-se naturalmente entre os adeptos dessa última concepção, e o empenho de materializar

288   DEPOIS DO ESPETÁCULO

a vida transposta dos textos deu às suas criações invejável multiplicidade de resultados, sempre atenta aos estímulos específicos de cada obra.

Ao atuar, numerosas vezes, no Teatro de Arena de São Paulo, Flávio não se curvou à idéia óbvia de que a área circular, fechada pelo público, tem a vantagem econômica de dispensar o cenário, o que não acontece no palco italiano. Ele sempre procurou uma forma de sugerir o ambiente, até em *O Filho do Cão*, de Gianfrancesco Guarnieri, estreada em 1964, sua engenhosa cenografia ter conseguido ampliar o espaço para uma espécie de palco semi-elisabetano, sem prejuízo do número de lugares ocupados pelos espectadores.

Guardo lembrança inapagável de *Um Bonde Chamado Desejo*, de Tennessee Williams, levada em 1962, no Teatro Oficina. Entrava-se na platéia e se era de imediato envolvido pela atmosfera do espetáculo – a atmosfera sensível e mórbida em que decorriam os conflitos de Blanche Dubois com o cunhado, até a heroína não suportar mais a pressão do meio. O belo desenho de uma escada suspensa no ar, os objetos decadentes dispostos com economia, tudo indicava um universo prestes a desmoronar.

Ainda no Oficina, Flávio criou, em 1964, um cenário esplêndido para *Andorra*, de Max Frisch. Transformada a área do público em duas platéias convergentes, ficava no meio um palco retangular, em que deveriam movimentar-se os atores. Qualquer intromissão no interior desse palco poderia quebrar o efeito do diálogo, prejudicando a fluência dos acontecimentos. O cenógrafo teve a brilhante idéia de modificar os ambientes fazendo correr as paredes laterais, e assim, em rápida continuidade, se sucediam os vários lugares da ação. Os praticáveis verticais, dos dois lados, nunca interferiam na visibilidade do desempenho.

Anotações finais do autor esclarecem que "a cena fundamental para toda a peça é a praça de Andorra. Trata-se duma praça meridional, em nada pitoresca, um tanto despida, branca, com poucas cores sob um céu dum azul sombrio. O palco tão vazio quanto possível. Um prospecto no fundo indica ao espectador como ele deve imaginar Andorra. No palco fica apenas o indispensável para os atores. Todas as cenas que não se passam na Praça de Andorra são postas em primeiro plano. Não há cortinados entre as diferentes cenas mas unicamente transferência da luz para o primeiro plano. São desnecessárias quaisquer demonstrações de antiilusionismo, todavia o espectador deve ser induzido a não esquecer que se encontra perante um símbolo o que, na verdade, acontece sempre em teatro". Vê-se que Flávio captou o essencial dos propósitos de Max Frisch, adaptando-os apenas aos reclamos das platéias convergentes utilizadas pelo teatro.

Pode-se discutir a linha atribuída pelo diretor José Celso Martinez Corrêa a *Os Inimigos*, de Górki, produção de Joe Kantor e do Teatro

FLÁVIO IMPÉRIO: UMA SOLUÇÃO PARA CADA CENOGRAFIA 289

Oficina no Teatro Brasileiro de Comédia, em 1966. É que se trata de um texto realista, encenado numa perspectiva épica. Desse ponto de vista, Flávio conseguiu reunir elementos visuais demonstrativos, perfeitamente identificados com a proposta da montagem. O cenário contribuiu de maneira clara para o intento crítico do diretor.

A propósito de *Depois da Queda*, de Arthur Miller, produção do Teatro Popular de Arte, em 1964, no Teatro Maria Della Costa, cabe mencionar que o cenário de Flávio Império tinha sido previamente aprovado pelo dramaturgo. Enquanto preparavam o espetáculo, sob a direção de Flávio Rangel, Maria Della Costa e seu marido Sandro Polloni foram a Nova Iorque, para um encontro com Arthur Miller. Na volta a São Paulo, Maria declarou à imprensa que "a maquete do cenário foi apreciada".

E com plena justiça. Flávio concebeu o cenário como um conjunto de praticáveis horizontais, de tamanhos diversos e dispostos com apurado senso plástico, mais altos à medida que chegavam ao fundo do palco. Esse espaço por assim dizer abstrato, com imagens diferenciadas no ciclorama, agilizava sobremaneira as cenas, sugerindo sem esforço os ambientes em que se moviam as personagens. Longe do realismo, a delicada construção contribuía para sublinhar a carga poética e dramática do texto.

Outra criação feliz do cenógrafo: a de *Don Juan*, de Molière, montagem do Teatro Oficina, dirigida por Fernando Peixoto, em 1970. Fugindo das possíveis indicações de diferentes locais, para pontilhar a vertiginosa jornada do protagonista, Flávio preferiu sintetizar num símbolo todo o espaço do texto. O elenco se desloca o tempo inteiro em cima de uma mesa, em forma de cruz. A mesa de refeições concentra a vitalidade, em amplos sentidos, de Don Juan, e a cruz, contrastando com os alimentos terrenos, identifica a luta permanente com o céu que acaba por fulminá-lo, pela mão da Estátua do Comendador, que ele havia assassinado. Somente um grande domínio artístico inspira uma solução como essa, encontrada por Flávio Império.

Um estudo exaustivo contemplaria muitos outros espetáculos cenografados pelo artista. Entre eles, seria justo mencionar *Morte e Vida Severina*, de João Cabral de Melo Neto, produção do Teatro Experimental Cacilda Becker, dirigida por Clemente Portella, no Teatro Natal, em 1960; *A Ópera dos Três Vinténs*, de Bertolt Brecht e Kurt Weill, dirigida por José Renato, que inaugurou o Teatro Ruth Escobar, em 1964; *Jorge Dandin*, de Molière, dirigida por Heleny Guariba para o Grupo Teatro da Cidade de Santo André, estréia do Teatro de Alumínio daquele município, em 1968; *Réveillon*, de Flávio Márcio, dirigida por Paulo José no Teatro Anchieta, em 1975; e *Chiquinha Gonzaga – Ó Abre alas*, musical de Maria Adelaide Amaral sobre a compositora, dirigido por Osmar Rodrigues Cruz para o Teatro Popular do SESI, em 1983.

290 DEPOIS DO ESPETÁCULO

Entretanto, prefiro evocar apenas *A Falecida* de Nelson Rodrigues, que o mesmo Osmar Rodrigues Cruz encenou no Teatro Popular do SESI, em 1979, pouco mais de um ano antes da morte do dramaturgo. E por uma razão muito simples: desrespeitando completamente as indicações do texto, Flávio Império serviu-o de maneira admirável. Determina a rubrica do primeiro ato: "Cena vazia. Fundo de cortinas. Os personagens é que, por vezes, segundo a necessidade de cada situação, trazem e levam cadeiras, mesinha, travesseiros, que são indicações sintéticas dos múltiplos ambientes. Luz móvel. Entra Zulmira, de guarda-chuva aberto. Teoricamente está desabando um aguaceiro tremendo. A moça está diante de um prédio imaginário. Bate na porta, também imaginária".

A princípio, Flávio estranhou o pedido do diretor Osmar Rodrigues Cruz para que desenhasse a cenografia. Para ele, a estrutura de psicodrama do texto dispensava qualquer ambientação: dentro da rotunda preta indicada na rubrica, o ator traz consigo a espacialidade de que necessita.

Embora concordasse com o argumento do cenógrafo, o diretor alegou dois motivos para insistir na construção dos ambientes: o vanguardismo da ausência de cenário já havia sido incorporado em outros espetáculos, trazendo o risco de envelhecer o texto; e, para o público popular do SESI, não agradaria o palco nu. Ele se sensibilizaria mais com o cenário figurativo.

Em face dessas razões, Flávio decidiu experimentar o desenho, ainda mais que não lhe sobrava dinheiro e o Teatro Popular do SESI remunerava condignamente. E, em três meses de trabalho, encontrou uma fórmula por ele julgada satisfatória. O magistério na Escola de Arte Dramática de São Paulo o havia posto em contato com o Teatro de Palladio em Vicenza, cidade próxima de Verona, na Itália. A casa de espetáculos representava a síntese do começo de um tipo de espaço teatral que sugeria a solução para a qual caminhava naquele momento.

Dispõe o palácio de Palladio de três eixos e Flávio procurou saber se *A Falecida* os contém. Não demorou a identificá-los, à direita e à esquerda, na oposição entre morte e vida. Casamento, sexo, funerária, exploração da mitologia da morte e do enterro eram componentes dessa dualidade. A mitologia supõe um catolicismo do Sul da Itália, do mesmo gênero do subúrbio carioca. O palácio de Palladio transformou-se na cidade e na casa, e, ao descer um pano, o espaço se tornava abstrato, semelhante à rubrica original do texto, recomendando a cena vazia.

O tecido utilizado tinha a transparência que ajudava a dinâmica do espetáculo. Assim, antes que ele se levantasse para ceder o espaço a uma ação transcorrida no interior, essa transparência "comia" o fim dos diálogos travados à frente do pano, insinuando o quadro seguinte, que se desenvolveria na plenitude quando ele subisse.

FLÁVIO IMPÉRIO: UMA SOLUÇÃO PARA CADA CENOGRAFIA 291

Os três eixos de dinâmica organizavam, paulatinamente, os múltiplos ambientes contidos no texto. Às vezes, as alterações se limitavam à luz, a uma parede que se levantava, a um objeto que deslizava. Foram três meses de estudos dos movimentos dos atores, sem que eles estivessem presentes, para testar a eficácia do dispositivo.

O eixo central reservou-se para a primeira cena, não a descrita na peça, em que Zulmira está diante de um prédio imaginário, e bate na porta, também imaginária. Ele configurou uma rua, onde se movimentavam diversos transeuntes. Um lado da perspectiva era um trainel com dois buracos e o outro, com um. Um mínimo de estrutura construtiva desses trainéis, com a transparência que indicava a moldura das portas.

Flávio não se esqueceu de sugerir que o início reclamava o clima de magia, de superstição, de premonição da tragédia. Já que Zulmira bate na porta da casa de Madame Crisálida, a cartomante, que lhe diz apenas: "Cuidado com a mulher loura!" Promoveu-se um coro de passantes, enquanto caía uma garoa, para propiciar a dinâmica dos movimentos. A garoa piorava, escurecia, e um raio cortava o cenário. Zulmira apavorava-se, por não ter guarda-chuva, e anunciava-se uma tempestade de verão (no texto, Zulmira tem o guarda-chuva aberto, porque, "teoricamente, está desabando um aguaceiro tremendo"). De acordo com Flávio, o raio colocava todo o mundo em clima de surpresa, na mágica do teatro. É esse eixo central que se transforma, depois, na "Santa Ceia", sem mudar nada. Flávio denominava Santa Ceia o almoço familiar, em que a mesa está colocada em relação às paredes que antes ladeavam a rua, reproduzindo a estrutura abstrata do quadro de Leonardo da Vinci. A mesa entrava por trás, encoberta pelo pano que compunha o espaço anterior, quando Zulmira e Tuninho conversavam na cama. Todo esse arranjo só funcionou, segundo o cenógrafo, com o auxílio da maqueta. A partir do plano, ele não chegaria a uma planta funcional.

O desafio consistia em relacionar os lugares que, na peça, estavam indicados de forma sintética, sem sobrecarregar o cenário de realismo. Daí a opção pela madeira crua, pelo tecido cru, transparente. Ele estica, sugerindo uma rede de seda muito fina que, dependendo da luz, se torna translúcida ou opaca. Esse tratamento do cenário dava uma leveza na estrutura geral da cidade, da casa etc., permanecendo relativamente neutro, no fundo, ainda que nítido.

Dentro das várias situações geográficas, os atores encontravam os espaços mais favoráveis nos deslocamentos, coordenados pelo encenador. Se, no quarto do casal, no eixo esquerdo, Flávio desenhou um quadro que simbolizava a conhecida fotografia do dia de núpcias, além da cama que entrava por uma abertura do trainel, no eixo direito, dedicado à morte, situava-se a funerária. Não uma agência comum, porém tomando a forma de ogiva, da semicúpula que sugere a capela, a igreja, o cemitério. Essa forma associa-se para nós, inevitavelmente, à espiritualidade, desde as linhas renascentistas ascendentes do arco pleno, que fazem da abóbada lugar aconchegante. O clima espiritual da cenografia contrasta, aí, com a mercantilização da morte, traduzida nos diálogos cômicos lançados por Timbira.

Flávio, para depurar a angústia provocada pelo texto, eliminava o negro do fundo, colocando o branco. Reinterpretava, assim, de acordo com o seu sentimento, o problema da morte. O "suicídio" de Zulmira não tinha a conotação negra do fim, mas a perspectiva mítica da esperança, simbolizada no enterro de luxo. Vendo na morte mais o branco oriental que o negro ocidental, Flávio pensava contribuir para a modificação do que lhe parecia a nossa mentalidade doentia. Por isso desenhou também um anjo, que não era simples referência realista à funerária. A imagem saía de panos, como se da parede alguém surgisse do outro lado, para buscar Zulmira. Se a heroína enxergasse um demônio, com foice, sairia correndo. O anjo, que trazia até flores brancas na mão, acenava-lhe como signo de esperança. Inconscientemente, ela se libertava de todas as frustações.

Nelson Rodrigues, que pensava, com razão: "em obra de arte não se mexe", não recusou a exegese do cenógrafo. Ao contrário, sensível ao seu talento, escreveu: "Quando Flávio Império viu pela primeira vez *A Falecida*, encontrou uma peça sem cadeira, sem uma sala, sem uma bica. E, então, ele teve que fazer todo um abnegado esforço. As portas e as janelas, como um milagre, foram aparecendo. Assim nasceu o maravilhoso cenário de Flávio Império. E tudo era tão magicamente vivo, que as ratazanas atropelavam as pernas dos moradores".

Não pode haver maior consagração para um cenógrafo.

55. Polêmica do Teatro Épico

Quando, em razão da queda do muro de Berlim e do malogro da União Soviética, os afoitos pensaram que perdeu o sentido ler e encenar Brecht, o aparecimento de *A Hora do Teatro Épico no Brasil* merece ser saudado com a lucidez e os elogios do prefácio de Roberto Schwarz. É importante rastrear uma corrente que trouxe frutos decisivos para a consolidação do nosso teatro moderno.

Sob o prisma da dramaturgia, o livro de Iná Camargo Costa analisa especialmente, no primeiro capítulo, denominado "Rumo a um Teatro Não-Dramático", *Eles Não Usam Black-Tie*, de Gianfrancesco Guarnieri; e a *A Alma Boa de Setsuan*, de Brecht, por ser a primeira montagem significativa do autor alemão entre nós, tendo ele formulado a teoria do teatro épico. O capítulo "Na Hora do Teatro Épico" trata de *Revolução na América do Sul*, de Augusto Boal; e *A Mais-Valia Vai Acabar, Seu Edgar*, e *Os Azeredo mais os Benevides*, de Oduvaldo Vianna Filho. "A Força de Inércia do Teatro Épico" examina o *Show Opinião*, assinado por Armando Costa, Paulo Pontes e Oduvaldo Vianna Filho; e *Arena Conta Zumbi*, de Augusto Boal e Gianfrancesco Guarnieri. O último capítulo – "Adeus às Armas" – contempla *Arena Conta Tiradentes*, também de Boal e Guarnieri; *O Rei da Vela*, de Oswald de Andrade; e *Roda Viva*, de Chico Buarque. Pelos títulos dos capítulos, pode-se acompanhar o itinerário traçado pela autora para definir o nascimento e a alegada diluição de uma tendência.

Para quem, como eu, diverge em grande parte da classifição e dos juízos de Iná Camargo Costa, embora lhe reconheça a agudeza de

294 DEPOIS DO ESPETÁCULO

muitas observações, não é fácil comentar o volume. Argumentar de forma convincente contra conceitos polêmicos, dos quais se discorda, exigiria quase o mesmo espaço por ela utilizado, com o objetivo de discuti-los. Um artigo de jornal indicará, na melhor das hipóteses, os temas passíveis de contestação.

Caberia afirmar que um assunto seja épico ou dramático? Não vejo por que a greve deva ser julgada, em si, tema épico. O tratamento é que pode ter uma ou outra forma e Gianfrancesco Guarnieri, que em 1958 estava familiarizado com o drama e não com o teatro épico, escolheria forçosamente o primeiro, que dominava. As falhas se creditam mais ao dramaturgo imaturo, que estreava com *Eles Não Usam Black-Tie*. E as restrições que se lhe imputam não empanam seu admirável significado histórico. Nada decreta que o drama seja conservador, e ele poderá abrigar conteúdo progressista ou não.

Iná alude a "cotação zero de Brecht entre nós até o final dos anos cinqüenta", explicando-a melhor, talvez, "por nossa dependência em relação ao teatro francês". Não creio ser aceitável essa afirmação, porque em 1956, ano da morte do dramaturgo, já tinha sido possível assinalar que, "ao menos para um círculo de críticos e espectadores", seu teatro situava-se "como o mais representativo do nosso tempo". E a montagem de *A Alma Boa de Setsuan* pela Cia. Maria Della Costa-Sandro Polloni, em 1958, a primeira de um conjunto profissional brasileiro, foi saudada como "acontecimento histórico".

Infelizmente, sendo alvo de um mal-entendido da autora, sinto-me obrigado a esclarecer, quanto a *Revolução na América do Sul*, que ter mencionado a revista como um de seus estímulos foi de fato um elogio e não "apenas aparente", e que "hoje talvez possa mesmo passar por tal, já que os então vigentes preconceitos contra o teatro de revista parecem superados". Havia não preconceito contra a revista, mas inaceitação do mau teatro de revista, pois aquele considerado bom recebia palavras calorosas. O capítulo de meu *Panorama do Teatro Brasileiro* não revela indisposição contra a revista de Artur Azevedo: não dei preferência ao seu "teatro sério" – simplesmente não tive acesso a ela, na ocasião, e ao lê-la, anos mais tarde, nos seis volumes da obra cênica, em boa hora publicada pelo Governo Federal, achei-a da melhor qualidade. Por sinal, Boal também não conhecia a revista de ano de Artur Azevedo, ao elaborar *Revolução na América do Sul*.

Depois de fazer boas análises sobretudo de *A Mais-Valia Vai Acabar, Seu Edgar*, a autora se deixa conduzir por um desígnio de generalização que, perdendo a objetividade, compromete o seu raciocínio. Veja-se, por exemplo, o juízo categórico desta frase: "E, como vimos, para a nossa crítica, o teatro épico é esquemático e maniqueísta por definição". Nada vi que autorizasse Iná a tirar essa conclusão, a respeito de "nossa crítica". Não seria aconselhável que, antes de expender condenação tão peremptória, ela tivesse procedido a amplo levantamento sobre o tema, em toda a imprensa?

POLÊMICA DO TEATRO ÉPICO   295

Espanta-me que Iná anatematize como "curiosa combinação de paranóia e má-fé" o procedimento de Boal e Guarnieri em *Arena Conta Zumbi*, ao empobrecer o "complexo lado palmarino da história". Não me consta que os autores quisessem "identificar" a admirável luta dos negros aos episódios ligados a 1964. O espetáculo procurou utilizar a lição de Palmares, no seu heroísmo, para manter a chama da resistência à ditadura militar. Uma "obra estética e politicamente falsa" nunca teria a capacidade de mobilizar um público tão entusiasta e esclarecido. Naqueles anos sombrios, uma encenação que exaltava a liberdade tinha o dom de revigorar o ânimo de quem se sentia oprimido.

Raciocínio semelhante se aplica a *Arena Conta Tiradentes*. Confesso, de início, não ter entendido esta frase: "O Curinga sintetiza o equivocado esquema consagrado pela crítica para explicar a trajetória do Teatro de Arena, incorporando-o ao texto de *Tiradentes*, o mesmo esquema apresentado por Boal em sua teoria do Curinga". Se bem compreendi a teoria do Curinga, permitindo que uma personagem fosse interpretada por vários atores, e levando, como no jogo de cartas, o Curinga a entrar nesse ou naquele papel, Boal adaptava, para um pequeno elenco fixo, o estranhamento brechtiano. Apenas Tiradentes tinha um só intérprete, porque se concentrava nele a empatia pretendida, e que é característica do teatro dramático, de inspiração realista ou naturalista. Ainda que eu não compartilhe da crítica dos autores aos demais inconfidentes, reconheço ser *Tiradentes* um texto muito mais elaborado que *Zumbi*. E o espetáculo visava a reiterar a luta pela liberdade, sendo ademais dificilmente interditável pela Censura, como a maldade de Iná registrou: "não custa lembrar que Tiradentes sempre foi muito cultuado pelos nossos militares". Na ótica da autora, que procuraria valorizar o contexto histórico, o que parece faltar é exatamente a sensibilidade para apreender essas montagens nas circunstâncias em que foram apresentadas.

As colocações discutíveis prosseguem no estudo sobre o Teatro Oficina. Menciona a autora o *atraso* desse conjunto em relação ao Arena. Ora, o Oficina iniciou suas atividades anos depois do Arena, e por isso se entende que ele refizesse sua trajetória, a partir do aprendizado. Mas ninguém contestará que o Oficina realizou, com *Pequenos Burgueses*, de Górki, o melhor espetáculo stanislavskiano do teatro brasileiro.

Com o empenho um tanto alucinado de atualizar-se permanentemente, o Oficina retomou, na década de sessenta, todos os caminhos do teatro moderno, desde fins do século XIX. Enfrentou o teatro épico, descobriu o tropicalismo e, incansável na pesquisa, valeu-se de *Na Selva das Cidades*, peça do jovem Brecht, para experimentar as pesquisas de Grotóvski. Na conceituação dessa caminhada rica será necessário rever diversas posições assumidas por *A Hora do Teatro Épico*.

A primeira delas refere-se a *Os Inimigos*, de Górki. Ninguém ignora que se trata de uma peça realista, cuja encenação óbvia reclamaria o estilo stanislavskiano. Entretanto, o diretor José Celso Martinez Corrêa recusou dar ao espetáculo essa linha, imprimindo-lhe uma leitura épica. Essa opção patenteou-se no visual concebido por Flávio Império, que sublinhava o efeito de estranhamento. Assim, é estapafúrdio escrever que estava em jogo uma "folha de serviços prestados à causa cultural stalinista", não obstante a origem do texto. Se o espetáculo merece reparo é na impossibilidade de casamento entre as duas linguagens.

Outras colocações discutíveis se estendem ao estudo de *O Rei da Vela*. Por mais que haja um esquema analítico marxista na condução da trama e das personagens, algo mais forte no temperamento de Oswald de Andrade – o seu espírito profundamente anarquista – trouxe ao primeiro plano o propósito de "espinafração", uma espécie de arma giratória voltada contra todos. Ao invés de ser "desnecessária e inglória" a morte do protagonista, ela tinha o propósito de mostrar a traição do "socialista" Abelardo II (os comunistas acreditavam, na época, serem os socialistas seus inimigos e aliados da burguesia) e que, no capitalismo, os sentimentos não contam, e substituir um Abelardo por outro não importa em nenhuma diferença, porque Heloísa, ironicamente, sempre lhe pertencerá. Lembre-se ainda que, se *O Rei da Vela* pode enquadrar-se no "teatro de câmara", rejeitado teoricamente por Oswald (a peça foi ao menos iniciada em 1933, datando a edição em livro de 1937), *O Homem e o Cavalo*, publicada em 1934, pertence sem dúvida ao seu conceito de "teatro de massas".

Uma última divergência diz respeito ao papel atribuído a *Roda Viva*, de Chico Buarque, estréia de 1968. A autora exagerou no radicalismo, ao afirmar que não haveria "outro modo reconhecido de 'ser artista' no sistema de mercado", por ser a idéia do texto a de "contar a velha (desde *Fausto*) história do artista que 'se vende'". O diretor José Celso alterou, de fato, a delicadeza do diálogo, transformando todo o espetáculo em agressão, desde os palavrões alinhados gratuitamente até o elenco se sentar no colo do público e o desfile de signos provocativos para o sexo. Sinceramente, ressalvado o talento dos intérpretes, o conjunto me parecia uma algazarra de adolescentes maleducados. Concluir que *Roda Viva* "abriu o caminho para o teatro de vanguarda no Brasil" chega a causar espanto, sendo estranhável, também, a não ser na cronologia, mencionar que se seguem à montagem *Cemitério de Automóveis* e *O Balcão*. O próprio José Celso dirigiu em 1968 e 1969, respectivamente, *Galileu Galilei* e *Na Selva das Cidades*, de Brecht, duas das mais extraordinárias realizações do nosso teatro. E não se pode esquecer: aquilo que a autora chama reinstalar "a cena brasileira no descampado da ideologia burguesa" valeu a José Celso o exílio, como se tinha exilado também Augusto Boal.

Livro discutível, assim, *A Hora do Teatro Épico no Brasil*, que os interessados no destino do nosso palco vão por certo debater.

(1996)

56. Um Enigma Esclarecido: Nelson Rodrigues Expressionista

Desde a estréia de *Vestido de Noiva*, em 1943, a dramaturgia de Nelson Rodrigues ficou associada ao expressionismo. Como a encenação era de Ziembinski, o diretor polonês que utilizou recursos notórios da escola, chegou-se, à boca pequena, a tentar diminuir a carga renovadora do espetáculo, já que aquele movimento se encontrava superado na Alemanha de origem. Esqueciam-se os detratores de que eram autenticamente expressionistas os efeitos mobilizados por Ésquilo na *Oréstia*, conforme Arthur Miller teve oportunidade de assinalar. O certo é que só agora o tema saiu das menções episódicas, para tornar-se, em *Nelson Rodrigues Expressionista*, o centro de um estudo crítico (Ateliê Editorial, Cotia, SP, 1998).

Eudinyr Fraga, seu autor, começa por dedicar o primeiro e longo capítulo à análise do expressionismo, definindo-lhe as características, a fim de mostrar em que as peças do dramaturgo brasileiro coincidem com elas. Procede ele a minucioso levantamento, do qual resulta que Nelson, longe de parecer um epígono, surge como inventor de soluções originais. Ou, nas suas palavras: "Não que (Nelson) fosse um expressionista na acepção estrita do termo, mas sua visão do mundo fundamenta-se nessa concepção existencial, na recusa violenta da realidade (embora nela alicerçada), na distorção exagerada da sociedade que nos cerca, no privilegiar o grotesco do comportamento humano".

Ouso observar, porém, que se Eudinyr se limitasse à identificação dos elementos expressionistas de cada texto rodrigueano, o ensaio correria o risco de incidir em monotonia, perdendo logo o interesse para a

298 DEPOIS DO ESPETÁCULO

leitura. Embora partindo do foco pertinentemente escolhido, o autor desdobrou-o para o exame genérico da dramaturgia, e assim teve a oportunidade de acrescentar às exegeses existentes um ângulo pessoal sempre enriquecedor.

Não fosse Nelson Rodrigues um dramaturgo naturalmente polêmico, os pontos de vista contraditórios sobre sua obra se tornariam estranháveis. Caberia encontrar um denominador comum, que não se confunde com a unanimidade do apreço que hoje em dia todos lhe votam. Refiro-me à hermenêutica em si dos textos, sem o correspondente juízo de valor. Nesse campo, as possíveis diferenças não espantam. E penso ser normal uma divergência de conceito a propósito da presença do expressionismo numa ou noutra peça examinada.

Tratando de *Viúva, porém Honesta*, a "farsa irresponsável" com a qual Nelson revidou os ataques da crítica a *Perdoa-me por me Traíres*, Eudinyr sentencia: "O ambiente farsesco, as tiradas inteligentes de sempre, a capacidade de criar personagens com rápidos traços não escondem a falta de graça do texto". Adiante, a respeito da montagem que Eduardo Tolentino de Araújo fez para o grupo TAPA, ele observa: "O espetáculo funcionava bem, era divertido, provando a teatralidade nunca negada do dramaturgo. Continuo todavia a não gostar da peça". Pergunto se "a falta de graça do texto" não dificultaria excessivamente a realização de um espetáculo "divertido". E imagino que a ausência de sintonia de Eudinyr com a proposta aberta de Nelson não o tenha sensibilizado para a deliciosa loucura anárquica da peça, em que o dr. J. B. de Albuquerque Guimarães, diretor de *A Marreta*, o maior jornal do Brasil, capaz de montar no redator-chefe Pardal ("sem testemunhas, com prazer" – admite este), é uma desvairada personagem expressionista.

Talvez por julgar, com razão, um rescaldo das maiores criações do dramaturgo *Anti-Nelson Rodrigues* e *A Serpente*, Eudinyr deixou de ressaltar aspectos expressionistas das peças: as figuras patéticas de Gastão e Salim Simão, na primeira, e o paroxismo do apaixonado Paulo, que o leva ao crime, na segunda. O ensaísta preferiu ressaltar, com argúcia, outra marca expressionista de *A Serpente*: "Não se pode falar em expressionismo mas num clima de exaltação vertiginosa no qual uma das irmãs transfere para a outra um lado obscuro de sua personalidade, querendo morbidamente compartilhar o amor que pertencia a ela com alguém que, na verdade, é sua própria projeção". Lembro ainda, com relação a *Toda Nudez Será Castigada*, que valeria a pena investigar as semelhanças de Herculano com o caixa de banco de *Da Manhã à Meia-Noite*, peça de Kaiser, e o professor de *O Anjo Azul*, filme de Sternberg, duas exemplares personagens expressionistas.

Para equacionar perfeitamente o objeto de estudo, Eudinyr se vale de sólida bibliografia. São assimilados os livros básicos sobre a teoria do expressionismo, no original ou em línguas que nos são mais fami-

liares, e a literatura de apoio contempla obras que ajudam a configurar o universo rodrigueano, a exemplo dos livros de Georges Bataille. A transgressão contida no erotismo vem iluminar aspectos relevantes da dramaturgia de Nelson.

Nelson Rodrigues Expressionista amplia a contribuição de Eudinyr Fraga para o melhor conhecimento do teatro brasileiro. Cumprindo as sucessivas fases da carreira universitária, ele primeiro tratou do dramaturgo gaúcho Qorpo-Santo, inédito em vida. Ao invés de insistir na tecla de precursor do teatro do absurdo, como o entendemos a partir da obra de Ionesco e Beckett, entre outros, o ensaísta valorizou nova leitura, a meu ver mais procedente: a do criador cheio de imaginação que, no século XIX, antecipou os procedimentos do surrealismo.

Gostando de lidar com assuntos menos óbvios, Eudinyr debruçou-se, depois, sobre o simbolismo no palco, e não só conseguiu dar ordem a matéria dispersa como trouxe a público nomes inéditos da escola. O mapeamento de nossa dramaturgia ganhou um passo nessa importante empreitada.

57. Resposta a uma Agressão

Publiquei, no dia 2 de maio de 1972, o comentário sobre *Gracias, Señor*, escrito na minha então qualidade de crítico do *Jornal da Tarde*. Além de externar o juízo, reproduzi opiniões da platéia, que ilustravam como foi acolhido o espetáculo de José Celso Martinez Corrêa no Teatro Ruth Escobar, nas duas primeiras récitas dedicadas aos estudantes.

Logo depois, os espectadores, ao fim das sessões, passaram a receber a resposta do dramaturgo-encenador-intérprete. Não demorei a produzir uma tréplica, distribuída a amigos e a elementos da classe teatral. O assunto parecia deglutido, porque, num encontro fortuito num bar do Bexiga, José Celso me cumprimentou, como se nada se tivesse passado.

Não sendo de meu feitio guardar rancor, conversei com José Celso, e mantive o apoio ao Oficina nas vicissitudes que se sucederam. Quando a estúpida ditadura tornou impossível a sobrevivência de José Celso no País, atendi a um pedido seu, escrevendo um artigo para apresentá-lo em Portugal, que chegou a ser estampado com destaque na imprensa de Lisboa, cidade em que se hospedara. Mais de uma vez testemunhei por escrito a seu favor em processos que mentalidades retrógradas moveram contra ele.

Por isso estranhei que o segundo número de *Arte em Revista* (Kairós Editora, maio-agosto de 1979) divulgasse o ataque de que fui vítima, desacompanhado de minha resposta. Dei mais uma vez o caso por encerrado, quando a revista, no n.º 6 (outubro do 1981), a publi-

302   DEPOIS DO ESPETÁCULO

cou. De início, surgiu o propósito de recusa, porque os números eram temáticos e alegaram desconhecer meu texto, inadequado em nova circunstância. Mas argumentei que, se não houvesse a reparação solicitada, a exigiria em juízo.

Republico, agora, a crítica a *Gracias, Señor* e a resposta a José Celso, porque ele incluiu de novo sua "carta aberta" a mim no livro *Primeiro Ato* – seleção, organização e notas de Ana Helena Camargo de Staal (Editora 34, São Paulo, 1998). E o faço como um rompimento definitivo.

Eis a crítica:

"Aceitar ou recusar *Gracias, Señor*, que o Grupo Oficina Brasil está apresentando no Teatro Ruth Escobar, corre o risco de debater o problema proposto fora dos limites da 'sessão de te-ato', convertendo-o numa polêmica sobre dramas existenciais, métodos políticos e sistemas de encenação. É preciso concluir se 'atuadores' e 'participantes' fazem juntos a viagem e onde chegam.

Desejo, antes de mais nada, reiterar o meu respeito e a minha admiração por esse conjunto, que percorreu o itinerário mais rico e fecundo do teatro brasileiro na década de sessenta. O talento extremamente vivo e inquieto de José Celso Martinez Corrêa e Renato Borghi, os dois líderes do grupo, nunca permitiu que ele interrompesse uma pesquisa e se bastasse numa conquista. *Pequenos Burgueses, O Rei da Vela, Galileu Galilei* e *Na Selva da Cidade* são marcos sucessivos do nosso teatro, que atestam previamente a seriedade de qualquer experiência feita pelo Oficina. Deve-se procurar entender *Gracias, Señor*.

Como idéia, ela me parece brilhante. Um grupo vitorioso, que se sabia 'filho predileto' do público, resolve questionar-se a ponto de destruir sua bela imagem. Não a exploração do prestígio justamente adquirido, mas a denúncia da relação convencional com o espectador como morta, e a tentativa de estabelecer um novo projeto. O grupo, em face de pressões e repressões, sentiu a volúpia da morte, mas encontrou em si a fonte de energia para a 're-volição' (*querer de novo*), base para uma nova vida. Teoricamente, parecia que o Oficina superava o desespero irracional prestes a engoli-lo, para assumir um papel modificador da realidade.

Na prática, o resultado é bem diferente. E não poderia deixar de ser, porque o Oficina queria fazer 'te-ato' e fez teatro, só que freqüentemente mau teatro. No momento em que o elenco se submeteu à contigência de atuar num teatro e dividir o espetáculo em duas partes, com horário e pagamento de ingresso, desfigurou a sua proposta e castrou-lhe a eficácia. Para ser autêntica, a 'sessão de te-ato' deveria chegar ao *happening* total, com todas as conseqüências. O sucedâneo da exibição do filme sobre a experiência em Mandassaia – em que o grupo e a população construíram uma ponte – é, na melhor das hipóteses, frustrador.

RESPOSTA A UMA AGRESSÃO

Pairam o tempo inteiro na sala os vetos impostos pela Censura e o receio de transpor os limites permissíveis, o que obriga a um hermetismo não franqueado pelo espectador. Fica, então, uma caricatura da verdade, preenchida por todas as baboseiras da moda no teatro de vanguarda, inspiradas em grande parte no arsenal das teorias irracionalistas: contacto sensorial, desafio pelo fluido do olhar, suposta captação de energias e uma comunhão estancada pelas exigências dos chamados bons costumes (qualquer baile de Carnaval é mais autêntico do que a festa improvisada no palco). O 'te-ato' se transforma numa repressão ao teatro.

Não vou discutir a fragilidade da criação coletiva, do ponto de vista literário. Há conceitos de fazer inveja à pompa de Coelho Neto e uma solenidade que afugenta a possível adesão do espectador. Depois que o público diz maciçamente que não aceita a lobotomização (operação que torna o homem um ser passivo), o elenco procura submeter a platéia ao processo, deflagrando o mecanismo compressor das ditaduras. Espectadores miam, latem, dizem os absurdos dos *slogans* publicitários. Apesar de alguns bons achados e da autoridade e da convicção sobretudo de José Celso e de Henrique Maia Nurmberg, muitos recursos mobilizados são ingênuos e tornam o espetáculo cansativo e melancolicamente desfrutável.

Eu gostaria de aplaudir a 're-volição' do Oficina. Ela é importante para o teatro e a realidade brasileira. Ao invés de contar a sua aventura, porém, o grupo procura impor ao público uma maneira pré-fixada. E ele se esqueceu de que o público poderia 'estar em outra'. Como esteve, por exemplo, nas duas primeiras sessões, dedicadas aos estudantes. A reação de grande parte da platéia deu a medida do desastre que é *Gracias, Señor*.

Quando se falou em viver juntos a experiência, um espectador atalhou, com bom senso: 'mas vocês estão ensaiados'. Outro gritou: 'festival do óbvio'. Um terceiro observou: 'Isso é contestação da pequena burguesia'. Alguém ainda brincou: 'É um luuuuxo!...' Na segunda noite, um espectador comentou: 'Paradise next week' ('Paraíso na próxima semana'), aludindo a *Paradise Now* ('Paraíso Agora'), título de um espetáculo do Living Theatre. E se falou também em 'Julian Beck subdesenvolvido', 'vocês são uns desesperados', 'por que não vão para Woodstock?' O tiro saiu pela culatra.

Acho que, pelo que já deu de si, o Oficina tem o direito de cometer esse tremendo equívoco. Um erro generoso, de quem mergulhou de cabeça na pedra, não pode indispô-lo com o público e a classe teatral (apesar da boba e injusta crítica ao teatro, feita no espetáculo). O Oficina continua credor das nossas melhores esperanças. E seus elementos são extraordinários artistas, capazes de colher a lição que os reporá de imediato no caminho certo."

304 DEPOIS DO ESPETÁCULO

E, encerrando o caso, para que não haja mais dúvidas a respeito do problema, estampo neste livro a resposta dada à carta aberta de José Celso:

"Jamais me passaria pela cabeça publicar esta resposta a José Celso Martinez Corrêa, se a carta aberta que ele me endereçou não tivesse sido veiculada nesta revista, como documento histórico. Para o documento ficar completo, era necessário acrescentar-lhe o que me pareceu justo replicar. E sei, ademais, que minhas palavras não foram aproveitadas, na ocasião, não por parcialidade na escolha do material, mas por desconhecimento de sua existência.

Hoje, como na data em que respondi a José Celso, achava a polêmica ridícula. Entendo que um encenador, ao ver que sua proposta não teve a repercussão pretendida, procure defendê-la e contradizer as opiniões adversas. Ainda mais que a proposta era essencial num processo de trabalho. Se José Celso se tivesse limitado a recusar a minha crítica, opondo-lhe argumentos estéticos, eu silenciaria. Só achei que não poderia permanecer calado porque estavam em jogo princípios mais amplos, de que eu não abdicaria. Aceitar o juízo sobre a minha pessoa, e não apenas sobre um determinado comentário, seria demitir-me de uma dignidade elementar.

José Celso deve ter entendido assim, porque, não muito tempo depois de receber minha resposta, veio falar comigo, como se nada tivesse acontecido. Achei conveniente sua postura: para certas coisas, não há explicação, ou as explicações são constrangedoras. Como não guardo rancor, esqueci o episódio e não me furtei a escrever uma apresentação do José Celso, quando ele viajou para Portugal. Não tenho o hábito de misturar problemas pessoais com valores artísticos: fiz restrições a um espetáculo de José Celso, mas sempre o considerei excelente diretor.

Talvez se estranhe a violência, ou ao menos a incisividade de algumas afirmações. Em meu favor, posso alegar que fui muito menos severo que José Celso. E, a um golpe que se recebe, só cabe revidar com outro golpe. A ponderação maior que vejo em minha resposta decorre de outra crença: um encenador, ou dramaturgo, ou intérprete pode ser injusto, ou, ao menos, não é tão grave que o seja. Um crítico, mesmo agredido, deve conservar o equilíbrio, sob pena de invalidar a coerência de sua posição, ao longo do tempo. Creio não ter cometido nenhuma injustiça com o animador do Teatro Oficina, cuja trajetória é um dos orgulhos do nosso palco.

De resto, apontei na crítica a *Gracias, Señor* problemas não resolvidos, que revelavam a crise, o impasse em que se debatia o grupo. Infelizmente, parece que eu tinha razão. *Três Irmãs*, montagem seguinte do Oficina, apenas aprofundou um conflito interno que interrompeu a seqüência admirável de criações: *Rei da Vela* (1967), *A Vida de Galileu* (1968) e *Na Selva das Cidades* (1969). É preciso reconhe-

RESPOSTA A UMA AGRESSÃO

cer que aqueles tempos eram particularmente difíceis e o elenco – verdadeiro sismógrafo da nossa consciência artística – sofreria o agravamento do processo repressor no país.

Ao divulgar a resposta que dei à carta aberta de José Celso, não me anima o propósito de reacender uma polêmica sem sentido. Além de postular a minha integridade, como crítico, desejo que os leitores tenham outra visão dos fatos levantados.

'Embora a carta aberta a mim dirigida não tenha assinatura (o que daria oportunidade para uma série de exegeses 'racionalistas'), vou tomá-la, pelas numerosas circunstâncias convergentes, como de autoria de José Celso Martinez Corrêa, *condottiere* do Teatro Oficina, e a ele endereço esta resposta.

José Celso decidiu-se a escrever-me na ânsia de provar 'seu novo', batalhando 'contra o velho, por mais desinteressante e arruinado que este seja'. Até aí nada de mais: veterano militante da imprensa e professor de Crítica, aprendi e ensino que nossos comentários devem sofrer o mesmo processo crítico a que submetemos os espetáculos. Tenho da função da crítica uma idéia muito mais modesta do que José Celso parece atribuir-lhe ou que atribui às suas montagens. Não me canso de repetir que a história da Crítica é uma história de equívocos e se um crítico acertasse 70% de seus comentários já estaria em condições de ser aprovado, sem necessidade de exame oral, como numa escola. José Celso tem razão de verberar meu racionalismo: ele me levou, ao longo dos anos, a não me considerar dono da verdade. E talvez a julgar disputas dessa natureza com invencível ceticismo, o que José Celso tomará como mais uma prova de meu apego ao século XIX. Mas, mineiramente, acrescentarei que ele me tem poupado alguns ridículos.

Se José Celso se empenhasse apenas em provar que sou um crítico 'careta', que não entendo de teatro, que não compreendo o que se passa no mundo, é possível que me rendesse à evidência de seus argumentos. Afinal, não é privilégio dele fazer uma coisa e depois dizer que ela está morta. Lá com os meus botões, sinto dúvidas atrozes a propósito do trabalho crítico. Muitas vezes desejei abandonar a coluna e, se não o fiz, é que talvez a certeza íntima de que não saiba realizar-me em outra coisa, como o José Celso, apesar de suprimir uma letra (te-ato), continua a praticar teatro, que é a sua verdadeira vocação. Como crítico, estou disposto sempre a ser confrontado, como me confronto a cada novo comentário, num esforço permanente de renovação (não obstante o aspecto tipográfico sempre igual da coluna, observado pelo José Celso).

Como não acredito em infalibilidades, a diatribe do José Celso poderia ser, na pior das hipóteses, estimulante para mim. Não a vejo assim porque ele, ao invés de raciocinar (ou me convencer pelo transe, que é a sua fórmula mágica atual) preferiu partir para o insulto. E o insulto, entre homens, convida apenas a uma expressão muito conhecida da nossa língua, que deixo de utilizar por crer que o José Celso, ao redigir a 'carta aberta', não estava no pleno uso de sua consciência.

E peço que ele baixe um pouco do 'transe' em que se colocou, para ouvir verdades simples e diretas. Escreveu José Celso: 'Sábato Magaldi é um *crítico*, talvez o mais respeitado, porque o mais reacionário: sua função é estabilizar, manter o Teatro como está, vampirizando aqui e ali um pouco de sangue novo para sua sobrevivência'. A respeito de reacionarismo, porém, permito-me lembrar fatos e não opiniões: enquanto José Celso era 'águia branca' e apedrejava uma operária nas ruas de Araraquara, nas ruas de Belo Horizonte eu era ameaçado com revólver pelos fascistas indígenas, então seus aliados na cor e nos métodos. Há vinte anos eu já escrevia sobre teatro popular e em 1956 iniciei minha colaboração no Suplemento Literário de *O Estado de S. Paulo* com um artigo sobre Brecht, voltando a tratar numerosas vezes de seu teatro. Anos depois, José Celso ainda não tinha saído da 'incubadeira' (título e substância de sua peça de estréia) e, ao deixá-la, foi fazer teatro em domicílio. Vampirismo ele procura aplicar a mim quando até o anedotário teatral consagra essa prática dele: cada vez que José Celso viaja para a Europa, modifica-se a linha do Teatro Oficina. Depois de exercitar-se em Stanislávski, quando eu já havia escrito até sobre o Actors' Studio (versão norte-americana dele), uma viagem à Europa mostrou-lhe Brecht (essa observação não me faz esquecer de que *Pequenos Burgueses*, encenado por José Celso, em 1963, foi o melhor espetáculo realista do Brasil). Eu já havia escrito em 1960 que o Living Theatre era o que de mais importante se fazia nos Estados Unidos, quando José Celso, dez anos mais tarde, seguindo o exemplo do conjunto, dissolvia o Oficina, para não institucionalizar-se, e o convidava para uma experiência em comum em São Paulo. Nada tenho contra as influências recebidas pelo Oficina e acho que ele faz bem em honrar-se delas. Ademais, sempre proclamei que o Oficina devorava antropofagicamente as influências, o que nunca obscureceu sua originalidade. Somente recomendo a José Celso um pouco mais de cuidado na escolha do vocabulário para eu não sentir que ele está projetando em mim seu passado reacionário e seu hábito vampiresco de sugar as experiências alheias.

Quanto à projeção, uma passagem da 'carta aberta' me deixou pasmo. Escreveu José Celso: 'Na cena de União dos Corpos, sua couraça (minha, entre outras) de sérios e inteligentes se preservou com a pornografia, a demonstração de sexualidade anal e subdesenvolvida'. Admito que a frase seja ambígua e, a qualquer momento, José Celso possa eximir-se de responsabilidade, esclarecendo que a pornografia e a demonstração de sexualidade anal foram de espectador e portanto não inerentes à minha couraça (e de outros). Por via das dúvidas, como, na melhor das hipóteses, seu português é confuso e pode ser mal in-

RESPOSTA A UMA AGRESSÃO

terpretado numa 'carta aberta', venho deixar claro que a sexualidade anal não é minha mas, como se sabe, de elementos do Oficina. Lamento entrar nesse território, inclusive por não ser juiz da sexualidade alheia. Mas não posso admitir que, por má redação, o debate descambe para esse terreno melancólico.

José Celso, aliás, gosta de insistir nele. A certa altura a 'carta aberta' menciona que 'eles (eu, entre outros) não podem compreender a razão experimental galilaica, a da pesquisa ou a razão sensual marcusiana e como detestam seu corpo, seu próprio cérebro, não se concebem como corpos com capacidade de informação'. José Celso, mais uma vez, quer projetar em mim seus problemas. Eu não detesto meu corpo: não só gosto dele como o utilizo devidamente. Já José Celso não consegue utilizar o seu (será que o detesta?) e, como sucedâneo, procura essa União mística de Corpos no palco. Para incautos, essa balela pode ter efeito, mas qualquer psicanalista dirá a ele a má fé essencial do seu raciocínio. Fosse José Celso Homem e não se atreveria a esbravejar que detesto meu corpo. Quanto ao cérebro... Ah, os argumentos são tão pífios que não me sinto bem para prosseguir nesse caminho.

Ainda no campo das retificações, preciso voltar ao texto de José Celso. Escreveu ele: 'Você(eu) não viu *Gracias, Señor*, como não viu *Rei da Vela*, quando publicou que essa peça nunca poderia ter sido encenada, ou mesmo quando viu o espetáculo e nem suspeitou o que iria acontecer com a repercussão do mesmo na cultura nacional'. Ora, José Celso, seja mais honesto nas suas afirmações. Nesse caso, também, antecipei-o bastante. Você citou mal o meu livro *Panorama do Teatro Brasileiro*, publicado em 1962, que tomo a liberdade de reproduzir no trecho que interessa: 'Por isso sentimos que as incursões teatrais de Oswald de Andrade (1890-1954), um dos grandes da Semana de Arte Moderna, tenham dormido nos livros, sem nunca passarem pela prova do palco. Longe de nós pensar que uma encenação, em nossos dias, fizesse às suas três peças a justiça que os contemporâneos lhes recusaram. Tanto *O Homem e o Cavalo* como *A Morta* e o *Rei da Vela* talvez sejam incapazes de atravessar a ribalta. Mas a sua não funcionalidade se explica por excesso, por riqueza, por esquecimento dos limites do palco – nunca por indigência, por visão parca, por vôo medíocre. Se fosse mostrado a Oswald de Andrade, na prática, o resultado de suas criações generosas e livres, ele teria encontrado, por certo, em novas pesquisas, o veículo perfeito para o prodígio de uma imaginação riquíssima e uma total ausência de convencionalismo. Poucos autores fazem o crítico lastimar tanto que o teatro tenha as suas exigências especificas, tornando irrepresentáveis, no quadro habitual, os textos de Oswald de Andrade. A audácia da concepção, o ineditismo dos processos, o gênio criador conferem a essa dramaturgia um lugar à parte no Teatro brasileiro – um lugar que, melancolicamente, é fora dele e talvez tenha a marca do desperdício'.

308 DEPOIS DO ESPETÁCULO

Está claro que, em 1962, eu via no teatro de Oswald de Andrade um vôo mais alto que o do teatro praticado entre nós. Não deixei de reconhecer-lhe o 'gênio criador', como José Celso procurou sugerir na sua observação venenosa. Ele se esqueceu apenas de mencionar que, dois anos mais tarde, quando se reverenciou a memória de Oswald no décimo aniversário de sua morte, pronunciei uma palestra sobre o teatro dele, ilustrada pelo elenco do Teatro de Arena, sob a direção de Paulo José, em que retificava o que havia escrito no *Panorama*, no sentido de reivindicar a eficácia cênica de seu teatro. A reação do público confirmou as minhas palavras e eu esperava ansiosamente pela prova do palco, feita pelo Oficina apenas em 1967. Logo depois de minha conferência, dei um curso de um semestre na Escola de Arte Dramática sobre o teatro de Oswald, e não teria sentido que o fizesse se achasse que 'essa peça (*O Rei da Vela*) nunca poderia ter sido encenada'. Entretanto, o próprio José Celso confessa que, numa primeira leitura, ficou totalmente insensível ao *Rei da Vela* (o que não ocorreu comigo). Escreveu José Celso num artigo publicado na edição da peça, em 1967: 'Eu havia lido o texto há alguns anos e ele permanecera mudo para mim. Me irritara mesmo. Me parecia modernoso e futuristóide. Mas mudou o Natal e mudei eu'. E José Celso, que admite com honestidade, nesse caso, o que lhe aconteceu, não consegue compreender que eu, muitos anos antes, observasse apenas que as peças talvez fossem incapazes de atravessar a ribalta, mas não por me irritarem, por me parecerem modernosas e futuristóides, mas 'por excesso, por riqueza, por esquecimento dos limites do palco – nunca por indigência, por visão parca, por vôo medíocre' (desculpem-me citar de novo uma observação minha, que julgo inclusive superada). Aliás, durante os ensaios, tive ocasião de trocar com José Celso idéias sobre *O Rei da Vela*, a respeito de uma possível divisão didática dos atos, a qual foi por ele até repetida no mencionado artigo, que apareceu junto com o prefácio de minha autoria.

Passemos agora aos princípios críticos. José Celso escreveu que 'todos os anos ele (eu) procura *salvar* a temporada, sempre enaltecendo a diversidade que ela apresenta, é uma garota propaganda do produto bem comportado'. De fato, José Celso, costumo enaltecer a diversidade das temporadas, porque não acredito, como você, numa unidade, numa verdade única, que você está sempre encarnando, embora essa verdade seja oposta, num dia, à da véspera. O elogio da diversidade se prende em mim a um profundo sentimento democrático, avesso às visões totalizadoras que suprimem os contrários. Você, na Alemanha nazista, seria um Goebbels, como na União Soviética o decretador de uma linha única para a arte. Você nunca se interessou por saber o que fazem os seus colegas e, para sentir-se feliz e seguro na sua torre de marfim, rotula todos como representantes do teatro morto. Você não concebe que eles possam estar vivos de uma forma diferente da sua,

RESPOSTA A UMA AGRESSÃO 309

sem precisar da ressurreição dos corpos (linguagem cristã que você utiliza, bem pouco adequada à nossa terminologia) e da 're-volição'. Você me pergunta se eu indago por que faço crítica, pra quê, pra quem?, e posso responder-lhe com honestidade, que não faço outra coisa, como podem atestar-lhe meus alunos. Entretanto, você parece esquecer de perguntar-se por que tantos artistas de valor não estão mais a seu lado. Seria cômodo acreditar que todos não tiveram o seu pulso e o do Renato Borghi para prosseguir nessa busca do absoluto. Você, ao invés de perguntar-se ou perguntar-me por quê, depois de dez anos, pela primeira vez fiz restrições de base ao seu trabalho (sem deixar de escrever que desejava, 'antes de mais nada, reiterar o meu respeito e a minha admiração por esse conjunto, que percorreu o itinerário mais rico e fecundo do teatro brasileiro na década de sessenta'), preferiu a saída mais fácil do insulto pessoal. Sinceramente, acho que só um caso de perturbação mais grave do que eu supunha levaria você a esse revide irracional (desculpe-me o adjetivo). Se, durante uma década, elogiei o seu trabalho, incorri no equívoco de não perceber que era uma 'garota propaganda do produto bem comportado', porque não julguei nunca que você fosse um artesão de produto bem comportado.

José Celso me acusa de me ter sonegado na segunda parte de *Gracias, Señor*, e eu acho que ele nem entendeu o primeiro período de minha crítica. Ele afirma que, logo no início do meu comentário, eu me recuso 'a discutir a única coisa que valeria discutir', quando afirmei simplesmente que 'aceitar ou recusar *Gracias, Señor* (...) corre o risco de debater o problema proposto fora dos limites da 'sessão de te-ato', convertendo-o numa polêmica sobre dramas existenciais, métodos políticos e sistemas de encenação". Com isso, eu dizia apenas que era 'preciso concluir se *atuadores* e *participantes* fazem juntos a viagem e onde chegam'. Não vejo nenhum erro nessa colocação, porque eu não queria um debate fora da proposta do espetáculo e, segundo a 'carta aberta', José Celso confessa que 'nós propomos a vi-agem, nós propomos unilateralmente e dependemos de confiança, de abertura, de despreconceito da sala em nos seguir, pelo menos naquele momento'. E aí começam minhas objeções. Até hoje, talvez por não sentir que os estímulos de que se vale para 'atuar' lhe retirem a lucidez, a visão concreta da realidade, ele não percebe o equívoco absurdo da Divina Comédia (expressão que, aliás, vem de Dante a Nelson Rodrigues). Quando o elenco propõe ao público que entoe em coro os *slogans* fascistas, os espectadores conscientes não podem repeti-los, sob pena de aceitarem o fascismo. Parte da platéia, porém, entra no jogo, e, além do aspecto lúdico da situação, não se pode duvidar de que ela se mostrou um instrumento dócil à palavra de ordem do *duce*. Se não houvesse essa submissão aos 'atuadores', a 'sessão de Te-ato' perderia a sua estrutura. E, como ela existe, fica provado apenas que muita gente está lobotomizada. Para o Oficina, pode ser uma verifica-

310 DEPOIS DO ESPETÁCULO

ção que reafirma as suas crenças sobre o estado da classe média. Mas, para ela, não só esse quadro, como todo o espetáculo, não passa de uma 'viagem' cega em que ela é passageira do 'barco' sem rumo do Oficina. Ou se está de fora ou se navega inconscientemente na canoa furada. Não se processa, como se pretende (ao menos por escrito), o 'distanciamento' brechtiano, sempre de valor crítico.

A aliciadora técnica do Oficina neutraliza o possível senso crítico de parte da platéia e o reduz a mero eco dos *slogans* fascistas postos em prática. C.Q.D., no caso, se transforma numa prova da eficácia dos métodos nazistas.

Diante deles, que são do século XX, os meus apelos à razão parecem uma retrógrada volta aos valores do século XIX. Mas José Celso não se limita à prática do nazismo, do fascismo e de suas fórmulas brasileiras: depois de rezar pela cartilha do existencialismo sartriano, apega-se agora às estruturas, que alguns teóricos consideram uma sobrevivência e um desenvolvimento da filosofia de direita. Nisso José Celso não parece incoerente: está sendo fiel às suas origens.

O seu arrazoado inteiro, sem dúvida, é uma laboriosa síntese do pensamento direitista. José Celso acredita que 'a juventude de São Paulo ainda não se assumiu, ainda se castra na sua sensibilidade quando em contacto com a Caretice do burocrata da cultura'. Ele me envia a 'carta aberta' 'porque essa submissão ainda existe'. Sem demagogia, porém, posso reafirmar que nunca tive a intenção de submeter ninguém à minha caretice ou à minha pretensa sabedoria. Procuro formar cidadãos livres, que pensam e escrevem pelas próprias cabeças e freqüentemente emitem opiniões contrárias às minhas – que compreendo, respeito e estimulo porque acredito na diversidade, que tanto assusta José Celso. É ele quem deseja a submissão – e felizmente não consegue, porque a juventude está madura para repeli-la.

José Celso me pergunta até que ponto odeio sua 'carta aberta' e até que ponto ela fala à minha energia encarcerada. Minha energia não está encarcerada, não, e não odeio a carta, mas a acho mais um testemunho do mau caráter de José Celso. O mesmo mau caráter que o fez desmentir em público uma verdade que eu estava proclamando e que ele, mais do que ninguém, sabia que era verdade. Só que José Celso, encarnação da verdade única, achava possível, não há muito tempo, defender uma mentira, porque ela lhe valeria presumivelmente alguns interesses imediatos. Mas o mau caráter não me surpreende: em meu longo trato com as pessoas, aprendi que o talento, infelizmente, está em muitos casos na proporção direta do mau caráter, e sempre achei o José Celso muito talentoso (confesso honestamente que, por ter caráter, duvido muito do meu talento). José Celso acha agora que minha coluna é sempre a mesma, 'como se nós, do Oficina, até hoje estivéssemos fazendo teatro realista'. Quando elogiei *Galileu Galilei* e, a propósito de *Na Selva das Cidades*, escrevi um dos comentários mais entusiásticos de minha vida, ele não se lembrou de dizer que eu confundia os espetáculos como se eles fossem realistas. Agora eu mostro a aridez de sensibilidade e racionalismo defensivo, estabilizo e mantenho o Teatro como está, distribuo elogios para uns bem comportados mortos, procuro estar à altura do meu cargo, tenho a ilusão liberal do bom serviço, do bom mocismo, etc., estou sentado num trono, penso que a linguagem falada é a única, cultuo o artesanato, não percebo os novos códigos. Ora, José Celso, essas alegações são ridículas e não explicam as objeções que fiz a *Gracias, Señor*, depois de afirmar que a idéia me parecia brilhante. Admirei sua coragem de renegar o papel de 'filho predileto' do público e o seu empenho em denunciar, como morta, a relação convencional com o espectador, tentando estabelecer um novo projeto. Mas não tenho culpa se você não conseguiu realizá-lo, e acho injusto você pensar que a 'onda' foi cortada por meus alunos (que não eram, como você escreveu, toda a sala, mas talvez apenas uma dezena de espectadores, em meio a quinhentos).

Eu tive a lealdade de afirmar que, 'pelo que já deu de si, o Oficina tem o direito de cometer esse tremendo equívoco' e o chamei de 'erro generoso'. José Celso não foi leal comigo, achando também que eu pudesse ter cometido um tremendo equívoco na crítica. Julgou que, depois que lhe distribuí elogios e ao Oficina como 'bem comportados mortos', era mais fácil descartar-se das minhas observações incômodas por meio do insulto. José Celso perguntou: 'Quem sabe se o espectador que gritou no escuro *Vocês estão desesperados* e se calou no claro, não terá sido o espectador que mais recebeu e se aproximou da nossa mensagem?' Desculpe-me completar a informação. O espectador se calou diante do imenso refletor acionado para a platéia e que fez uma espectadora comentar que esse era um conhecido método policial, utilizado naquele momento sob as ordens de José Celso.

Não recorro a 'eternos' conceitos de racionalismo e irracionalismo, mas não aceito a atual desrazão de José Celso. Ele afirma que 'o novo não tem espectadores, não tem críticos. O Oficina surge com uma proposta nova, a ser examinada por uma razão nova'. Depois, acrescenta que 'o crítico é um absurdo perante essa obra'. Sem esmiuçar a contradição de suas palavras, digo apenas que o novo deve ter críticos, porque a crítica participa do processo de instauração do novo. O problema é que, como o objetivo de José Celso é unificar, se ele não consegue a união passa a apedrejar o crítico, como já apedrejou uma operária.

Não preciso viver a sua experiência fascista, feita com *slogans* primários, para aquilatar a verdade do não ao fascismo, à lobotomização. Eu sempre disse não, desde a adolescência, e os métodos aliciadores têm sido mais inteligentes do que os do espetáculo do Oficina. Eu venho tentando, a duras penas, não trair a minha missão, e gostaria que José Celso fizesse o mesmo, sem voltar à ideologia nazista dos seus inícios. Porque acredito sinceramente que o homem pode e deve modificar-se, e gostaria que José Celso se modificasse no íntimo, abandonando a crença fascista segundo a qual 'os que não estão comigo são contra mim'. Não, José Celso, seu alvo, procurando atingir-me, está errado, como eu tenho consciência de que, embora não tenha viajado no barco de *Gracias, Señor*, meu alvo não é você ou o Oficina. Quando você se despir dessa aparência de mártir, de santo (aliás já usada, com muita eficácia, por líderes carismáticos do nazi-fascismo internacional), acho que poderemos viajar no mesmo Barco. Em que você não pretenda impor a sua autoridade de barqueiro, jogando-me na água se eu recusá-la, mas aceite movimentar um modesto remo, ao lado do meu, em direção ao Teatro Vivo, porque o que você está fazendo é o que pode matar o teatro, pelo menos o seu.'"

(SP, 20/5/72)

Álbum
(Todas as fotos pertencem ao acervo de Sábato Magaldi)

Eugène Ionesco (esquerda), Fredi Kleemann (centro) e Sábato Magaldi, 1960.

Osmar Rodrigues Cruz, Nelson e sua mulher Elza Rodrigues (sentados), Lizette Negreiros, Welington Dias, Nilze Silva, Sábato Magaldi, Edla van Steen, Sílvio Modesto, Plínio Marcos, Dinah Ribeiro, Walderez de Barros e Benjamin Cattan, na estréia de *A Falecida*, 1979.

Sábato Magaldi e Marcel Marceau, 1961.

Sábato Magaldi com John dos Passos, 1956.

Sábato Magaldi (direita) entrevistando Jean-Louis Barrault, 1961.

Sábato Magaldi entrevistando Jean-Paul Sartre, 1960.

Sábato Magaldi entrevistando Vivian Leigh, 1962.

(sentados) Marco Nanini, Edla van Steen e Tônia Carrero; (em pé) Renata Sorrah, Marieta Severo, Mila Moreira, Eva Wilma, Fernanda Montenegro, Aracy Balabanian, Carlos Zara, Camila Amado, Maria Izabel de Lizandra e Rosamaria Murtinho na posse de Sábato Magaldi na Academia Brasileira de Letras, 1995.

Legendas das Fotos

Pág. XII. Detalhes de fotos do autor.
Pág. 4   (a partir do alto):
   1. Esboço de cenário de Flávio Império, 1979. Acervo: Sociedade Cultural Flávio Império;
   2. Procópio Ferreira, c. 1930. Acervo: Maria Thereza Vargas;
   3. Eugène Ionesco, 1960. Acervo: Sábato Magaldi;
   4. Nelson Rodrigues, 1979. Acervo: Sábato Magaldi.
Pág. 14 (a partir do alto):
   1. Detalhe do cenário de *A Falecida,* de Nelson Rodrigues. Foto de Silvestre Silva, 1979. Acervo: Sociedade Cultural Flávio Império;
   2. Cacilda Becker, 1960. Acervo: Maria Thereza Vargas;
   3. Bertolt Brecht, c. 1940. *Le Théâtre en Pologne*, 1969;
   4. Sérgio Cardoso em *Hamlet*, de William Shakespeare, 1948. Foto: Carlos. Acervo: Nydia Lícia;
   5. Jean-Paul Sartre, 1960. Acervo: Sábato Magaldi;
   6. Pirandello, c. 1928. Foto Studio Zoli. *Théâtre en Europe*, 1986.
Pág. 23:   Recortes de jornal. Acervo: Maria Thereza Vargas.
Pág. 37:   Décio de Almeida Prado, c. 1960. Foto: Carlos. Acervo: Serviço Nacional de Teatro.
Pág. 42   (a partir do alto):
   1. Ensaio no Teatro Argentina, 1928. Lamberto Picasso (esquerda), Luigi Pirandello (centro) e Marta Abba. Foto: Album di Famiglia. *Théâtre en Europe*, 1986;
   2. *A Ceia dos Cardeais*, de Júlio Dantas, 1954. Na cena, Jayme Costa, Sérgio Cardoso, Bibi Ferreira e João Villaret. Acervo: Maria Thereza Vargas;

324 DEPOIS DO ESPETÁCULO

3. Luiz Parreiras em *A Falecida*, de Nelson Rodrigues, 1979. Detalhe. Foto: Tereza Pinheiro. Acervo: Sociedade Cultural Flávio Império.

Pág. 82: Alfredo d'Escragnolle Taunay, 1865.

Pág. 97: (esquerda) Plínio Marcos, 1999. Foto: Marcos Muzzi, *Caros Amigos*;
(direita) Plínio Marcos e Ademir Rocha em *Dois Perdidos Numa Noite Suja*, de Plínio Marcos, 1967. Foto: Derly Marques. Acervo: Família Plínio Marcos.

Pág. 103: Jonas Mello e Regina Braga em *Bodas de Papel*, de Maria Adelaide Amaral, 1978. Foto: Tereza Pinheiro. Acervo: Arquivo Multimeios – Divisão de Pesquisas/CCSP.

Pág. 118: Jean-Paul Sartre, 1960. Acervo: Sábato Magaldi.

Pág. 128: Eugene O'Neill em Eaton's Neck, Long Island, 1931.

Pág. 143: Eugène Ionesco, 1960. Detalhe. Acervo: Maria Thereza Vargas.

Pág. 151: Bertolt Brecht, c. 1950. *Historia del Teatro Contemporaneo*, Juan Flors-Editor, 1962.

Pág. 169: Eleonora Duse, c. 1894. *La Duse*, Angelo Signorelli Editore, 1938.

Pág. 172: Vittorio Gassman, 1951. Foto: Fredi Kleemann. Acervo: Arquivo Multimeios – Divisão de Pesquisas/CCSP.

Pág. 181-182: Marcel Marceau. Acervo: Particular.

Pág. 187: (alto) Procópio Ferreira em *O Avarento*, de Molière, 1969. Foto: Derly Marques. Acervo: Maria Thereza Vargas;
(baixo) Procópio Ferreira, 1977. Foto: Ruth Toledo. Acervo: Arquivo Multimeios – Divisão de Pesquisas/CCSP.

Pág. 190: Alfredo Mesquita, 1975. Foto: Serviço Nacional de Teatro. Acervo: Alfredo Mesquita.

Pág. 196: Paschoal Carlos Magno e Sérgio Cardoso, 1948. Acervo: Nydia Licia.

Pág. 202: (esquerda) Zbigniew Ziembinski, c. 1970;
(direita) ensaio de *Na Terra como no Céu*, de Fritz Hochwalder, 1953. Foto: Fredi Kleemann. Acervo: Zbigniew Ziembinski.

Pág. 209: Ruggero Jacobbi, 1958. Detalhe. Acervo: Iconographia.

Pág. 210 (a partir do alto):
1. *O Mentiroso*, 1952. Foto: Fredi Kleemann. Acervo: Arquivo Multimeios – Divisão de Pesquisas/CCSP;
2. *Arlequim Servidor de Dois Amos*, 1949. Acervo: Ruggero Jacobbi;
3. *Os Filhos de Eduardo*, 1950. Foto: Fredi Kleemann. Acervo: Arquivo Multimeios – Divisão de Pesquisas/CCSP;
4. *A Ronda dos Malandros*, 1950. Foto: Fredi Kleemann. Acervo: Arquivo Multimeios – Divisão de Pesquisas/CCSP.

Pág. 212: Flaminio Bollini Cerri, 1952. Foto: Fredi Kleemann. Acervo: Cleyde Yáconis.

Pág. 217: Victor Garcia, c. 1968. Acervo: Ilka M. Zanotto.

Pág. 231: Cacilda Becker em *A Dama das Camélias*, de Alexandre Dumas Filho, 1951. Foto: Fredi Kleemann. Acervo: Família Becker.

Pág. 232: Cacilda Becker em *Os Perigos da Pureza*, de Hugh Mills, 1959. Foto: Fredi Kleemann. Acervo: Clara Becker.

Pág. 237: Dercy Gonçalves, 1967. Foto: Fredi Kleemann. Acervo: Arquivo

LEGENDAS DAS FOTOS   325

Multimeios – Divisão de Pesquisas/CCSP.

Pág. 238: Bibi Ferreira em *Senhora*, de José de Alencar, 1949. Foto: Carlos. Acervo: Bibi Ferreira.

Pág. 243: Maria Della Costa em *Mirandolina*, de Carlo Goldoni, 1955. Acervo: Iconographia.

Pág. 247: (alto) Sérgio Cardoso. Foto: Fredi Kleemann, 1950. Acervo: Arquivo Multimeios – Divisão de Pesquisas/CCSP; (baixo) Sérgio Cardoso em *O Anjo de Pedra*, de Tennessee Williams, 1950. Foto: Fredi Kleemann. Acervo: TBC.

Pág. 251: (alto) Paulo Autran em *Macbeth*, de William Shakespeare, 1969. Foto: Carlos. Acervo: Paulo Autran; (baixo) Paulo Autran em *A Dama das Camélias*, de Alexandre Dumas Filho, 1951. Foto: Fredi Kleemann. Acervo: TBC.

Pág. 252: Fernanda Montenegro em *Dona Doida – Um Interlúdio. Poemas*, de Adélia Prado, 1990. Foto: Djalma Limongi Batista. Acervo: Arquivo Multimeios – Divisão de Pesquisas/CCSP.

Pág. 256: Luís de Lima, 1954. Foto: Fredi Kleemann. Acervo: Arquivo Multimeios – Divisão de Pesquisas/CCSP.

Pág. 265: Ruth Escobar, 1962. Acervo: Publicidade Ribeiro.

Pág. 275: Aldo Calvo, 1951. Foto: Fredi Kleemann. Acervo: Arquivo Multimeios – Divisão de Pesquisas/CCSP.

Pág. 279: *Hamlet*, de William Shakespeare. Detalhes do cenário de Josef Svoboda, Teatro Nacional, Praga, 1959. *The Secret of Theatrical Space*, Applause, Theatre Books, 1993.

Pág. 286: *A Falecida*, de Nelson Rodrigues. Esboço e cenário de Flavio Império. Foto: Silvestre Silva, 1979. Acervo: Sociedade Cultural Flávio Império.

Pág. 299: Nelson Rodrigues (sentado), na estréia de *A Falecida*, 1979.

Pág. 327: Sábato Magaldi. Foto: Marcos Magaldi. Acervo: Sábato Magaldi.

AGRADECIMENTOS:

Berenice Raulino; Caio da Rocha; Cecília Thompson; Ilka M. Zanotto; J. C. Serroni; Kiko Barros; Lizette Negreiros; Maria Thereza Vargas; Nydia Licia; Sociedade Cultural Flávio Império; Tânia Marcondes; Vladimir Saccheta.

Sábato Magaldi nasceu em Belo Horizonte, em 1927. Foi crítico teatral de vários jornais e revistas. Professor emérito de Teatro Brasileiro da Escola de Comunicações e Artes da Universidade de São Paulo, lecionou, durante quatro anos, nas Universidades de Paris III (Sorbonne Nouvelle) e Provence, em Aix-en-Provence. Membro da Academia Brasileira de Letras.

LIVROS PUBLICADOS

- *Panorama do Teatro Brasileiro* (1ª edição, Difusão Européia do Livro, 1962; 3ª edição, revista e ampliada, Global Editora, 1997);
- *Temas da História do Teatro* (Curso de Arte Dramática da Faculdade de Filosofia da Universidade do Rio Grande do Sul, 1963);
- *Aspectos da Dramaturgia Moderna* (Comissão de Literatura do Conselho Estadual de Cultura de São Paulo, 1963);
- *Iniciação ao Teatro* (1ª edição, DESA, 1965; 6ª edição, Editora Ática, 1997);
- *O Cenário no Avesso* (1ª edição, Editora Perspectiva, 1977; 2ª edição, Editora Perspectiva, 1991);
- *Um Palco Brasileiro – O Arena de São Paulo* (Editora Brasiliense, 1984);
- *Nelson Rodrigues: Dramaturgia e Encenações* (1ª edição, Editora Perspectiva e Editora da Universidade de São Paulo, 1987; 2ª edição, Editora Perspectiva, 1992);
- *O Texto no Teatro* (Editora Perspectiva e Editora da Universidade de São Paulo, 1989);
- *As Luzes da Ilusão* - junto com Lêdo Ivo (Global Editora, 1995)
- *Moderna Dramaturgia Brasileira* - 1ª série (Editora Perspectiva, 1998);
- *Cem Anos de Teatro em São Paulo* - parceria de Maria Thereza Vargas (Editora SENAC, São Paulo, 2000).

TEATRO NA PERSPECTIVA

O Sentido e a Máscara
Gerd A. Bornheim (D008)
A Tragédia Grega
Albin Lesky (D032)
Maiakóvski e o Teatro de Vanguarda
Angelo M. Ripellino (D042)
O Teatro e sua Realidade
Bernard Dort (D127)
Semiologia do Teatro
J. Guinsburg, J. T. Coelho Netto
e Reni C. Cardoso (orgs.) (D138)
Teatro Moderno
Anatol Rosenfeld (D153)
O Teatro Ontem e Hoje
Célia Berrettini (D166)
Oficina: Do Teatro ao Te-Ato
Armando Sérgio da Silva (D175)
O Mito e o Herói no Moderno Teatro Brasileiro
Anatol Rosenfeld (D179)
Natureza e Sentido da Improvisação Teatral
Sandra Chacra (D183)
Jogos Teatrais
Ingrid D. Koudela (D189)
Stanislávski e o Teatro de Arte de Moscou
J. Guinsburg (D192)

O Teatro Épico
Anatol Rosenfeld (D193)
Exercício Findo
Décio de Almeida Prado (D199)
O Teatro Brasileiro Moderno
Décio de Almeida Prado (D211)
Qorpo-Santo: Surrealismo ou Absurdo?
Eudinyr Fraga (D212)
Performance como Linguagem
Renato Cohen (D219)
Grupo Macunaíma: Carnavalização e Mito
David George (D230)
Bunraku: Um Teatro de Bonecos
Sakae M. Giroux e Tae Suzuki (D241)
No Reino da Desigualdade
Maria Lúcia de Souza B. Pupo (D244)
A Arte do Ator
Richard Boleslavski (D246)
Um Vôo Brechtiano
Ingrid D. Koudela (D248)
Prismas do Teatro
Anatol Rosenfeld (D256)
Teatro de Anchieta a Alencar
Décio de Almeida Prado (D261)

A Cena em Sombras
Leda Maria Martins (D267)
Texto e Jogo
Ingrid D. Koudela (D271)
O Drama Romântico Brasileiro
Décio de Almeida Prado (D273)
Para Trás e Para Frente
David Ball (D278)
Brecht na Pós-Modernidade
Ingrid Dormien Koudela (D281)
João Caetano
Décio de Almeida Prado (E011)
Mestres do Teatro I
John Gassner (E036)
Mestres do Teatro II
John Gassner (E048)
Artaud e o Teatro
Alain Virmaux (E058)
Improvisação para o Teatro
Viola Spolin (E062)
Jogo, Teatro & Pensamento
Richard Courtney (E076)
Teatro: Leste & Oeste
Leonard C. Pronko (E080)
Uma Atriz: Cacilda Becker
Nanci Fernandes e Maria T.
Vargas (orgs.) (E086)
TBC: Crônica de um Sonho
Alberto Guzik (E090)
Os Processos Criativos de Robert Wilson
Luiz Roberto Galizia (E091)
Nelson Rodrigues: Dramaturgia e Encenações
Sábato Magaldi (E098)
José de Alencar e o Teatro
João Roberto Faria (E100)
Sobre o Trabalho do Ator
Mauro Meiches e Silvia Fernandes (E103)
Arthur de Azevedo: A Palavra e o Riso
Antonio Martins (E107)
O Texto no Teatro
Sábato Magaldi (E111)
Teatro da Militância
Silvana Garcia (E113)
Brecht: Um Jogo de Aprendizagem
Ingrid D. Koudela (E117)
O Ator no Século XX
Odette Aslan (E119)
Zeami: Cena e Pensamento Nô
Sakae M. Giroux (E122)

Um Teatro da Mulher
Elza Cunha de Vincenzo (E127)
Concerto Barroco às Óperas do Judeu
Francisco Maciel Silveira (E131)
Os Teatros Bunraku e Kabuki: Uma Visada Barroca
Darci Kusano (E133)
O Teatro Realista no Brasil: 1855-1865
João Roberto Faria (E136)
Antunes Filho e a Dimensão Utópica
Sebastião Milaré (E140)
O Truque e a Alma
Angelo Maria Ripellino (E145)
A Procura da Lucidez em Artaud
Vera Lúcia Felício (E148)
Memória e Invenção: Gerald Thomas em Cena
Sílvia Fernandes (E149)
O Inspetor Geral de Gógol/Meyerhold
Arlete Cavaliere (E151)
O Teatro de Heiner Müller
Ruth Cerqueira de Oliveira Röhl (E152)
Falando de Shakespeare
Barbara Heliodora (E155)
Moderna Dramaturgia Brasileira
Sábato Magaldi (E159)
Work in Progress na Cena Contemporânea
Renato Cohen (E162)
Stanislávski, Meierhold e Cia
J. Guinsburg (E170)
Apresentação do Teatro Brasileiro Moderno
Décio de Almeida Prado (E172)
Da Cena em Cena
J. Guinsburg (E175)
O Ator Compositor
Matteo Bonfitto (E177)
Ruggero Jacobbi
Berenice Raulino (E182)
Papel do Corpo no Corpo do Ator
Sônia Machado Azevedo (E184)
O Teatro em Progresso
Décio de Almeida Prado (E185)
Édipo em Tebas
Bernard Knox (E186)
Depois do Espetáculo
Sábato Magaldi (E192)
Em Busca da Brasilidade
Claudia Braga (E194)

A Análise dos Espetáculos
  Patrice Pavis (E196)
Do Grotesco e do Sublime
  Victor Hugo (EL05)
O Cenário no Avesso
  Sábato Magaldi (EL10)
A Linguagem de Beckett
  Célia Berrettini (EL23)
Idéia do Teatro
  José Ortega y Gasset (EL25)
O Romance Experimental e o Naturalismo no Teatro
  Emile Zola (EL35)
Duas Farsas: O Embrião do Teatro de Molière
  Célia Berrettini (EL36)
Marta, A Árvore e o Relógio
  Jorge Andrade (T001)
O Dibuk
  Sch. An-Ski (T005)
Leone de'Sommi: Um Judeu no Teatro da Renascença Italiana
  J. Guinsburg (org.) (T008)
Urgência e Ruptura
  Consuelo de Castro (T010)
Pirandello do Teatro no Teatro
  J. Guinsburg (org.) (T011)

Canetti: O Teatro Terrível
  Elias Canetti (T014)
Idéias Teatrais: O Século XIX no Brasil
  João Roberto Faria (T015)
Três Tragédias Gregas
  Guilherme de Almeida e Trajano Vieira (S022)
Édipo Rei
  Trajano Vieira (S031)
Teatro e Sociedade: Shakespeare
  Guy Boquet (K015)
Eleonora Duse: Vida e Obra
  Giovanni Pontiero (PERS)
Ninguém se Livra dos Seus Fantasmas
  Nydia Licia (PERS)
O Cotidiano de uma Lenda
  Cristiane Layher Takeda (PERS)
História Mundial do Teatro
  Margot Berthold (LSC)
O Jogo Teatral no Livro do Diretor
  Viola Spolin (LSC)
Dicionário de Teatro
  Patrice Pavis (LSC)
Jogos Teatrais: O Fichário de Viola Spolin
  Viola Spolin (LSC)

Este livro foi impresso na
LIS GRÁFICA E EDITORA LTDA.
Rua Felício Antonio Alves, 370 – Jd. Triunfo – Bonsucesso
CEP 07175-450 – Guarulhos – SP – Fone: (011) 6436-1000
Fax.: (011) 6436-1538 – E-Mail: lisgraf@uninet.com.br